본질론

Feat. 하늘의 바람

하움

> 만약 당신이 읽고 싶은데 아직 쓰이지 않은 책이 있다면,
> 그 책을 쓰는 것은 바로 당신의 일이다.
>
> If there's a book that you want to read,
> but it hasn't been written yet, then you must write it.
>
> 노벨문학상 수상자 토니 모리슨(Toni Morrison)

표지 사용
설명서

1 당신의 캐릭터: 중앙의 붉은 악동

- ▶ 표지 한가운데서 방망이를 들고 있는 도깨비. 그게 바로 당신, NFP(대체 불가능한 플레이어)입니다.
- ▶ 세상의 기준을 비웃는 익살스러운 표정과, 뭐든 부숴버릴 듯한 방망이는 당신 안에 잠재된 '당신의 기술과 스킬'을 상징합니다.
- ▶ 이 캐릭터는 튜토리얼을 막 끝내고, 이제부터 진짜 세상을 향해 멱살을 잡으러 나갈 준비를 마친 상태입니다.

2 당신의 무기: 4명의 스킬 교관

당신의 캐릭터를 둘러싼 4명의 고인물 NPC는 당신이 이 게임을 클리어하기 위해 장착할 수 있는 교관입니다. 숭배하지 말고, 그들의 스킬을 부품처럼 뽑아 적절히 사용하십시오.

✱ DJ 부처

- ▶ '마음' 스킬 교관. 모든 고통은 내 마음이 만든다는 '일체유심조' 스킬을 전수합니다. 멘탈이 흔들릴 때 사용하십시오.

✱ 히피 예수

- ▶ '관계' 스킬 교관. "네 이웃을 사랑하라."라는, 사용하기는 더럽게 어렵지만 성공 시 엄청난 보상을 주는 궁극의 관계 스킬을 가르칩니다.

✱ '중(中)'도를 지키는 공자

- ▶ '밸런스' 패시브 스킬 교관. 어느 한쪽으로 치우치지 않는 중용 '알잘딱깔센'의 경지를 통해, 위 3가지의 스킬을 적절히 사용할 수 있는 최고의 생존 기술을 전수합니다.

✱ 의심 많은 소크라테스

- ▶ '분석' 스킬 교관. 세상 모든 것을 향해 "왜?"라고 질문하게 만드는 '팩트 체크'와 '본질 의심' 스킬을 장착시켜 줍니다. 사기꾼과 같은 빌런을 만났을 때 필수입니다.

본책의 표지는 당신이 앞으로 플레이할 인생 게임, 『본질론』 에디션의 전체 지도이자 핵심 공략집입니다. 내용을 숙지하지 않고 게임을 시작할 경우, 발생하는 모든 책임은 플레이어 본인에게 있습니다.

3 당신이 마주할 세상: 운명의 용과 자아의 탑

* 두 마리 용

▶ 당신의 힘으로 통제 불가능한 '운(運)'의 흐름입니다. 하나는 당신을 돕는 '천운(순풍)'이고, 다른 하나는 당신을 방해하는 '악운(역풍)'입니다. 이놈들은 항상 당신 주위를 맴돌 것입니다.

* 중앙의 탑

▶ 당신이 이 게임에서 최종적으로 건설해야 할 목표, '내 안의 관제탑'입니다. 두 마리 용이 날뛰는 혼돈 속에서도 흔들리지 않는, 당신만의 '개똥철학'이 세워진 난공불락의 요새를 상징합니다.
[최종 미션 브리핑]

이 표지의 내용은 명확합니다. 당신(도깨비)은 4명의 교관에게 얻은 스킬로, 운명(용)의 공격을 막아내며, 자신만의 요새(관제탑)를 건설해야 합니다. 이것이 『본질론』 게임의 유일한 승리 조건입니다.

이제 설명은 끝났습니다. 당신의 게임을 시작하십시오.

- '본능'과 '본성'에 대한 비교 분석표   9
- 프롤로그   10

STAGE 1
삶의 본질을 마주하라(feat. 반자율주행)

- 1-1 삶이란 운이 전부다: 성공도, 실패도, 태어난 것도 모두 운이다   16
- 1-2 진짜 실력은 태도에 있다: 나는 '단무지'이다   20
- 1-3 시뮬레이션 우주와 반자율주행 인생   27
- 1-4 운을 감당하는 삶의 기술: 파도를 타는 서퍼처럼   33
- 1-5 모든 지성의 한계, 그리고 단 하나의 진실(Feat. 우주의 본질)   39

STAGE 2
내 안의 신, 혹은 짐승, 본능(V)이라는 '세팅값'에 대하여

- 2-1 수면욕, 식욕, 그리고 성욕… 그건 생존 그 자체다   48
- 2-2 위선적인 사회: 왜 성욕만 죄인이 되는가?   56
- 2-3 본능의 주인으로 사는 법: 인정하고 이해하고 감당하라   61
- 2-4 본능 억압의 결과, '저출산'이라는 사회적 비극   68

STAGE 3
성공의 본질: 성공을 선동하지 마라

- 3-1 '성공'이라는 단어의 본질, 과연 무엇이 성공인가?   76
- 3-2 성공팔이 악마들: '자괴감산업'   81
- 3-3 '선한 영향력'의 본질: 사이비교주   90
- 3-4 그래서, 진짜 성공이란 무엇인가?(feat. 세계정복)   95

STAGE 4
모든 것이 무너졌을 때 비로소 보이는 것들

- 4-1 바닥에는 바닥이 없다: 지하 18층까지 떨어져도 인생은 끝나지 않는다   102
- 4-2 인생 최고의 순간에 찾아온 재앙: 신병(神病)   112
- 4-3 그리고, 나는 여전히 여기에 있다   118

목차

STAGE 5
가족 관계의 본질

5-1 가족이라는 울타리 혹은 감옥 … 128
5-2 신성한 이름, 잔인한 의무: '가족'을 다시 묻다 … 132
5-3 건강한 단절, 독립해야 진짜 가족이 된다 … 136

STAGE 6
사랑과 인연: 인간관계의 본질

6-1 거룩한 착각: 당신은 왜 사랑에 속는가? … 146
6-2 사랑은 교통사고로 시작해, 모닥불로 완성된다(feat. 다정함) … 153
6-3 모든 관계는 거래다: '기브 앤 테이크'의 본질 … 158
6-4 진짜 귀한 인연은 '나'를 지키게 해주는 사람이다 … 163

STAGE 7
신(神)이라는 이름의 본질, 누가 신(神)의 이름을 파는가: 불안의 본질을 먹고 사는 시스템

7-1 신(神)이 돈이 필요하냐? … 174
7-2 조상신, 장군신, 동자신… 그건 다 귀신이다 … 179
7-3 믿음과 신성함, 그 본질을 묻다 … 188
7-4 신(神)과 종교는 죄가 없다, 신을 팔아먹은 인간이 죄인이다 … 192

STAGE 8
하늘과의 동업(Feat. 하늘님)

8-1 하느님, 하나님, 천신(天神)과 '하늘님' 그 단어의 본질 … 204
8-2 내가 만난 하늘님: '흐름'으로써 진짜 하늘 … 210
8-3 하늘 혹은 신을 팔아먹는 현실적인 방법 … 219

STAGE 9
나는 나로서 존재하는가

9-1	나는 나다: 누구에게도 의존하지 말고, 자기를 믿어라(NFP)	226
9-2	너는 너다: 사람 위에 사람 없고, 사람 밑에 사람 없다(NPC)	232
9-3	나(NFP)와 너(NPC)가 함께 살아가는 법(feat. 3의(義)의 법칙)	237

STAGE 10
삶을 GAME처럼 즐겨라(feat. 감사하는 또라이)

10-1	삶은 단기 퀘스트와 장기 퀘스트의 연속이다(feat. 도전)	246
10-2	재미와 행복, 그리고 쾌락과 중독	252
10-3	긍정의 본질과 낙천이라는 필살기(feat. 태양과 달의 시간)	256
10-4	두 개의 길, 하나의 계획(feat. 감사하는 또라이)	262

STAGE 11
나만의 개똥철학 만들기(feat. 4대 성인)

11-1	내 안의 관제탑을 세워라(feat. 개똥철학)	270
11-2	개똥철학의 부품(feat. 4대 성인의 지혜)	275
11-3	실전! 나만의 '개똥철학' 조립하기(feat. 빙의 훈련)	283
11-4	너는 너의 유일한 신이다(feat. 자신교自身敎)	288

STAGE 12
나를 부수고, 너의 길을 가라

12-1	'나답게'라는 마지막 감옥(Feat. I am everything)	300
12-2	이 책도 버려라, 혹은 냄비 받침으로 써라	305

◻	에필로그	308
◻	히든 챕터: 하늘의 바람, 그 진짜 뜻	311

'본능'과 '본성'에 대한 비교 분석표
학문적 관점 vs 『본질론』의 관점

구분 (Category): 생존의 영역 　 **개념 (Concept)**: 본능(Instinct)

학문적 관점 (Academic Viewpoint)
- 정의: 학습하지 않은, 종족 고유의 선천적 행동 양식.
- 영문: Instinct
- 비유: 컴퓨터의 BIOS(기본 입출력 시스템)

『본질론』의 관점 (The Viewpoint of 'Essencism')
- 정의: 살아있음을 증명하는 원초적 생명력.
- 영문/약어: Vitality(V)
- 비유: 자동차의 엔진 또는 생명의 바이탈 사인.

구분 (Category): 사유의 영역 　 **개념 (Concept)**: 본성/본질(Nature)

학문적 관점 (Academic Viewpoint)
- 정의: 존재를 그 존재이게끔 하는 근본적인 성질.
- 영문: Nature / Essence
- 비유: 컴퓨터의 OS(운영체제)

『본질론』의 관점 (The Viewpoint of 'Essencism')
- 정의: 모든 것을 지어내는 마음의 근원, 내면의 관제탑.
- 영문/약어: Essence(E)
- 비유: 자동차의 운전자 또는 모든 것을 지켜보는 관제탑.

프롤로그(prolog)

이 책을 집어 든 독자분께

　이 책의 첫 장을 넘기기에 앞서, 저자로서 한 가지는 분명히 말씀드리고 독자분께 깊은 양해를 구하고자 합니다.
　이 책은 당신이 기대하는, 친절하고 고상한 문체로 쓰인 책이 아닐 수 있습니다. 여기에는 정제하지 않은 날것의 표현과 욕설, 때로는 당신의 마음을 불편하게 할 수 있는 직설적인 단어를 포함하고 있습니다.
　문장은 투박하고, 격식을 차리지 않은 구어체가 많습니다.
　저는 이 책이 모든 분이 편안하게 읽을 수 없다는 사실을 잘 알고 있습니다.
　만약 작가의 권위를 존중하고, 예의 바른 문장으로 쓰인 전통적인 '양서(良書)'를 기대하셨다면, 지금 이 책을 덮는 편이 나을지도 모릅니다.
　특히, 깊은 연륜과 지혜를 갖춘 어르신께서는 이 책의 거친 방식을 무례하고 불편하게 느낄 수 있음을 미리 정중히 말씀드립니다.

그렇다면 왜 이런 방식을 선택했는가?

　우리가 사는 세상은 수많은 '그럴싸한' 가르침과 '껍데기'로 둘러싸여 있습니다.
　성공, 사랑, 가족, 종교와 같이 우리가 신성하다고 믿어온 가치는, 때로 우리의 성장을 가로막는 가장 교묘한 위선으로 작동하기도 합니다.
　그리고 견고하게 쌓아 올린 성벽은, 점잖은 논리나 따뜻한 위로만으로는 절대 무너지지 않는다고 믿었습니다.

때로는 심장을 뒤흔드는 거친 외침만이, 우리가 진실이라고 믿어온 세상의 단단한 껍데기에 균열을 낼 수 있습니다.

　이 책은 당신이 안락하게 머무는 곳의 성벽을 무너뜨리는, 무례하고 불친절한 불청객처럼 보일지도 모릅니다.

　하지만 때로는 가장 불편한 질문만이, 우리를 가두고 있던 감옥의 문을 열어주는 유일한 열쇠가 되기도 합니다.

　이 책의 목적은 당신에게 안락함을 드리기 위함이 아닙니다. 오히려 당신이 신성하다고 믿어온 모든 것의 가면을 벗기고, 그 안에 숨겨진 불편한 '본질'과 정면으로 마주할 용기를 드리기 위함입니다.

　당신의 멱살을 잡아서라도, 당신 스스로 삶의 주인이 되게 하는 것이 이 책의 유일한 목표입니다.

　그러니 선택은 온전히 독자분의 몫입니다.

　지금 이 책을 조용히 덮고, 당신이 머무는 편안한 세상으로 돌아가셔도 좋습니다.

　하지만 그 모든 불편함을 감수하더라도 당신 인생의 진짜 '게임'을 시작할 준비가 되셨다면, 부디 다음 장으로 넘겨 주시길 바랍니다.

　이제부터 시작할 이 여정은 절대 안락하지 않을 것입니다.

　하지만 그 불편한 진실의 끝에서, 당신은 한 번도 맛보지 못한 완벽한 자유를 마주하게 될 것을 약속드립니다.

여는 문

좌파와 우파, 보수와 진보, 남성과 여성, 부자와 가난한 자, 이대남과 이대녀, 수도권과 지방, 자영업자와 알바생, 정규직과 비정규직, 교사와 학부모, 기성세대와 MZ세대 그 외 수많은 대립관계들.

서로가 서로 를 잡아먹지 못해 안달 난 이 지긋지긋한 분열의 시대에, 나는 문득 2002년의 그 여름을 떠올린다.

내 기억 속 그해 여름은, 이 땅의 모든 인간이 역사상 처음이자 마지막으로 스스로 '악마(惡魔)'가 되기를 자처한 기묘한 순간이었다. 그렇다고 우리가 진짜 악마였을까?

우리는 약속이라도 한 듯 붉은 옷을 입고 거리로 쏟아져 나와, 고상한 척하는 이성 대신 원초적이고 미개한 함성으로 서로의 존재를 확인했다. 옆 사람의 정치적 성향도, 성별 갈등도, 소득 격차도 전혀 중요하지 않았다.

그냥 같은 색의 옷을 입었다는 이유 하나만으로, 우리는 미친 듯이 서로를 응원했

고, 울었으며, 함께 미쳐 날뛰었다. 지금은 어떤가, 손끝만 움직이면 사람 하나를 사회적으로 매장시킬 수 있는 시대이지 않은가. 생각이 다르면 악마로 낙인 찍고, 가진 것이 다르면 적으로 규정하며, 성별이 다르다는 이유로 혹은 서로의 위치가 다르다는 이유로, 서로를 혐오하는 것이 당연한 대 혐오 시대다.

우리 안의 진짜 악마는, 이제 서로를 향해 칼을 겨누고 있다.

내면에 잠자던 그 뜨거운 에너지를 기꺼이 '악마'라 부르며 마침내 하나가 되었던 그 위대한 기억을, 우리는 대체 언제부터 이렇게 까맣게 잊어버렸는가.

사람들은 말한다. "악마는 천사의 얼굴을 하고 있다."라고. 나는 그 말을 뒤집어 이 책을 시작하려 한다. 그렇다면, 진짜 천사는 악마의 얼굴을 하고 있는 것이 아닐까.

이 책은, 위선적인 천사의 가면을 벗어 던지고, 2002년 우리 안에 분명히 존재했던, 그 솔직하고 뜨거운 '악마의 얼굴을 한 천사'를 찾아 떠나는 삶의 기록이다.

STAGE 1

삶의 본질을 마주하라

(feat. 반자율주행)

1-1
삶이란 운이 전부다
성공도, 실패도, 태어난 것도 모두 운이다

이 책을 집어 든 당신에게, 내가 가장 먼저 해야 할 일은 당신의 가장 큰 믿음을 박살 내는 것이다. 바로 당신의 인생이 오롯이 당신의 노력만으로 만들어졌다는, 그 멍청하고도 신성한 착각 말이다.

우리는 모두, 자신이 자기 인생의 유일한 창조주라며 믿고 싶어 한다. 하지만 나는 단언컨대, 당신 인생의 절반 이상은 당신의 것이 아니다. 그것은 당신이 선택한 적 없는, '운'이라는 거대한 시스템의 결과물일 뿐이다.

"그건 그냥 뭐… 우연이지." 아니, 더 흔하게는 이렇게 말하지. "뭐 별 의미 없어."

근데 말이지, 나는 '우연'이라는 단어만큼 사람을 기만하는 단어는 없다고 생각한다. 우연이라고 해버리면 아무 책임도 없고 의미도 없으며 맥락도 없다. '그냥 일어난 거니까 그런가 보다.', 하고 넘어간다. 그건 너무 무책임한 말이다.

세상 모든 고통과 인연, 성공과 실패 그리고 마음에 나타나는 감정을 단지 '우연'이라는 두 글자로 뭉개 버릴 수 있을까? 나는 그렇게 못 하겠다. 아니, 그렇게 하고 싶지 않다. 물론 세상만사 모든 것에 의미를 부여하자는 이야기도 아니다. 하지만 내가 말하는 '운'이라는 건 그렇게 가볍게 흘러가는 개념이 아니다. 이건 삶의 출발점이자, 삶의 구조 그 자체다.

우리가 태어날 때부터 이미 어느 나라, 어느 부모, 어느 동네, 어느 유년시절을 보내는지에 따라 우리의 삶은, 내 느낌엔 80% 이상 혹은 당신이 인정하기 싫더라도 최소한 절반 이상은 이미 세팅 된다. 그건 내가 선택한 게 아니다. 누구나 한번쯤은 GAME을 해본 적이 있을 것이다. 아니면 드라마나 영화를 본 적이 있다. 그 게임의 설계, 혹은 드라마나 영화의 시나리오는 내가 쓴 것이 아니다. 하지만 인생 GAME 혹은 인생 드라마나 영화의 끝과 그 과정은 내가 결정하는 것이다. 지금 우리가 사는 세상, 현재라고 하는 이 시간대, 나라와 동네의 환경, 이 모든 것은 그냥 '인생 게임 판' 혹은 어느 시대극일 뿐이다. 그리고 그 게임 속 게임 캐릭터가 '나'일뿐 그 이상 그 이하도 없다. 왜 그런지 그 누구도 알 수 없다.

누가 그랬다. "운도 실력이다." 나는 그 말이 가장 교묘한 폭력이자, 가장 세련된 무지라고 생각한다. 운은 실력 그 자체가 아니라, 실력을 발휘하게 만드는 조건이자 구조, 게임 판 그 자체다. '운'이란 것도 내가 가진 환경, 타이밍, 만나는 사람, 우연한 기회처럼 번득이는 아이디어, 타고난 건강, 신체조건, 타고난 두뇌, 사회적 지능 등 매우 다양하고 입체적이며 복합적인 층위로 구성된다. 그리고 그 중 타고난 운은 그냥 세팅 값이다. 그 타고 난 세팅값을 '얼마나 잘 운용하느냐'에 따라 삶은 달라진다.

서울 강남에서 학벌 좋은 부자 밑에서 태어난 아이는 그저 열심히만 해도 좋은 대학, 좋은 직장, 괜찮은 집에 갈 수 있다. 반면 시골에서, 그것도 빚더미에 허덕이는 집안에서 태어난 아이는 뭘 어떻게 해도 부잣집 도련님과 출발선이 다르다.

이걸 인정하지 않고 모두가 똑같은 조건에서 달리는 것처럼 말하는 사회는 사람을 조용히 망가뜨린다. 그리고 그걸 감당하지 못한 사람들은 자기 탓을 하게 된다. 나는 이 말을 하고 싶다.

"그렇게 시작하게 된 건 네 잘못이 아니야. 그냥 그렇게 시작된 거야."

그게 현실이다. 존나 서글픈 말이지만, 그 현실을 인정하지 않으면 평생을 남 탓, 내 탓, 세상 탓하면서 병들어간다. 그리고 나도 사실 그렇게 병들어 본 적 있다.

나의 20대 그 시절로 잠시 돌아가 본다. 사실 그전까지 나는 그냥 시골 촌놈이었다. 공부도 못해서 흔히 말하는 '똥통' 공업고등학교 토목과를 졸업했고, 내 친구들도 다 그 나물에 그 밥이었다. 특별히 잘난 녀석도, 그렇다고 특별히 못난 녀석도 없는 그냥 그런 시골 동네였다. 그래도 나는 운 좋게 세상 좋은 부모님 덕으로 학창 시절 내내 학비 걱정, 용돈 걱정 없이 지낼 수 있었다. 학창시절 철부지 애들 마냥 술 마시고, 담배피고, 일진 놀이나 하고, 매일같이 사고나 치고 다니는, 요즘 말로 하면 완벽한 '등골 브레이커'였다. 그러다 대학가서도 정신 못차리고 매일 사고나 치다가 제일 빨리 갈 수 있는 곳을 찾아 군대를 들어갔고, 그래서 여차 저차 전역하고 성인이 된 이후에도 부모님 덕분에 어린 나이에 당구장도 운영해보고, 여기저기서 "사장님." 소리를 들으며 어깨에 힘 잔뜩 주고, 가오 잡고 까불며 주접 떨며 지냈다.

그렇게 살다가 20대 후반쯤 서울에 처음 왔을 때였다. 3평 남짓한 옥탑방에서 제약회사 영업사원 생활을 시작했다. 그 집은 오래된 건물 꼭대기라 양쪽 난간을 꼭 붙잡고 70도 이상 되는 경사의 철제 계단을 올라가야 했다. 비가 오면 우산조차 펼 수 없어 늘 비를 홀딱 맞으며 올라갔다. 하지만 그땐 뭐 그리 대수롭지 않게 여겼다. 문제는 눈에 보이지 않는 병이었다. 그 병은 아주 서서히, 그러나 확실하게 나를 좀먹기 시작했다. 시골에선 못본 좋은 외제차, 비싼 아파트, 잘나가는 사람들, 모든 것이 낯설었다. 처음엔 그냥 세상이 불공평하다는 막연한 분노? 아니 그냥 짜증이 났다. '왜 나는 이런 환경에서 시작해야 하는가?', '왜 저들은 나보다 훨씬 쉽게 많은 걸 누리는가?' 그런 생각들이 끊임없이 머릿속을 맴돌았다. 그런 생각들이 꼬리에 꼬리를 물고 이어지면서, 내 안에는 원망과 자격지심이 자라났다. 밤마다 잠 못 이루고 뒤척이며, 보이지 않는 무언가를 향해 주먹질을 해댔다. 그때 나는 '노력하면 된다.'라는 말을 맹신했다. 아니, 맹신해야만 했다. 세상의 모든 것들이 그렇게 이야기했다. 그냥 열심히만 살면 된다고 생각했으니까. 그래서 남들보다 두 배, 세 배 아니 그 이상으로 노력했다. 그냥 '나도 저들처럼 살수 있다.'라는 막연한 자신감으로 애썼다. 잠을 줄이고, 사람 만나는 걸 포기하고, 오로지 목표만을 향해 달렸다. 하지만 결과는 늘 기대에 못 미쳤다. 어쩌다 작은 성공이라도 거머쥐면, 그건 온전히 내 노력 덕분이라고 생각했다. 반대로 실패하면, 그건 내 노력이 부족했기 때문이라고, 내가 더 독하게 나를 몰아붙이지 않았기 때문이라고 자책했다.

　그 과정에서 나는 점점 더 날카로워지고 예민해졌다. 작은 실패에도 쉽게 무너졌고, 타인의 사소한 말 한마디에도 깊은 상처를 받았다. 주변 사람들은 그런 나를 안쓰럽게 보기도 하고, 때로는 부담스러워 하기도 했다. 하지만 나는 그들의 시선을 느낄 여유조차 없었다. 오로지 '왜 나는 안 되는 걸까?'라는 질문에 갇혀 허우적댈 뿐이었다. 그 병의 가장 큰 고통은, 세상 모든 일이 결국 '나'라는 개인의 문제로 귀결된다는 착각이었다. 내가 못 배워서, 내가 못나서, 내가 부족해서, 내가 더 현명하지 못해서 모든 일이 이 모양 이 꼴이라고 생각했다. 무엇보다 '운'이라는 거대한 힘의 작용을 전혀 인지하지 못했다.

진짜 실력은 태도에 있다
나는 '단무지'이다

생각해 보자. 우리가 '재능'이라고 부르는 것들, 그것 또한 운 아닌가? 뛰어난 두뇌, 예술적 감각, 강인한 체력, 심지어 긍정적인 성격까지도 우리가 선택해서 가질 수 있었던 게 몇이나 되는가. 물론, 노력으로 어느 정도 계발할 수는 있다. 하지만 타고난 격차는 분명히 존재한다. 모차르트가 되려고 평생 노력한다고 해서 모두 모차르트가 될 수 없는 것처럼 말이다. 그런데도 세상은 끊임없이 개인의 재능과 노력을 찬양하며, 그 뒤에 숨겨진 '운'의 요소를 슬그머니 감춘다.

만남도 마찬가지다. 인생을 살면서 우리는 수많은 사람과 스쳐 지나가고, 그중 몇몇과 깊은 관계를 맺는다. 어떤 만남은 인생의 전환점이 되기도 하고, 어떤 만남은 깊은 상처를 남기기도 한다. 그런데 그 만남들이 과연 우리의 의지만으로 이루어졌을까? 학창 시절 옆자리에 앉았던 친구, 우연히 참석한 모임에서 만난 인연, 직장에서 함께 일하게 된 동료. 그 모든 만남의 시작에는 우리가 통제할 수 없는 '우연을 가장한 운'이 작용한다. 그 운이 좋은 방향으로 흐르면 귀인을 만나는 것이고, 나쁜 방향으로 흐르면 악연에 시달리는 것이다.

이 지점에서 많은 사람이 반문할지도 모른다. "그럼 아무것도 하지 말고 운만 바라고 살라는 거냐?", "운명론에 빠져서 현실을 외면하라는 말이냐?"

절대 아니다. 내가 말하는 것은, 운의 존재를 명확히 '인지'하자는 것이다. 무언가에 도전해서 그 결과가 성공이든 실패든, 그 결과값에 내 모든 자존심과 나의 가치를 걸지 말자는 것이다. 진인사대천명(盡人事待天命), 인간으로서 최선을 다하고 결과는 하늘에 맡긴다는 옛말이 있지 않은가.

나는 그 '하늘'이 바로 '운'의 또 다른 이름이라고 생각한다. 사실 죽는 순간까지 내가 할 수 있는 최선을 다해서 살았다면, 인생 전체를 놓고 보면 실패라는 건 존재하지 않는다. 그래서 행운도 불운 또한 없다. 달콤한 건 독이 되고 쓴 건 약이 되기도 하는 법이니까. 하지만 진짜 실패는 한 번 경험한 똑같은 실수를 반복해서 또 저지르는 것이 진짜 실패다. 그렇지 않고 한 번 한 실패를 정확하게 인지하고 똑같은 실패를 경험하지 않겠다고 다짐하며 자신의 경험으로 받아들인다면, 언젠가는 오늘의 실패는 분명 약이 되고 경험이 된다. 이건 '실패는 성공의 어머니' 같은 뻔한 격언을 늘어놓는 게 아니다. 실패를 어떻게 받아들여야 하는지, 그 본질에 대해 말하려는 것이니 오해하지 마시라. 운을 인정한다는 것은, 패배주의나 책임 회피와는 다르다. 오히려 그 반대다. 운의 역할을 제대로 알아야만, 우리는 불필요한 자책과 오만에서 벗어날 수 있다. 실패했을 때, '내 모든 것이 부족했기 때문이야.'라고 스스로 학대하는 대신, '이번에는 운이 따르지 않았네. 하지만 나는 내가 할 수 있는 최선을 다했어.'라고 담담히 받아들일 수 있게 된다. 성공했을 때도 마찬가지다. '모든 것이 다 내 능력 덕분이야.' 하며 교만해지는 대신, '내 노력과 함께 좋은 운이 따라주었구나.'라고 겸손하게 모든 것에 감사할 수 있게 된다.

이것은 일종의 정신적 해방이다. '모든 것은 내 책임'이라는 무거운 짐을 내려놓고, 삶을 좀 더 객관적이고 넓은 시야로 바라볼 수 있는 것이다. 그리고 이 해방감이야말로, 우리가 삶이라는 지루한 게임을 조금이나마 덜 고통스럽게, 때로는 즐겁게 플레이할 수 있는 최소한의 조건이다.

우리는 흔히 성공한 사람들의 이야기를 듣고 감탄하며 스스로 동기를 부여한다. 그들이 들려주는 역경 극복의 드라마, 불굴의 의지, 뛰어난 전략같은 것들이 바로 그렇다. 물론 그런 요소들이 성공에 실제로 기여했을 것이다. 하지만 그들이 의도적이든, 무의식적이든 자주 생략하는 중요한 부분이 하나 있다. 바로 결정적인 순간에 작용했던 '운'의 역할이다.

시대적 흐름과 절묘하게 맞아떨어진 사업 아이템, 인생을 바꾼 결정적 투자자나 귀인을 만난 행운, 경쟁자가 말도 안 되는 실수를 저질러 준 운, 혹은 단지 '그때 거기에 있었던' 우연 같은 것들 말이다. 이런 운의 요소들은 너무나 크고 때로는 설명하기 어려울 만큼 비합리적이라, 깔끔하고 매끈한 성공 스토리에는 잘 들어맞지 않는다. 그래서 쉽게 삭제되거나 축소된다. 그 빈자리는 자연스럽게 개인의 영웅적인 노력과 능력으로 메워지고, 사람들은 그 잘 편집된 이야기에 열광하며 자신도 그렇게 될 수 있다고 착각한다.

이것이 바로 "운도 실력이다."라는 말이 기만적으로 작동하는 원리다. 조금 더 직설적으로 말하면, 사실 우리가 자랑스럽게 말하는 학벌, 명예, 지능, 건강조차도 엄밀히 따지면 운의 영역에 속하는 것이다. 하지만 대부분의 사람들은 이 사실을 인정하려 하지 않는다. 왜일까? 운의 존재를 인정하는 순간, 자신의 노력이 퇴색한다고 느끼기 때문이다. 결국 사람들은 자신의 성공이 오로지 노력과 능력만으로 이루어졌다는 환상을 지키기 위해 운의 역할을 외면하는 것이다.

그러면 운이 전부일까?

뒤에 더 자세히 다루겠지만 진짜 실력이란, 어쩌면 그 운의 흐름을 읽고, 그 흐름에 맞춰 자신을 정확하게 아는 것이다. 지금 내가 가진 능력과 자원, 내가 할 수 있는 것과 해야 할 것, 그리고 하지 말아야 할 것을 명확히 구분하여 꼭 필요한 곳에 노력을 쏟을 줄 아는 것이 필요하다. 그리고 마침내 운이 나에게 오지 않았을 때, 혹은 나를 비껴갔을 때, 세상을 저주하거나 스스로를 파괴하지 않고 다음의 파도를 기다릴 줄 아는 지혜가 있어야 한다. 하지만 이 모든 것, 즉 흐름을 읽는 눈과 자신을 아는 명료함, 기다리는 인내심은 결국 단 하나의 단어로 귀결된다.

바로 '태도(Attitude)'다. 즉 "어떠한 '자세'로 삶을 대하는가"이다.

파도를 타는 서퍼를 생각해보자. 우리가 가늠할 수 없는 바람으로 만들어진 거대한 파도는 우리가 통제할 수 없는 '운'이다. 서핑보드는 당신이 가진 '능력'이다. 하지만 아무리 좋은 보드를 가졌다 해도, 다가오는 파도를 읽고 그 위에서 균형을 잡으려는 의지, 즉 파도를 대하는 '태도'가 없다면 서퍼는 순식간에 물속에 처박힐 뿐이다.

결국 진짜 실력이란, 운의 흐름 속에서 어떤 상황이 닥쳐오든 그것을 '어떻게 마주하고 감당할 것인가'를 결정하는 당신의 태도, 바로 그것 하나다.

나는 더 이상 '우연'이라는 말로 삶의 중요한 순간들을 덮어버리고 싶지 않다. 그 모든 것이 실타래처럼 얽히고설킨 알 수 없는 운이 작용했음을 말하고 싶다. 그래야만 내가 겪었던 고통과 실패의 의미를 제대로 찾을 수 있고, 아주 가끔 찾아왔던 기쁨과 성공의 순간에 진심으로 감사할 수 있기 때문이다.

삶이란 운이 전부라는 말. 이것은 냉소나 포기가 아니다. 오히려 그 무엇보다 치열한 현실 인식이다. 이 인식을 똑바로 마주할 때, 비로소 우리는 진짜 우리 삶의 주인으로 첫발을 내디딜 수 있는 것인지도 모른다. 삶이라는 거대한 시스템 안에서, 우리는 어떤 태도를 취하고 어떤 선택을 하며 살아갈 것인가. 그 질문이야말로 이 장에서, 그리고 이 책 전체에서 함께 고민해보고 싶은 핵심이다. 그러기 위해선 '나'라는 캐릭터를 먼저 알고 인정해야 한다.

그럼 '나'는 어떤 캐릭터이고 어떤 사람인가? 내 이야기를 해보겠다.

사실 지금의 나는 내가 타고난 재능을 '단무지'라고 생각한다. 웃기지 않은가? 그런데 진짜다. 단순하고, 무식하고, 지랄 맞은 것. 이 세 가지가 어쩌면 내 인생의 가장 큰 장점이자 동시에 가장 큰 단점이다. 그냥 내가 타고난 본성, 날 때부터 가진 나만의 세팅값이다.

　단순하다는 건 생각이 짧거나 깊지 않다는 뜻이 아니다. 오히려 나는 고민이나 걱정을 길게 끌고 가지 못한다. 어떤 문제가 터졌을 때, 이게 맞는지 저게 맞는지 끝없이 고민하고 따지기보다 그냥 본능적으로 결정하고 행동한다. 잘못되면 '아, X발 잘못됐네.' 하고, 그 즉시 다시 고친다. 오래 끌지 않고 그 자리에서 끝내는 거다. 그리고 최선을 다했는데도 내가 지금 해결할 수 없다면 그냥 놔 버린다. 덕분에 주변 사람들은 가끔 나를 보고 "뭐 하나 제대로 하는게 없냐?"라고 말한다. 사실 틀린 말은 아니다. 속이 편하지는 않지만, 최소한 복잡하게 엉켜서 오랫동안 괴로워하지는 않는다. 모든 문제를 최대한 단순하게 보려고 한다 "Simple is Best" 이게 내 삶의 좌우명 같은 거니까. 그리고 나는 무엇을 하든, 어느 정도까지는 습득하는 시간이 매우 빠른 편이다. 생각보다 몸이 먼저 반응하고 빠르게 수정하고 바뀌는 환경에 빠르게 적응하고 다채로운 경험을 많이 하다 보니 모든 것을 단순하게 보는 눈이 생겼다. 그러면서 그 수많은 경험으로 세상을 단순하게 바라보면서도 본질적인 것을 캐치하는 능력이 생겼다.

　그 다음 '무식'하다는 건 지식이 없다는 뜻이 아니라, 남 눈치 보고 타협하고 계산하는 기술이 부족하다는 뜻이다. 나는 좋은 말로 포장하거나 분위기 봐 가면서 적당히 타협하는 법이 없다. 내가 우선이고 내가 책임져야 할 문제라면 그 누구에게도 선택권을 넘기지 않는다. 물론 살아가다 보면 그게 필요할 때도 있다. 그런데 나는 항상은 아니지만 내 본심(本心)이 아닌 것 같을 때는 잘 그러질 못한다. 상황이 불편하면 바로 얼굴에 티가 나고, 막말이 나가고, 그래서 자주 오해를 사기도 한다. 하지만 솔직히 나는 그걸 바꾸고 싶지 않다. 그렇게 무식하리만큼 나는 적어도 자신에게만은 솔직하게 살아왔기 때문에, 남들이 어떻게 보든가 말든가 상관없다. 최소한 나는 내가 하는 말과 행동에 대해선 책임을 지려고 한다. 그 무식하리만큼 직설적인 행동과 말로 인해서 사람들에게 미움도 많이 받았고 누군가에게 상처를 줬다면 줬지만, 상처받은 사람들에게는 미안하지만, 그런데 어쩌겠는가 그게 나인 것을. 그래서 오히려 그런 나를 진심으로 좋아하고 신뢰하는 사람들도 생겼다. 모두에게 좋은 사람이 될 수는 없는 법이니. 그렇다고 앞으로도 말로 남에게 상처 주든가 말든가 내 멋대로 살겠다 선언하는 것은 아니다. 오히려 그 반대다. 내가 부족하고 못난 부분은 인정하고 고치려 노력하겠다고 선언하는 것이다. 그러나 앞으로도 누가 뭐라하든가 말든가 본질적으로 아닌 건 아니라고 할 것이다.

그리고 지랄맞다는 건, 남들이 뭐라고 하든가 말든가 내가 하고 싶어야 한다. 생각하는 목표나 하고 싶은 일이 생기면 끝을 봐야만 직성이 풀린다. 옆에서 누가 뭐라고 하든, 성공 확률이 높든 낮든 그딴 거 신경 쓰지 않고 그냥 밀어붙인다. 성공과 실패는 어차피 50% 확률 아닌가? 성공하든 실패하든 둘 중 하나다. 그리고 누군가 나에게 '내가 원하지 않는' 조언이나 첨언 따위를 하려고 하면 그냥 귀를 닫고, 반복되면 욕을 박아 버린다. 아이나 어른 상관 안 한다. "내가 언제 당신에게 쓰잘때기 없는 조언해 달라고 했냐."라고. 이것이 현명한 방법은 아닐 수 있다. 하지만 그 순간, 남의 말에 휘둘리지 않고 나의 본질을 지키기 위한, 그것이 나의 가장 솔직한 방어 방식이다. 그리고 나 또한 누군가에게 원하지 않는 조언을 하지 않는다. 물론 그렇게 살다가 망하기도 하고 또 수없이 실패했다. 수십억 사기도 당하고 돈도 많이 날리고, 사람도 많이 잃어봤다. 하지만 지금은 그게 내 운명이었구나 하고 받아들이고 지나간 것에 후회는 1도 없다. 하지만 반대로, 그 성격 덕분에 아무도 가지 않은 길을 혼자 열고 나가봤고, 그 모든 경험들이 나의 데이터로 남아있다. 남들이 인정하든 말든 그런 건 중요하지 않다. 하지만 그래서 남들이 절대 맛보지 못할 만큼 짜릿한 성취감을 느껴본 적도 많다. 이 지랄맞은 성격이 때로는 주변 사람들을 힘들게 했겠지만, 결국 나를 지금 이 자리까지 데리고 온 힘이기도 하고 또 앞으로 살아갈 힘이기도 하다.

이 단무지 같은 성격이 좋냐 나쁘냐고 묻는다면, 나는 뭐라고 대답할 수 없다. 그냥 이건 나니까, 타고난 거니까. 좋든 싫든 나라는 존재의 본성이고, 이 본질을 인정하는 순간부터 나는 조금씩 편안해졌다. 억지로 다른 사람이 되려고 발버둥치던 때보다 훨씬 더 나답게 살게 됐다.

그런 의미에서, 나는 오늘도 단무지 같은 내 본성을 그대로 인정하고 산다. 앞으로도 계속 그럴 거다. 왜냐하면 이게 바로 내가 살아가는 방식이자, 삶이라는 게임에서 내가 발견한 유일한 생존법이기 때문이다. 물론, 과한 건 덜어내고 부족한 건 채워가면서 계속해서 레벨업 해가고 있으며, 이 글을 쓰는 지금도 나는 성장하고 잇다.

시뮬레이션 우주와 반자율주행 인생

 인생이란 운이 전부라고 인정했을 때, 누군가는 이렇게 반문할지도 모른다. "그렇다면 우리가 하는 선택이라는 건 아무 의미가 없는 거냐? 모든 게 미리 정해져 있는 거라면, 나는 왜 살아야 하냐?"

 이 질문은 틀리지 않았다. 운을 인정하는 순간, 삶은 마치 누군가 이미 설계해 놓은 게임처럼 느껴질 수 있기 때문이다. 사실 이 고민은 개인적인 번민을 넘어, 인류 역사상 수많은 철학자와 과학자가 가장 치열하게 논쟁해 온 주제와 맞닿아 있다. 그것은 바로 "인간에게 과연 자유의지가 있는가, 없는가?" 하는 문제, 즉 끝없이 대립해 온 '운명론'과 '자유의지론'이다. 어떤 이들은 모든 것이 정해진 운명의 길을 따른다며 주장했고, 다른 이들은 우리 스스로 선택하여 길을 만들어간다고 믿었다.

 솔직히 나는 이 거대한 질문 앞에서 어느 한쪽만이 완전한 정답이라고 생각하지 않았다. 오히려 그 둘 모두에 깊은 일리가 있으며, 우리 삶은 그 두 가지가 복잡하게 얽혀 작동한다고 느꼈다. 모든 것이 완전히 정해져 있지도, 모든 것을 내 마음대로 할 수 있지도 않은 상태. 바로 이 지점에서 삶에서 내가 게임 속 한 캐릭터처럼 느낀 순간들을 떠올렸다. 정해진 길, 정해진 선택지, 그 틀 안에서 나는 이리저리 움직이는 것일 뿐. 내가 정말 내 의지대로 사는 게 맞는지, 아니면 그냥 '정해진 운명'이라는 시나리오 위에서 움직이는 게임 캐릭터인지 헷갈리기 시작했던 것이다.

그러던 어느 날, 우연히 '시뮬레이션 우주론'이라는 개념을 접했다. 처음에는 이게 SF 영화 같은 허무맹랑한 얘기인 줄 알았다. 그런데 들으면 들을 수록 묘하게 내 마음을 자극했다. 이 이론에 따르면, 우리가 살고 있는 이 세상은 사실 '진짜 현실'이 아닐 수도 있다. 어쩌면 우리보다 더 고도로 발전한 문명이 만들어 놓은 하나의 거대한 가상현실, 시뮬레이션 안에 우리가 살고 있을 가능성이 더 크다고 한다. 미국의 천체물리학자 닐 디그래스 타이슨(Neil deGrasse Tyson)은 "우리가 시뮬레이션 안에 존재할 확률이 50% 이상"이라고까지 말했고, 당신들이 그리도 좋아하고 대단하다면서 한편으로는 미친 사람이라고 이야기하는 일론 머스크(Elon Musk)도 여러 인터뷰와 컨퍼런스에서 "우리가 현실(base reality)에 살고 있을 확률은 수십억 분의 일(one in billions)밖에 되지 않는다."라고 주장했다.

나는 처음 이 말을 들었을 때는 실소가 나왔다. 그런데 조금 더 깊이 생각하니 뭔가 이상했다. 내 삶이 신기하다 느껴졌던 그 감각, 그 모든 게 단지 느낌이나 비유가 아니라 진짜로 그럴 수도 있다는 생각이 든 것이다. 한번 생각해 보라. 우리 삶이 시뮬레이션이라면, 우리가 할 수 있는 건 얼마나 될까? 게임 속의 캐릭터가 제작자의 설계에서 벗어나 스스로 운명을 바꿀 수 있을까? 아니면 결국 정해진 엔딩을 향해 달려갈 뿐일까? 내가 생각한 것은 지금 한창 화두로 떠오르는 A.I 있지 않은가? 나는 우리 인간이 초고도로 진화된 형태의 A.I일지 모른다고 생각한다. 이게 말도 안 되는 소리라고 생각하는가? 아니 우리가 A.I가 아닌 증거를 찾는 게 더 어렵다고 본다. 그래서 나는 이 정해진 운명과 자유의지가 공존하는 듯한 삶의 형태를 설명하기 위해, 나는 사람의 인생을 '반자율주행시스템'이라고 부르기로 했다. 모든 것을 내 의지대로 하는 완전한 '수동주행'도 아니고, 모든 것이 시스템에 의해 결정되는 '자동주행'도 아닌, 바로 그 중간. 정해진 설계와 거대한 운명의 흐름

안에서, 제한된 선택지를 가지고 나름의 의지를 발휘하며 살아가는 삶 말이다. 그것을 합쳐서 "반자율주행"으로 자기만의 길을 가는 것이다. 내가 태어난 장소, 부모, 성격, 지능, 재능, 신체, 성별, 등 같은 기본 설정값은 내가 정한 것이 아니다. 그것들은 이미 정해진, 어쩌면 운명론적인 데이터이자 변경 불가능한 시스템의 일부다.

내가 할 수 있는 건, 오직 그 정해진 범위 안에서 이리저리 움직이며 주어진 상황에 반응하는 것뿐이다. 완벽한 통제가 불가능한 인생. 그럼에도 불구하고, 우리는 계속 살아야 한다.

이 사실을 처음 마주하면 누구나 당황스럽다. '설마 내가 사는 세상이 정말로 누군가 만들어 놓은 게임 같은 시스템일까?' 하는 의심이 든다. 처음엔 당연히 받아들이기 어렵고, 그런 생각 자체가 비현실적으로 느껴질 수도 있다. 그런데 곰곰이 생각해 보면, 이 의문은 사실 새로운 게 아니다. 수천 년 동안 수많은 종교, 철학자, 과학자가 이 질문과 싸워왔다. 우주가 왜 생겼는지, 어떻게 만들어졌는지, 과학자들이 말하는 '빅뱅' 즉 '제1원인(First Cause)'에 대한 명확한 답은 누구도 아직 내놓지 못했다.

현대 과학이 아무리 발전했어도 빅뱅 이전에 뭐가 있었는지, 최초의 원인은 무엇인지 정확히 설명하지 못한다. 철학이나 종교 역시 '신'이라는 이름으로 나름의 설명은 있지만, 논리적으로 완벽하게 입증하지는 못하고 있다. 그렇다면 우리가 이 불가해한 진실을 어떻게 해야 할까?

나는 어느 순간부터 생각을 바꾸기로 했다. 정확히 설명할 수 없고, 온전히 이해할 수도 없다면 그냥 있는 그대로 인정하고 받아들이자고 말이다. 내 인생이 마치 누군가 이미 정해 놓은 커다란 게임 프로그램 위에서 움직이는 캐릭터처럼 느껴지는 건 분명 유쾌한 일은 아니다. 내 자유의지가 생각보다 제한적이고, 내가 내 삶을 온전히 통제할 수 없다는 사실은 처음엔 상당히 잔인하게 느껴졌다. 그러나 그 불편한 현실을 받아들이고 나니, 오히려 점점 더 마음이 편안해졌다.

왜냐하면 그걸 인정하는 순간부터, 삶에서 일어나는 많은 일이 오직 내 책임만은 아닌 것이다. 단, <u>내가 통제할 수 없는 조건과 환경에서 벌어진 일들까지 전부 내 책임으로 돌리지 말라는 뜻이지</u>, 내가 직접 선택한 일까지 책임지지 않아도 된다는 말은 절대 아니다. <u>내가 직접 내린 선택과 그에 따른 결과는 온전히 내 책임이다.</u> 다만, 내가 선택할 수 없었던 조건이나 상황에서 생긴 일에 대해서 스스로 자책하지 말라는 얘기다. 그렇게 생각하고 나니 나에게 일어나는 모든 일은 더 크고 거대한 구조 속에서 벌어지는 필연적인 사건이라는 사실이 보이기 시작했기 때문이다.

결국 이 생각은 오히려 나를 구원했다. 지금까지 나를 옥죄던 불안, 걱정, 자책의 무게를 덜어주고, 내가 진짜 집중하고 통제할 수 있는 일에만 명확하게 에너지를 쏟게 해준 것이다.

그래서 나는 오늘도 "<u>반자율주행</u>" 인생을 담담히 받아들이며 살아간다. 그것이야말로 삶이라는 게임에서 내가 발견한 가장 합리적인 생존법이기 때문이다.

시뮬레이션이라는 말, 그리고 운명과 자유의지가 결합된 반자율주행이라는 개념은 우리를 무기력하게 만들지 않는다. 오히려, 그것을 정확히 인지할 때 삶의 불합리와 부조리를 좀 더 담담히 받아들일 수 있게 된다. 오늘의 실패와 성공, 행운과 불행이 다 내가 오롯이 만들거나 책임져야 할 결과가 아니라, 어떤 큰 시스템 속에서 발생하는 필연적인 사건이자 나중을 위한 복선 혹은 확률적인 이벤트임을 알게 되면 그 어떤 결과에도 덜 흔들리게 된다.

'운'이라는 거대한 시스템, 혹은 시뮬레이션의 법칙을 이해하면, 인생의 모든 사건과 상황이 조금은 다르게 보이기 시작한다. 갑자기 찾아온 고통스러운 사건, 혹은 전혀 예상치 못했던 기쁜 소식들이 이제는 더 이상 '전적인 내 잘못' 혹은 '오직 내 덕분'이 아니라, 시스템 속의 이벤트로 다가온다. 게임에서 퀘스트를 클리어할 때 느끼는 감정과 비슷한 것이다. 내 인생의 성공과 실패를 모두 그저 게임 속 이벤트처럼 받아들인다면, 감정적 소모는 훨씬 줄어들게 된다.

물론 나는 삶에 여전히 최선을 다한다. 그것은 포기가 아니다. 게임 캐릭터가 퀘스트를 수행하는 것처럼, 나 역시 삶이라는 이 거대한 게임 안에서 나에게 주어진 미션을 하나씩 해결해 나가는 것이다. 다만, 내가 바꿀 수 없는 조건과 거대한 운명의 흐름 앞에서는 더 이상 자책하지 않고, 좌절하지 않을 뿐이다. 내가 할 수 있는 것, 해야 하는 것에만 집중한다. 오히려 그런 상황 앞에서는 잠시 멈추고 숨을 고르며 다음 이벤트를 기다릴 줄 아는 지혜를 배우는 것이다.

우리 삶이 어쩌면 게임과 같은 구조로 이루어져 있을지도 모른다는 사실, 그리고 그것이 오랜 철학적 난제였던 운명과 자유의지의 교차점일 수 있다는 생각은 처음에는 혼란스럽고, 어쩌면 두려운 이야기처럼 들릴지도 모르겠다. 하지만, 내가 실제로 이 관점을 내 삶에 적용하기 시작하면서부터는 이전보다 훨씬 덜 괴로웠다.

어떤 실패나 성공 앞에서도 그것을 절대적인 나의 능력이나 가치로 직결시키지 않는다. 대신 '이번 chapter는 이렇게 흘러갔구나. 여기서 나는 어떤 선택을 했고, 세상은 어떻게 반응했고 무엇을 배웠지?', '나는 어떤 실수를 반복하면 안 되는 거지?'라고 생각하며 다음 스테이지로 넘어가는 것이다. 그렇게 살면, 삶이라는 게임은 훨씬 더 여유롭고 가볍게 느껴진다. 물론 이 게임 안에서 내가 통제할 수 있는 건 많지 않지만, 내가 어떤 태도로 게임에 임하느냐 만큼은 온전히 나에게 달려있다.

지금 이 순간에도 우리는 시뮬레이션 우주 속 반자율주행 인생을 살아가고 있는지도 모른다. 그 말이 맞든 틀리든, 중요한 것은 이 게임 같은 삶을

'어떤 태도로 감당하느냐'이다. 나에게 주어진 게임의 규칙과 운명의 조건들을 명확히 인지하고, 그 조건 속에서 최고의 플레이가 아닌 최선의 플레이를 하는 것. 그것이야 말로 내가 지금 이 책을 통해 당신에게 전하고 싶은 진짜 이야기다.

이제 당신에게 묻는다. 당신은 당신 삶의 조건(환경)을 정확히 인지하고 있는가? 당신은 그 안에서 어떤 태도로 살아가고 있는가?

그 질문의 답을 찾기 시작하는 순간부터, 당신 삶이라는 게임은 비로소 진짜 시작한다.

1-4
운을 감당하는 삶의 기술
파도를 타는 서퍼처럼

앞선 이야기를 통해 우리는 어렴풋이 깨닫기 시작했다. 우리의 삶이 마치 거대한 '운'이라는 시스템 위에서 펼쳐지는 한 편의 게임, 혹은 영화 같다는 사실을 말이다. 그리고 그 속에서 우리는 완전한 자유의지도, 완벽히 예정된 운명도 아닌, 그 중간 어디쯤에 있는 '반자율주행' 같은 삶을 살아간다는 것도 알게 되었다. 이제 우리 자신에게 정말 중요한 질문을 던질 차례다.

"그럼, 나는 대체 어떤 능력과 성향을 가진 플레이어(주인공)인가? 그리고 한 번뿐인 인생이라는 게임을 어떻게 이끌어 갈 것인가?"

이 질문에 답하기 위해 가장 먼저 해야 할 일은 바로 '나'라는 존재를 있는 그대로, 아주 정밀하게 탐구하는 것이다. 거창하게 들릴지 모르지만, 이 작업은 내 인생의 '사용설명서'를 직접 써 내려가는 것과 같다.

이 사용 설명서의 첫 장은 우리가 세상에 태어날 때부터 이미 정해진 나의 기본적인 '세팅값'을 파악하는 것에서 시작한다. 이 '세팅값'이란 내가 자라난 환경, 물려받은 신체적 조건뿐만 아니라, 나만의 고유한 기질과 성격, 유독 잘하거나 못하는 것, 좋아하는 것과 싫어하는 것까지 모두를 포함한다. 인생을 게임에 비유한다면, 우리는 각자 서로 다른 능력치와 특별한 기술, 때로는 약점까지도 이미 부여 받은 캐릭터로 게임을 시작하는 셈이다.

예를 들어, 앞서 나는 나 자신을 '단무지(단순하고, 무식하고, 지랄 맞음)'라고 표현했다. 이건 내가 좋아서 선택한 성격이 아니라 그냥 그렇게 태어난 것이다. 좋고 나쁨을 따질 문제가 아니라, 이것이 바로 내가 인생이라는 게임에서 쓸 수 있는 나만의 고유한 카드이자, 절대로 바꿀 수 없는 나의 '세팅값'이다.

요즘 사람들은 MBTI 같은 성격 유형 테스트를 하면서 흔히 T(이성형)냐 F(감성형)냐를 중요하게 따진다. 물론 이것도 중요하다. 하지만 내가 생각하기에 진짜 중요한 건 따로 있다. 바로 이성이나 감성 뒤에 숨어 있는 타고난 '본성(E)'이다. 이성과 감성은 우리가 살면서 배우고 익히는 운영체제(OS)나 응용 프로그램과 같다. 업데이트도 가능하고, 다른 프로그램을 설치할 수도 있다. 하지만 E(본성)는 다르다. 이것은 애초에 바꿀 수 없도록 설계된 CPU나 메인보드 같은 것이다. 이게 바로 당신의 진짜 '세팅값'이다.

아무리 좋은 소프트웨어를 설치해도, 하드웨어의 성능을 뛰어넘을 수는 없다. 그래서 우리는 가장 먼저 자신의 E타입, 즉 본성(E)의 정체를 알아야만 하는 것이다. 이성과 감성은 어느 정도 학습과 환경에 따라 바뀌고 발전될 수 있는 영역이지만, 본성은 다르다. 본성은 말 그대로 타고나는 것이기 때문이다. 이성을 잘 다루고 감성을 적절히 표현하는 것도 중요하지만, 무엇보다도 타고난 본성이 무엇인지 정확히 아는 것이 가장 우선이다. 그래서 이 본성(E), 즉 내 인생의 세팅값을 바꿀 수는 없지만, 그것을 어떻게 이해하고 활용하느냐에 따라 내 삶이라는 게임은 얼마든지 다르게 펼쳐질 수 있다. 이것이 우리가 반드시 용기를 내어 자신을 있는 그대로 들여다봐야 하는 이유다.

이게 바로 내 인생의 사용설명서를 채워 나가는 첫걸음이다. 그런데 여기서 많은 사람이 함정에 빠진다. 특히 요즘처럼 SNS나 미디어가 끊임없이 "도전하라!", "실패를 두려워 마라!", "안전지대를 벗어나라!"라고 부추기는 세상에서는 더욱 그렇다. 물론 도전도 좋고 실패에서 배우는 것도 중요하다. 하지만 나는 이 일방적인 구호들이 상당히 위험하다고 생각한다. 왜냐하면 사람마다 감당할 수 있는 고통과 역경의 크기가 전부 다르기 때문이다. 한번 생각해 보라. 어떤 사람은 10억 원의 빚더미 속에서도 유머를 잃지 않고 다시 일어설 힘을 가졌지만, 어떤 사람은 단돈 몇 백만 원의 무게에도 짓눌려 스스로 인생 게임에서 '로그아웃'을 선택하기도 한다. 누구에게는 가벼운 감기 같은 시련이, 다른 누구에게는 목숨을 위협하는 폐렴이 될 수도 있는 것이다. 이처럼 사람마다 '고통 감내도' 혹은 '정신적 맷집'의 레벨은 천차만별이다. 그런데 사회는 마치 모든 사람이 똑같은 강철 체력을 가진 것처럼 무작정 부딪치고 깨지라고만 한다. 이건 폭력이다. 진짜로 자기 자신을 돌아본다는 것은, 단순히 내가 가진 기술이나 스펙을 나열하는 것이 아니다.

그보다 훨씬 더 깊숙이, 내 존재의 본질적인 성향과 마주하는 것이다. 내가 견딜 수 있는 스트레스의 한계는 어디까지인지, 나는 어떤 상황에서 쉽게 무너지고 어떤 상황에서 오히려 힘을 내는지, 나의 진짜 욕망은 무엇인지, 그리고 남들이 뭐라고 하든 내가 결코 포기할 수 없는 가치는 무엇인지 알아야 한다. 그렇다면 이 중요한 '나의 설정값'들을 어떻게 파악할 수 있을까? 몇 가지 방법이 있다.

1 과거의 경험을 복기해 보라

당신의 삶에서 가장 강렬했던 순간들, 가장 큰 성취감을 느꼈거나 반대로 가장 깊은 절망감을 느꼈던 때를 떠올려보라. 그때 당신은 어떤 선택을 했고, 무엇을 느꼈는가? 어떤 상황에서 에너지가 넘쳤고, 어떤 일에 쉽게 지쳤는가? 반복되는 성공이나 반복된 실패의 패턴은 없는가? 이 안에는 당신의 강점과 약점, 그리고 숨겨진 욕망에 대한 중요한 단서들이 숨어 있다.

2 당신의 '반응'을 관찰하라

예상치 못한 문제나 스트레스 상황이 닥쳤을 때, 당신은 가장 먼저 어떻게 반응하는가? 화를 내는가, 회피하는가, 아니면 침착하게 분석하는가? 이 '첫 반응'은 당신의 깊은 내면에 자리 잡은 생존 방식이자 기질을 보여준다.

3 세상의 기준이 아닌 '내 마음의 소리'를 들어라

돈, 명예, 성공 같은 사회가 주입하는 목표 말고, 정말로 당신의 가슴을 뛰게 하는 것은 무엇인가? 남들이 알아주지 않아도 당신이 꾸준히 하고 있는 일, 생각만 해도 즐거운 일은 무엇인가? 아마 부모가 자식을 최선을 다해서 키우는 그런 장기 퀘스트 같은 것들이 있을 것이다. 이것이 당신의 진짜 동기를 찾는 열쇠다.

4 나의 '아픈 손가락'을 인정하라

누구나 약점이나 트라우마, 혹은 남들에게 보여주고 싶지 않은 그림자가 있다. 이걸 애써 외면하거나 숨기려고만 하면 오히려 더 큰 문제가 된다. 용기를 내어 그것을 직시하고, '이것도 나의 일부'라고 받아들일 때, 비로소 우리는 그 약점으로부터 조금 더 자유로워질 수 있다. 그 약점 때문에 오히려 더 발달한 다른 강점이 있을 수도 있다. 이렇게 나 자신을 깊이 이해했다면, 그 다음은 이 게임 판 위에서 주어진 패를 어떻게 능동적으로 활용할지 결정하는 단계로 나아가야 한다. 이것이 바로 '반자율주행의 삶에서 주체적으로 선택하는 기술'이다.

운명을 인정한다는 것이 모든 것을 체념하고 그저 강물에 떠내려가듯이 살라는 의미는 절대 아니다. 오히려 그 반대다. 내 손에 주어진 패와 주변 상황을 냉철하게 분석하고, 그 안에서 내가 갈 수 있는 최선의 길, 나만의 전략과 경로를 창조해 나가는 것이다. 결국 인생이란, 앞서 말했듯 '정해진 운명'과 '자유로운 의지'가 아주 절묘하게 뒤섞인 '반자율주행'형 게임 판이다. 이 판 위에서 우리가 할 수 있는 가장 현명한 플레이는, 운이 나빴다고 세상을 탓하거나, 환경이 불리하다고 주저앉는 것이 아니다. 오히려 나에게 주어진 운명의 조건들을 정확히 읽어내고, 그것을 당당히 내 삶의 일부로 받아들이며, 그 안에서 최대한의 가능성을 끌어내는 것이다.

다시 말해, 삶이라는 게임의 룰을 그저 수동적으로 따르는 것이 아니라, 때로는 나만의 해석을 더하고 새로운 의미를 부여하며, 나만의 방식으로 게임을 발전시켜 나가는 창조적인 과정이다. 그리고 이 모든 과정에서 가장 중요한 것은 내 안에 흔들리지 않는 '관제탑'을 세우는 일이다. 어떤 예측 불가능한 사건이나 위기가 닥쳐도, 외부의 소음이나 타인의 평가에 쉽게 휘둘리지 않고, 내 삶의 방향키를 스스로 잡고 나아갈 수 있는 단단한 내면의 기준을 갖추는 것이다.

이 기준은 오로지 나 자신에 대한 깊은 이해와 내가 추구하는 가치에 뿌리를 두어야 한다. 마지막으로 기억해야 할 것은 이것이다. 삶의 의미나 가치는 저 멀리 어딘가에 완성된 형태로 숨겨져 있어서 우리가 찾아내야 하는 보물 같은 것이 아니다.

그것은 우리가 매 순간 스스로의 선택과 행동을 통해 직접 만들어가는 것이다. 주어진 삶의 조건과 운명이라는 재료를 가지고, 내가 어떤 의미를 부여하고 어떤 이야기를 써 내려 가느냐에 따라 나의 인생은 완전히 다른 작품이 될 수 있다. 그러니 더 이상 남들이 만들어 놓은 정답이나 외부의 평가에 당신의 소중한 인생을 저당 잡히지 마라.

이제 당신 손으로 직접, 당신만의 '인생 사용 설명서'를 써 내려갈 시간이다. 이제 다시, 그러나 조금 더 깊어진 질문을 당신에게 던진다. 당신이라는 플레이어는, 당신의 사용 설명서에 무엇을 적을 것인가? 당신에게 주어진 이 한 번의 삶이라는 게임을, 당신은 이제 어떻게 플레이할 것인가? 이 질문에 대한 당신만의 답을 찾아 나서는 그 순간, 당신의 진짜 삶은 이미 새롭게 시작되고 있는 것이다.

모든 지성의 한계, 그리고 단 하나의 진실
〈Feat. 우주의 본질〉

우주의 나이가 얼마라고 생각하는가? 과학자들은 약 138억 년이라고 말한다. 감히 상상조차 하기 힘든 시간이다. 이걸 조금 더 실감나게 느껴보기 위해, 우리에게 친숙한 1만 원짜리 지폐로 비유를 한번 들어보자. 만약 1만 원짜리 지폐를 138억 장, 즉 우주의 나이만큼 차곡차곡 쌓아 올린다면 그 높이는 무려 1,518km에 달한다. 서울에서 부산을 왕복하고도 남는, 그야말로 하늘을 찌르는 높이다. 이 거대한 지폐 탑 전체가 우주가 존재해 온 시간이라고 생각해보자. 이 아찔한 시간의 탑 앞에서 현재라는 시간은 얼마나 작은 먼지 같을까?

자, 이제 시선을 바꿔 우리 인간의 시간으로 한번 초점을 좁혀보자. 1만 원짜리 지폐 단 한 장을 꺼내보자. 그리고 이 지폐 한 장이, 인류가 지구상에서 유의미한 활동을 기록해온 시간, 대략 '1만 년'을 상징한다고 가정해보자. 어쩌면 인류 문명의 거의 전부라고도 할 수 있는 시간이다.

이제 이 1만 년의 무게를 가진 '지폐 한 장'을 가지고 상상을 이어가 보자. 만약 당신이 이 지폐 한 장을 마치 초정밀 현미경으로 들여다보듯이 아주 얇게 나누어 본다면, 그 가느다란 조각 하나가 바로 1천 년의 세월이다. 한 왕조가 흥하고 망하기에 충분한 시간, 수많은 영웅담과 비극이 펼쳐지는 시간이다. 그렇다면 그 1천 원짜리 얇디 얇은 조각 하나를 다시 한번 10개로, 더는 보이지도 않을 만큼 미세한 실오라기처럼 나눈다면 어떻게 될까? 두께를 거의 느낄 수도 없는 그 희미한 조각 하나, 그것이 바로 지금 이 순간을 포함하여 우리가 살아가는 100년이라는 시간, 한 인간의 짧디 짧은 일생이며 아주 "찰나"의 순간이다.

138억 장 높이의 우주 시간 탑은커녕, 고작 1만 원짜리 지폐 한 장을 1,000조각으로 나눈 것 중 하나에 불과한 '찰나'의 시간을 살아가는 인간이, 저 무한한 우주의 시작과 끝, 그 본질적인 의미를 속속들이 알 수 있다고 말하는 것이 얼마나 가당키나 한 일이겠는가. 우리는 우리가 속한 태양계조차 제대로 벗어나 보지 못했고, 지구 깊숙한 곳도 다 파헤쳐 보지 못했다. 하물며 인간의 뇌가 만들어내는 '의식'의 정체조차 아직 미스터리다.

이런 우리가 우주의 본질에 대해 '이것이 진리다.', '저것이 전부다.'라고 떠드는 소리에 휘둘릴 필요가 있을까? 물론, 인류는 끊임없이 탐구해야 하고, 과학자들은 계속해서 우주의 비밀을 향해 나아가야 한다. 종교와 철학 역시 인간에게 의미와 위안을 주며 그 역할을 해왔다.

그들의 통찰과 지혜는 우리가 참고하고 배울 점이 분명히 있다. 하지만 그 어떤 위대한 학자나 성직자의 말도 우주적 관점에서 보면 한낱 티끌처럼, 먼지도 못한 존재가 내뱉는 하나의 해석일 뿐이라는 것을 잊지 말아야 한다. 그들의 말이 틀렸다는 게 아니라, 그저 그들의 시대와 경험 속에서 길어 올린 최선의 사유일 뿐이다.

결국 중요한 것은 무엇인가? 그 누구도 내 인생을 대신 살아주지 않고, 내 삶의 본질적인 질문에 최종적인 답을 내려줄 수 없다는 사실을 깨닫는 것이다.

"너는 너다. 너 자신의 감각과 경험, 그리고 내면의 목소리를 믿어야 한다." 우주의 본질은 알 수 없을지라도, 최소한 '나'라는 작은 우주의 본질은 스스로 탐구하고 발견해 나갈 수 있다.

외부의 거대한 담론이나 소위 권위라는 것에 맹목적으로 기대기보다, 차라리 저 만 원 지폐 한 장의 100분의 1도 안 되는 찰나의 시간 속에서 내가 직접 느끼고 경험하고 깨달은 것들을 더 신뢰해야 한다. 가수 장기하가 속 시원하게 노래를 했듯이, 한 번쯤은 이렇게 외쳐보는 거다. "네가 나로 살아 봤냐? 아니잖아! 근데 뭘 안다고 떠들어?"라고 말이다.

책이든 유튜브든, 언론이든 뉴스든, 똑똑하다는 지식인들이나 저 멀리 과거의 위인들이 남긴 금과옥조 같은 말이든, 그것들은 결코 나에게 절대적인 진리가 될 수 없다. 왜냐고? 간단하다. 그건 그들의 삶에서 나온, 그들만의 답이니까. 오로지 내가 이 땅에 발 딛고 처절하게 경험하고 온몸으로 느낀 것, 그것만이 나에게는 진짜배기 '진실'이다.

그들의 말이 전부 틀렸다는 소리가 아니다. 그들 역시 자신의 삶 속에서는 그것이 정답일 테고, 분명 참고할 만한 지혜도 있을 것이다. 하지만 그들의 정답이 내 인생 문제지 위에 그대로 옮겨 적을 수 있는 만능 답안지가 될 수는 없다는 뜻이다. 옆집 철수가 아무리 수학 천재라도 내 영어 시험을 대신 풀어줄 순 없는 것처럼 말이다. 그 모든 빛나는 통찰과 교훈들이 나에게 똑같이 통용될 수는 없는 노릇이다.

"그것이야말로 이 광막한 우주 앞에서, 그리고 짧디 짧은 우리 인생에서 기댈 수 있는 유일하고도 가장 확실한 진실의 한 조각일지도 모른다."

우리는 지금 인류가 수천 년간 쌓아 올린 '지식'이라는 바벨탑 앞에 서 있다. 그 꼭대기에는 마치 '진리'가 있을 것처럼, 모두가 떠들어댄다. 하지만 잘 봐라. 그건 정교하게 포장된 착각이자, 어쩌면 의도된 사기극일지도 모른다. 지금부터 그 탑을, 차근차근 무너뜨려보자.

가장 똑똑한 척하는 과학. 과학은 이 세계가 '어떻게(How)' 작동하는지 설명하는 데는 타의 추종을 불허한다. 입자와 에너지, 양자역학과 우주의 팽창, DNA와 뉴런, Ai 등으로 이 모든 것을 정밀하게 측정하고 해석해냈다. 하지만 질문을 하나 던져보자.

"그래서, 그 모든 게 대체 왜(Why) 존재하는데?"

빅뱅은 왜 일어났고, 이 우주의 법칙은 왜 이런 방식이며, 생명은 왜 시작됐는가? 이 질문 앞에서 과학은 말문이 막힌다. "우연히.", 혹은 "아직은 모른다."라는 말뿐이다. 그들이 말하는 건 철저한 현상의 기술서일 뿐, 존재의 이유에 관한 설명은 근본적으로 침묵한다.

가장 고상한 척하는 철학. 철학은 바로 그 '왜'를 파고드는 학문이라고 한다. 고대에서 현대까지, 수천 년 동안 머리 좋다는 자들이 "세상은 물질이다!", "아니다, 정신이다!", "신의 이데아다!"하며 자신만의 이론을 펼쳐왔다. 하지만 그 수많은 '주의(-ism)'와 '론(論)'들 중에, "이게 진짜 정답이다."라고 증명된 건 단 하나도 없다. 철학은 결국, 자기만의 언어로 정교하게 조립한 '지적 세계관'의 건축술일 뿐, 우리가 왜 존재하는가에 대해 단 하나의 합의된 답도 여전히 내놓지 못했다.

가장 거룩한 척하는 종교. 과학과 철학이 말을 아끼는 곳에서, 종교는 대신 소리친다. 수천 년 전 종이에 적힌 글씨가 오래되었으며 신성하다는 전제를 깔고 "정답은 여기 있다."라고 말하지만 그 진리에는 늘 "믿어야만 한다."라는 조건이 붙는다. 검증이 아니라, 믿음이 그들의 논리를 떠받치는 기둥이다. 그래서 그 울타리 안에서는 모든 것이 확고한 진리지만, 그 울타리 밖에서는 수천 개의 신화 중 하나로 보일 뿐이다.

결론. 진짜 본질은 무엇인가?

이쯤 되면 똑똑한 당신은 눈치챘을 것이다. 과학도, 철학도, 종교도, 그 어떤 위대한 지성도 우리가 사는 이 세계의 진짜 본질에 대해 아는 게 없다. 그들은 각자의 방식으로 그럴듯한 언어를 만들어냈고, 그 안에서 자기 나름의 진리를 이야기할 뿐이다.

그래서 나는 이 책의 진짜 시작은, 이 한 문장이다. "아무도 모른다."

이 한 문장이야말로, 당신이 앞으로 나아가기 위해 장착해야 할 가장 강력하고 가장 겸허한 무기다. 진리는 외부에 있지 않다. 누군가 써 놓은 위대한 문장들 속에도, 신의 이름으로 쓰인 교리 속에도 없다. 불태워야 할 교과서는 바깥에 있는 것이 아니라, 당신의 머릿속에 고정되어 있던 '정답'이라는 관념 그 자체다.

새로운 시작을 위한 절대 진리 세상, 그 누구도 "아무도 모른다."라는 걸 아는 것.

그것이야말로, 본질론의 출발점이다.

불량식품과 같은 불량지식

뇌를 해킹하는 '거꾸로 사고하기'

세상이 자꾸 나에게 책을 읽으라고 했다. 성공하려면, 똑똑해지려면, 하다못해 사람 구실이라도 하려면 책을 읽어야 한다고. 그래, X까라. 나는 그냥 책을 안 읽고, 책을 쓰기로 했다.

그래서 이 책은, 당신들이 생각하는 그런 '양서(良書)'가 아니다.

이것은 세상의 모든 '바른 생활' 지침에 맞서는 '불량 식품'과도 같은 책이다.

TV나 YouTube, SNS, 온 세상이 똑같은 목소리로 떠들어대는 게 하나 있다.

"책을 많이 읽어라. 책을 읽어야 성공한다." 그런데 사실 나는 책을 거의 읽지 않는다.

또 사람들은 어딘가에 쓰고 기록하는 습관을 꼭 가져야 한다고 한다.

하지만 나는 45년 넘게 살면서 다이어리나 메모하는 습관 같은 건 가져본 적 없다. 심지어 누구와의 약속조차도 어디에도 적지 않는다. 그냥 기억했다가 어기지 않는 편이다.

다 맞는 말이다. 하지만 사람에게는 각자 자기에게 맞는 본인의 루틴이 있다.

책을 읽는 이유는 여러 가지가 있겠지만, 가장 일반적인 이유는 '지식의 습득'이다. 하지만 정신 차려라. 지금이 어느 시대인가? 지식을 얻는 방법이 책밖에 없나? 당장 네 손에 들린 스마트폰으로 검색만 해도 세상의 모든 정보가 쏟아져 나온다. 심지어 이젠 AI한테 물어보면 답까지 다 정리해 준다. 지식을 얻는 방법은 책 말고도 널렸다. 그냥 너한테 맞는 걸 찾아서 하면 되는 거다.

더 근본적인 질문을 던져보자. 세상이 말하는 '좋은 책'의 기준이 대체 뭔데?

마음이 따뜻해지고, 가슴이 편안해지는 책이 좋은 책이야? 아니면 "아, 맞네!" 하고 무릎을 '탁' 치게 만드는 책이 좋은 책이야? 그 기준은 누가 정하는데? 이 질문은 YouTube나 SNS에도 똑같이 적용된다. '양질의 콘텐츠'는 또 뭔데? 조회수가 높으면 양질인가? 구독자가 많으면? 그 기준은 누가, 왜 정하는 건데? 세상에는 거짓 지식, 가짜 뉴스들이 넘쳐난다. 그걸 판단하고 걸러낼 수 있는 지혜는 그러면 어떻게 얻는데? 책 많이 읽으면 그 지혜가 생기나? 천만에. 답은 오직 하나뿐이다. 너의 경험. 그 외에는 답이 없다. 네가 직접 경험해보지 않고서는, 절대로 어떤 게 맞고 틀린지, 어느 지식이 옳고 그른지 알 수 없다. 왜 그런지 아나?

책을 쓴 글쓴이나, 콘텐츠를 만드는 크리에이터나, 그 모든 '사람'이라는 동물은 지독히도 이기적이라서. 이게 무슨 말이냐, 사람은 원래 자기가 아는 세상이 전부라고 믿는 동물이라는 거다.

<u>못된 사람은 착한 사람이 얼마나 착한지 상상도 못 하고, 착한 사람은 못된 사람이 얼마나 악랄할 수 있는지 상상도 못 한다.</u>

그래서 그들은 각자 자기의 관점에서만 세상을 이야기할 뿐이다. 그걸 곧이곧대로 믿는 순간, 너는 그 사람의 편협한 세계에 갇히게 되는 거다. 그러니 진짜 인생을 제대로 살려면 사고방식을 완전히 뒤집을 필요가 있다. 내가 이 책에서 말하는 핵심은 바로 이 '거꾸로 사고하기'다.

거꾸로라는 건, 무조건 남들이 하는 말이 틀렸다는 말이 아니다. 남들이 옳다고 말하는 걸 "아닐 수도 있다."라고 생각할 줄 알아야 하고, 남들이 무조건 하라고 말하는 걸 "나는 안 하는 게 더 맞을 수 있다."라고 판단할 수 있어야 한다. 좋은 건 좋은 거지만, X 같은 건 X 같은 거야.

남들이 절대 하지 말라고 하는 걸 "어쩌면 나에게는 기회일 수 있다."라며 과감히 해볼 수도 있어야 한다는 것이다. 이상한가? 아니다. 그게 맞을 수 있다는 이야기다.

그럴 수 있다. 그리고 아마 당신도, 그럴 수 있다. 그때는 틀릴 수 있지만 지금은 맞을 수도 있다.

인생 게임은 남들이 정해 놓은 정답지를 외우며 사는 게 아니라, 너만의 거꾸로 된 정답을, 너의 경험으로 직접 찾아가는 여정이니까.

STAGE 2

내 안의 신, 혹은 짐승, 본능(v)이라는 '세팅값'에 대하여

2-1
수면욕, 식욕, 그리고 성욕…
그건 생존 그 자체다

　인간이 살아가기 위해 반드시 충족해야 하는 가장 원초적인 본능은 크게 세 가지다. 바로 수면욕과 식욕, 그리고 성욕이다. 이 세 가지는 선택이 아니라 본능이며, 말 그대로 우리의 존재를 유지하게 하는 기본 조건이다. 이 중 하나라도 없으면 우리 삶이라는 의자는 균형을 잃고 비틀거리게 된다. 한번 세상을 보자. 수면욕은 어떤가? 사람들은 좋은 집, 좋은 잠자리 다양한 형태의 주거 공간인 아파트, 빌라, 연립 및 단독주택 등을 얻기 위해 평생을 바친다. 여행 가서 묵었던 최고급 호텔 스위트룸을 자랑하고, 어떤 브랜드 아파트에 사느냐로 자신의 가치를 증명하려 든다. 식욕은 또 어떤가? 방송과 SNS는 온통 먹방과 맛집으로 넘쳐난다. 미슐랭 레스토랑의 비싼 요리부터 시장 골목의 허름한 국밥까지, 우리는 음식의 '다양함'을 기꺼이 인정하고 즐기며 전시한다.

　그런데, 문제는 바로 성욕이다. 우리는 어디서 자고 무엇을 먹는지는 그렇게나 떠들썩하게 자랑하면서, 유독 '성(性)'에 대해서만 입을 굳게 닫는다. 그 다양함은 다 어디로 사라졌는가? "어젯밤에 끝내주는 섹스를 했어.", "나 섹스하고 싶어."라고 SNS에 자랑스럽게 올리는 사람을 본 적 있는가?

　나는 여기서 본질적인 질문을 던지고 싶다. 처음 만난 사람과 서로의 감정에 이끌려 한 원나잇이 정말 나쁜가? 강제로 저지른 범죄가 아니라는 전제하에, 성인 남녀가 서로에게 끌려 위생과 피임을 신경쓰며 하룻밤의 즐거움을 나누는 것이 왜 지탄받아야 하는가? 나쁘다고 생각한다면 그 이유가 무엇인지 진지하게 물어보고 싶다. 나는 그 이유의 본질을 도저히 모르겠다. 성욕 또한 식욕이나 수면욕처럼 지극히 개인적이고 다양할 수 있는 것 아닌가? 물론, 어떤 사람들은 이렇게 말한다. "성욕은 식욕, 수면욕과 달리 타인에게 직접적인 영향을 주기에 더 큰 사회적 책임이 따르는, 다른 차원의 본능이다."라고. 맞는 말이다. 그리고 "책임감 있는 성적 자기결정과 건강한 자기관리가 중요하다."라고도 말한다. 근데 사실 이것 역시 하나 마나 한 소리다. 하지만 내가 진짜로 묻고 싶은 것은 이것이다. 지금 우리 사회가 말하는 그 '책임감'과 '건강함'의 기준은 대체 누가 정하는가? 그 기준이 과연 개인의 본질적인 욕망을 존중하고 있는가, 아니면 그저 사회가 만들어 놓은 억압적인 틀에 개인을 끼워 맞추려는 위선적인 수단일 뿐인가?

나는 '사회적 합의'라는 허울 좋은 말 뒤에 숨어, 개인의 자연스러운 본능을 죄악시하고 통제하려는 시도 자체를 비판하려는 것이다.

대한민국은 놀라울 정도로 발전했지만, 이상하게도 성에 대해서만큼은 여전히 극도로 보수적이고 억압적이다. 재미있는 건, 이 억압의 근거로 '유교'를 들먹이는 작자들이다. 자신을 '유교걸', '유교보이'라 칭하며 성적인 문제에만 유독 엄격한 잣대를 들이대는 이들의 행태는 우습다 못해 처량하기까지 하다. 정말로 자신들이 유교문화를 지향한다면 한번 물어보자. 유교의 가장 기본 덕목이 무엇인가? 조상의 제사를 정성껏 지내고, 살아 계신 부모를 공경하고 봉양하며, 효(孝)를 실천하는 것이다. 지금 '유교'를 떠드는 당신들 중에 과연 몇이나 이 본질적인 것들을 제대로 지키고 있는가? 부모님께 안부 전화 한 통 제대로 안 하면서, 명절에 찾아 뵙는 것조차 귀찮아하면서, 조상의 제사 따위는 미신이라 치부하면서, 고작 남녀 간의 성적인 문제에만 유교를 가져다 붙이는 것은 대체 무슨 경우인가?

이건 위선이다. 그들은 유교 사상이 무엇인지 알지도 못하고, 지킬 생각도 없다. 그저 자신의 편협한 도덕적 결벽증과 타인을 통제하고 싶은 욕구를 정당화하기 위해 '유교'라는 낡고 멋들어진 포장지를 가져다 쓸 뿐이다. 그 결과, 성욕은 '사랑'이라는 고상한 감정의 틀 안에서만 허락하는 것으로 한정 짓고, 사랑과 섹스는 억지로 하나의 상품처럼 포장한다. 성욕이라는 자연스러운 본능은 죄악시되고, 그것을 솔직하게 드러내는 사람은 부도덕한 인간으로 낙인 찍힌다. 본질은 내팽개치고 껍데기만 붙잡고 있는, 이 얼마나 기괴하고 한심한 모습인가.

예를 들어보자. '달봉이'와 예쁜 '봉자'가 있다. 오랜 시간 썸을 타고 기대를 품으며 사귀었고, 마침내 잠자리를 가졌다. 그런데 웬걸, 둘은 속궁합을 넘어선 본능적인 끌림 같은 게 너무나도 맞지 않았다. 달봉이는 봉자가 예쁘고 좋은 사람이지만, 그녀와 더 이상 잠자리를 하고 싶다는 생각이 전혀 들지 않았다. 자, 이 관계는 과연 건강하고 오래갈 수 있을까?

철학자 쇼펜하우어는 남녀 관계 사랑의 본질이 성욕이라고 단언했다. 나는 이 말에 전적으로 동의한다. 이건 단순히 '속궁합' 따위를 말하는 게 아니다. 이성간의 사랑은 본능적 이끌림이다. 그냥 사실 그대로의 본질을 바라보자는 것이다

인간의 본능은 수면욕, 식욕, 성욕이라는 세 개의 기둥을 가진 탑처럼 완벽한 균형을 이뤄야 한다. 이처럼 우리 사회가 성욕이라는 기둥 하나를 애써 부러뜨리고 불안정하게 흔들고 있는 건 명백한 사실이다. 어떤 이들은 이것이 우리의 오랜 전통이나 도덕인 양 착각하지만, 그건 완벽한 거짓말이다. 인류의 역사를 조금만 들여다봐도, 지금 우리처럼 성(性)을 기형적으로 억압한 시대는 찾아보기 힘들다. 몇 가지 예를 들어볼까?

<u>고대 그리스</u> 놈들은 어땠는가? 그들에게 섹스는 신들의 영역이었다. 제우스를 비롯한 수많은 신은 인간과 다름없이 다양한 성적 욕망을 자유롭게 드러냈

다. 심지어 남자들끼리 연애하는 걸 두고서 미성숙한 소년을 진짜 남자로 만드는 하나의 교육 과정으로 여기기도 했다. 중요한 건 상대가 '남자냐, 여자냐'가 아니라, '누가 지배하고 누가 지배 받느냐' 하는 역할 놀이였을 뿐이다.

<u>고대 로마</u>도 마찬가지다. 힘 있는 로마 시민 남성이 자신보다 아랫사람(남녀불문)과 즐기는 건 당연한 권리였다. 폼페이 유적에 널린 남근상이나 성적인 프레스코화만 봐도 알 수 있지 않은가. 그들에게 성은 다산과 풍요의 상징이자, 악을 쫓는 부적 같은 거였다. 숨겨야 할 치부가 아니라 일상 그 자체였다는 말이다.

<u>자, 그럼 우리나라는 어떠했는가?</u> 우리가 '동방예의지국'이라는 케케묵은 단어에 갇혀 처음부터 점잖고 보수적이었을까? 천만의 말씀이다.

점잖은 도덕 군자의 탈을 쓴 이 땅의 역사를 한 꺼풀만 벗겨보면, 그 안에는 지금보다 훨씬 더 솔직하고 대담했던 욕망의 민낯이 숨어있다. '동방예의지국'이라는 허울 좋은 포장지 속에 감춰진, 진짜 우리 조상들의 이야기다.

1 고려 시대: "오늘 밤, 당신과 얼어 죽고 싶소."
대담했던 욕망의 노래

조선 시대의 성리학자들이 지배하기 전, 고려의 남녀들은 훨씬 자유롭고 솔직했다. 그 증거가 바로 '고려가요'에 적나라하게 남아있다.

> 쌍화점(雙花店)의 그녀

이 노래의 주인공은 그냥 미친 여자다. 맘에 드는 남자가 있으면 그게 이슬람 상인이든, 절의 주지 스님이든, 우물가의 용(龍)이든 가리지 않고 손목을 덥석 잡는다. 그리고 그 일을 부끄러워 하기는커녕, 온 동네 사람들이 다 아는 노래로 만들어 부른다. 이건 단순한 바람기가 아니라, 자신의 욕망을 긍정하고 유희로 즐겼던 당시 고려인들의 기질을 보여주는 것이다.

만전춘별사(滿殿春別詞)의 열정

이 노래는 더 화끈하다. "얼음 위에 댓잎 자리 깔아 임과 내가 얼어 죽을 망정, 정(情) 둔 오늘 밤이 더디게만 새어다오." 이게 무슨 뜻인가? 얼어 뒤지는 한이 있어도, 오늘 밤 너랑은 자야겠다는 거다. 지금 누가 이런 격정적인 연애편지를 쓰는가? 사랑과 성욕이 뒤섞인 인간의 원초적 욕망을 이토록 아름답고도 대담하게 표현한 것이다.

2 조선 시대: 억압의 시대, 뒤틀린 욕망의 스캔들

성리학이라는 족쇄가 채워진 조선은 겉으로 점잖을 떨었지만, 그 뒤에서는 훨씬 더 거대하고 뒤틀린 스캔들이 터져 나왔다.

조선판 '알파걸', 어우동 & 유감동

이 두 여성은 당대 조선 사회를 뒤흔든 희대의 스캔들 메이커였다. 어우동은 종친부터 사대부까지 수십 명의 남자와 잠자리를 가졌고, 유감동 역시 40여 명의 남성과 관계를 맺은 사실이 드러나 나라를 발칵 뒤집었다. 중요한 건, 이들이 단순히 욕정을 주체하지 못한 여인들이 아니라, '남편에게 버림받았다'는 공통점이 있다는 것이다. 정조를 잃었다는 이유로 사회에서 버림받은 그녀들이, 오히려 그 사회의 가장 위선적인 남자들을 침대로 끌어들여 그들의 위선을 비웃고 시대에 복수한 것은 아닐까?

양반들의 은밀한 그림, 춘화(春畵)

겉으로는 '남녀칠세부동석'을 외치던 양반들이 뒤로는 뭘 했을까? 바로

'춘화'를 보며 즐겼다. 신윤복 같은 천재 화가는 달빛 아래 밀회를 나누는 남녀의 애틋한 모습부터, 스님이 담벼락 뒤에서 남녀의 정사를 훔쳐보는 장면까지 생생하게 그려냈다. 이는 억압하면 할수록 욕망은 더 은밀하고 자극적인 방식으로 터져 나온다는 것을 보여주는 완벽한 증거다. 억압된 사회일수록 그 이면에는 더 변태적이고 관음적인 문화가 꽃피는 법이다.

이처럼 우리의 역사 속에는 성(性)을 긍정하고 즐겼던 자유로운 시대도 있었고, 억압하자 오히려 더 기형적인 형태로 욕망이 분출했던 시대도 있었다. 지금 우리가 성을 대하는 위선적인 태도는 과연 이 역사 속에서 무엇을 배운 결과인가. 우리는 이 적나라한 과거의 기록들을 똑바로 마주할 필요가 있다.

여기서 한발 더 나아가, 성적 욕망이 개인의 쾌락이나 사회적 스캔들을 넘어 '권력' 그 자체를 향했을 때 어떤 일이 벌어지는지도 봐야 한다. 바로 장희빈과 장녹수의 이야기다.

역사책은 이들을 '요부'나 '악녀'라는 단어로 간단히 봉인해버리지만, 그 본질을 들여다보면 이들은 달랐다. 그들은 자신의 가장 강력한 '세팅값'인 성적 매력을 무기 삼아, 한 남자를 넘어 나라 전체를 손에 쥐려 했던 인물들이다. 장희빈은 미천한 신분에서 시작해 왕을 홀려 국모의 자리에 올랐고, 장녹수는 천민 출신으로 폭군 연산군을 발 아래 두고 국정을 농단했다. 그들의 삶은 성욕이 권력욕과 만났을 때 한 인간을 어디까지 끌어올릴 수 있고, 또 얼마나 비참하게 파멸시킬 수 있는지 보여주는 가장 극적인 사례다. 여기서 내가 하고 싶은 말은 이것이다.

이처럼 성욕의 본질을 외면하지도, 위선적인 잣대로 억압하지도 말아야 한다. 그것은 식욕이나 수면욕처럼 자연스럽고, 예술처럼 아름다우며, 때로는 한 개인의 운명을 바꿀 만큼 강력한 에너지다. 이 본능을 있는 그대로 인정하고 솔직하게 마주하는 것에서부터, 우리는 비로소 건강한 개인과 건강한 사회를 이야기할 수 있다. 하지만 동시에, 이 강력한 본능을 다룰 때는 지극히 조심해야 한다. 성욕은 생존을 위한 가장 강력한 '세팅값'인 만큼, 잘못 휘두르면 나 자신은 물론 타인의 인생까지 송두리째 파괴할 수 있는 가장 위험한 칼날이 되기도 한다. 그러니 억압하지도, 그렇다고 무책임하게 탐닉하지도 마라. 그저 내 안에 있는 이 거대한 힘의 본질을 똑바로 바라보고, 그것을 파괴가 아닌 창조의 에너지로 쓸 수 있는 지혜, 즉 '성숙'을 갖추기 위해 끊임없이 노력해야 한다. 그것이 이 위험하고도 신성한 본능을 가진 인간이 평생 짊어져야 할 숙제다.

지금의 대한민국은 이상하리만큼 성(性)에 대해 여전히 위선적이고 억압적이다. 겉으로는 서구의 개방적인 문화를 따라 하는 척하면서도, 속으로는 이중적인 잣대를 들이대는 혼란스러운 성문화 속에 살고 있다. 어떤 이들은 이것이 우리의 오랜 '전통'이라고 착각하지만, 그건 역사를 모르고 하는 소리다. 우리가 지금 '전통'이라고 믿는 이 답답한 성 억압은, 사실 뿌리 깊은 유교적 관념과 근대의 군사 독재 정권이 만들어 낸, 비교적 최근의 현상일 뿐이다. 오히려 고려 시대의 솔직하고 대담했던 우리 조상들의 모습을 보면, 지금의 위선적인 태도가 얼마나 기형적인지를 알 수 있다.

물론, N번방 사건과 같은 끔찍한 디지털 성범죄나 타인에게 해를 가하는 모든 종류의 성범죄는 그 어떤 이유로도 용납할 수 없으며, 반드시 아주 크게 처벌받아야 한다. 아니 그냥 사지를 찢어 버려야한다 그런 것들은 X을 짜르고 참수형을 해야한다. 이건 논의의 여지가 없는 대전제다.

하지만 문제는, 이러한 범죄를 막는다는 명분과 '건전한 사회'와 '도덕성'이라는 허울 좋은 이름 아래, 국가가 개인의 사적인 영역까지 점점 더 깊숙이 개입하고 있다는 점이다. 자유민주주의 사회에서 '자유'는 점점 더 희미해지고, '통제'만 늘어나고 있다. 포르노 사이트 차단이 그 대표적인 예다. 개인의 '볼 자유'가 '사회의 건전한 성도덕'이라는 모호한 기준에 의해 너무나 쉽게 묵살당한다. 이것이 과연 옳은 방향일까?

성을 억압하고 통제한다고 해서 성범죄가 사라지는가? 역사는 정반대라고 말한다. 억압은 문제를 해결하는 것이 아니라, 욕망을 더 어둡고 뒤틀린 형태로 숨게 만들 뿐이다. 성욕은 죄악이 아니다. 그것은 인간의 본능 중 가장 강력하고 자연스러운 '세팅값'이다. 이제는 성욕을 부끄럽고 더러운 것으로 치부하며 억누를 것이 아니라, 식욕이나 수면욕처럼 인간의 당연한 일부로 받아들이고 성숙하게 '감당'하는 방식을 고민해야 한다.

인간은 짐승이기도 하지만, 동시에 신과 같은 이성을 지닌 존재다. 이 강력한 본능을 무조건 억압하거나 무책임하게 탐닉하는 대신, 건강하고 책임 있게 인정하고 관리할 수 있을 때, 우리는 비로소 진정한 의미의 성숙한 인간으로 거듭날 수 있다.

2-2
위선적인 사회
왜 성욕만 죄인이 되는가?

앞에서 우리는 성욕이라는, 인간의 가장 강력한 본능 하나가 어떻게 사회적으로 무시당하고 억압받고 있는지 이야기했다. 어떤 이들은 말한다. "그래도 참고 억제해야 사회가 유지되는 것 아니냐?"라고. 나는 단언컨대, 그건 가장 멍청하고 위험한 착각이다.

본능을 억압하는 사회는 끓는 솥의 뚜껑을 온 힘으로 억지로 눌러 담는 것과 같다. 당장은 조용해 보일지 몰라도, 그 안에서는 언젠가 모든 것을 집어삼킬 엄청난 압력이 부글대고 있을 뿐이다. 결국 그 압력은 가장 약한 부분을 뚫고 나와 터지며 주변의 모든 것을 파괴해 버린다.

자, 지금부터 언론·미디어·유튜브·책 그 어디에서도 제대로 다루지 않았던, 본능을 억압한 결과가 만들어 낸 대한민국의 기괴한 현실을 이야기해주겠다.

요즘 2030 세대는 연애도, 결혼도, 섹스도 포기한다고 한다. 왜일까? 이 사회는 '사랑=섹스'라는 공식을 강요한다. 물론 사랑하는 사람과의 섹스는 너무나 황홀하고 좋은 것이다. 누구나 항상 꿈꾸고 바라는 관계이고 너무 당연한 이야기니, 이건 이야기할 필요가 없다. 그런데 요즘은 그 '사랑'을 하기 위한 전제 조건이 너무나 많고 어려운 시대가 되어버렸다. 안정적인 삶, 안정된 직장, 번듯한 집, 미래에 대한 계획… 이 모든 걸 갖추지 않으면 사랑할 자격조차 없는 것처럼 여겨진다.

 몇 해 전, 직원들과 회식을 할 때의 일이다. 당시 나는 40대 초반이었고, 직원들은 멀쩡하고 잘생긴 데다 성실하기까지 한 20대 중후반의 젊은 친구들이었다. 내가 물었다.

 "니들, 연애 안 하니?"

 직원이 대답했다. "안 해요."

 "왜?"

 "돈 많이 들고... 힘들어요."

 나는 꼰대처럼 훈계했다. "야, 그래도 니들 나이 때는 사랑에 아파도 해보고, 상처도 줘보고 해야지! 여자한테 잘 보이려고 돈도 버는 거지! 돈을 왜 버냐~ 사랑하고 살아야지!"

 그리고 내가 조심스럽게 다시 물었다. "야, 그럼 니들 한창 때인데... 섹스는 안 해?"

 거기서 돌아온 대답은 나에게 정말 큰 충격이었다.

 "그냥 업소 가서 사 먹는 게 싸고 편해요."

 "헐…"

 순간 망치로 머리를 한 대 맞은 것 같았다. 세상에 찌들어 혼자 늙어서 연애도 사랑도 하고 싶어도 못하는, 이성을 만나고 싶어도 못 만나는 세상 다 산 것 같은 어느 중년의 입에서나 나올 법한 이야기가, 젊고 미래가 창창한 청년들의 입에서 나오다니.

 그렇다. 이게 지금 대한민국의 현실이다. 나는 이게 맞다 틀리다를 이야기하고자 하는 것이 아니다. 그리고 모두에게 적용되는 이야기가 아니라는 것도 안다 하지만 분명히 존재하고 있는 하나의 사회현상을 이야기하는 것이다. 이렇듯, 사랑이라는 복잡하고 값비싼 과정을 생략한 채, 단돈 10여만 원이면 20대의 젊고 예쁜 여자와 잠깐의 쾌락을 위한 성(性)을 아무렇지도 않게 사고파는 세상이 되어버린 것이다.

그렇다고 성욕이라는 강력한 본능을 억누르고 사람이 살 수 있는가? 답은 '아니오'이다. 그 결과는 지금 우리 눈앞에 적나라하게 펼쳐지고 있다. 스스로 위로하는 '자위'를 위한 성인용품 시장은 매년 기하급수적으로 성장하고 있다. 쿠팡, 지마켓 같은 오픈마켓에 '딜도'나 '오나홀'을 검색해 봐라. 수천 수만 가지의 상품이 아무렇지 않게 팔려 나간다.

그런데 진짜 놀라운 사실이 뭔지 아는가? 이건 더 이상 남자들만의 이야기가 아니다. 과거에는 성인용품 시장이 주로 남성 소비자 중심이었지만, 최근 몇 년 사이 그 판도가 완전히 뒤집혔다. 여러 시장 분석 데이터를 보면, 성인용품 시장의 구매자 60%~70% 이상이 20~30대 여성이라는 통계가 있을 정도다. 특히 '우머나이저' 같은 특정 여성용 기구의 판매량은 매년 수백 퍼센트씩 폭발적으로 증가하며, 이제는 여성이 이 시장의 성장을 이끄는 핵심 소비층이 되었다.

역사적으로 남성보다 훨씬 더 강한 성적 억압을 받아왔던 여성들이, 이제는 그 누구보다 적극적으로 자신의 쾌락을 탐구하고 있다는 뜻이다. 사회는 여전히 성욕을 억압하는데, 개인들은, 특히 여성들까지도 각자의 방구석에서 어떻게든 그 욕구를 해소하기 위해 발버둥 치고 있다. 이 얼마나 기괴하고 이상한 풍경인가. 이 모든 현상은 결국 하나의 본질을 가리킨다. 이것은 단순히 '남자의 문제' 혹은 '여자의 문제'가 아니다. 억압적인 사회 문화 그리고 그 문화가 만든 분위기 안에서 남자는 남자대로, 여자는 여자대로 각자의 방식으로 뒤틀린 해소책을 찾고 있을 뿐이다.

이것은 우리 모두의 문제다.

우리는 언제까지 이 위선적인 가면을 쓰고 서로를 속이며 살아갈 것인가? 한쪽에서는 '사랑 없는 섹스는 부도덕하다'고 외치면서, 다른 한쪽에서는 그 어느 때보다 거대한 익명의 성(性) 시장이 팽창하는 이 기형적인 사회를 언제까지 외면할 것인가.

　여기서 더 깊숙이 들어가 보자. 2000년대 초반, 국가는 '성매매와의 전쟁'을 선포하며 길거리의 집창촌을 모두 없애 버렸다. 그래서 세상의 껍데기는 깨끗해진 것처럼 보인다. 길거리에서 대놓고 성을 파는 여성들은 사라졌으니까.

　하지만 그 실상은 어떤가? 지금 대한민국은 경제적으로 어렵다고 아우성이다. 그런데 이런 불황 속에서도 유독 호황을 누리는 거대한 산업이 있다. 바로 '불법'이라는 이름 아래 더 깊은 지하로 숨어든 성(性) 산업이다. 포털사이트에 조금만 검색해 봐도, 수많은 사이트들이 버젓이 성매매 업소를 홍보하고 있다. 휴게텔, 마사지, 안마, 스웨디시, 오피스텔, 룸살롱, 풀살롱… 나열하기조차 힘들 만큼 성은 다양하고 입체적인 상품이 되어 팔려 나간다. 그 안에는 여전히, 어쩌면 수십 수만 명의 여성이 자신의 몸을 팔고 있다. 물론, 그들 모두가 스스로 그 길을 택했다고 말하려는 것은 아니다. 극히 일부, 우리 사회의 가장 어두운 구석에는 여전히 빈곤과 착취, 폭력에 내몰려 원치 않는 선택을 강요당하는 이들이 분명 존재한다. 그들의 고통을 외면해서는 안 되며, 이는 우리가 함께 해결해야 할 사회의 비극이다. 하지만 동시에 우리는 다른 현실도 직시해야 한다. 하지만 지금은 과거 쌍팔년도처럼 강제로 납치되어 와서 일하는 경우는 거의 존재 하지 않는다. 요즘은 거의 상당수 대부분은 스스로의 욕심과 욕망, 즉 명품이나 더 편한 삶을 위해 그 길을 택한다. 이 복잡한 현실 앞에서, 우리는 그저 이들을 '불쌍한 피해자' 혹은 '타락한 가해자'라는 이분법적 틀에 가둬 놓고 모든 논의를 멈춰도 되는 것일까?

　유럽의 많은 나라는 성매매를 합법화하고 정상적으로 세금을 걷으며, 인간의 본능과 직업 선택의 자유를 가장 현실적인 방식으로 풀어내려 노력했다. 물론, 그곳 역시 합법화가 모든 문제를 해결해 준 것은 아니다. 여전히 인신매매나 성 착취 같은 어두운 이면이 존재하며 수많은 논쟁이 계속되고 있다. 중요한 것은, 그들은 최소한 이 문제를 '없는 것'처럼 취급하지 않고, 어떻게든 제도의 틀 안에서 관리하고 해결하려고 한다는 점이다.

그럼 이 거대한 시장을 수요하는 남자들만의 문제인가? 정답은 '아니오'다. 포털 사이트에 '토닥이', '여성전용 마사지' 같은 키워드를 검색해 보라. 수많은 여성 전용 마사지, 출장 서비스 업체들이 나온다. 젊고 몸 좋은 남성들이 스스로 '남창(男娼)'의 길을 택하고, 그들을 찾는 여성들의 수요가 있기에 존재하는 시장이다. 물론 그 비율이나 규모는 다르겠지만, 이것이 바로 성 산업의 본질적인 현실이다. 결국 국가가 '성매매와의 전쟁'을 선포하고 물길을 막았더니, 물이 사라진 게 아니라 더 어둡고 은밀한 지하 수로를 통해 흐르게 된 것뿐이다. 국가는 겉으로만 깨끗해진 껍데기를 보며 스스로 기만하고 있고, 우리는 이 복잡하고 불편한 현실을 외면하고 있다. 이게 과연 올바른 길인가? 이 모든 현상은 똑같은 것을 가리킨다. 수면욕, 식욕, 성욕과 같은 본능은 결코 사라지지 않으며, 억압하면 할수록 더 뒤틀리고 병든 형태로 터져 나온다는 진실을. 정신과 병동을 가득 메운 사람들, 이유 없는 분노와 우울증에 시달리는 영혼들. 이 모든 비극의 뿌리를 거슬러 올라가면, 그곳에는 자신의 본능을 건강하게 표출하지 못하고 억압당한 상처가 있다.

본능은 죄가 아니다. 오히려 인간의 본능을 인정하지 않고, 억지로 숨기게 만드는 사회야말로 진짜 '죄'를 짓고 있는 것이다. 진정으로 건강한 사회는 각자가 가진 고유한 본능을 있는 그대로 인정하고, 그것을 파괴가 아닌 창조의 에너지로 쓸 수 있도록 돕는 사회다. 억압과 통제는 가장 손쉬운 해결책처럼 보이지만, 결국엔 가장 큰 재앙을 불러올 뿐이다.

2-3 본능의 주인으로 사는 법
인정하고 이해하고 감당하라

지금까지 우리는 본능을 억압한 결과가 개인과 사회를 얼마나 처참하게 파괴하는지 충분히 목격했다. 그렇다면 이제부터는 어떻게 살아야 하는가? 사회가 정해 놓은 틀 안에서 욕망을 숨긴 채 고상한 가면을 쓰고 살아야 하는가? 아니면 "이게 내 본능이다!"라며 통제력을 잃고 무작정 날뛰어야 하는가?

둘 다 틀렸다. 어느 한쪽은 사회적 압력의 노예가 되는 것이고, 다른 한쪽은 스스로 통제할 수 없는 욕망의 노예가 되는 것일 뿐이다. 진정으로 우리가 추구해야 할 것은 '본능의 노예'가 아닌 '본능의 주인'으로 살아가는 것이다.

'본능의 주인으로 산다'는 건 단지 본능을 억압하거나 무분별하게 내던지는 것이 아니다. 그것은 우리 내면의 거대한 힘을 정확히 인지하고, 그것을 통제하며 지혜롭게 다루는, 고도의 기술이다.

첫 번째 기술은 바로 '인정'이다. 내 안의 수면욕, 식욕, 성욕뿐만 아니라, 질투, 분노, 파괴 충동 같은 어두운 욕망까지, 이 모든 것이 나의 일부이며 지극히 자연스러운 내적 현상이라는 걸 인정할 때, 우리는 비로소 그것들을 통제할 준비가 된다. "아, 내 안에 이런 짐승이 있구나."라는 담담한 인지가 모든 변화의 출발점이다.

두 번째 기술은 바로 '이해'다. 본능을 인정한 후에는 그것이 언제, 왜, 어떻게 작동하는지 철저히 파악해야 한다. 나의 성적 욕망은 외로움에서 비롯되는가, 스트레스에서 비롯되는가? 이런 자기 탐구는 마치 나 자신이라는 복잡한 기계를 작동하기 위한 정교한 설명서를 작성하는 것과 같다. 욕망이 발동하는 메커니즘을 이해할수록, 우리는 본능을 더욱 섬세하고 효과적으로 다룰 수 있다.

자, 이제 마지막 기술인 '감당'으로 넘어가기 전에, 우리는 아주 중요한 것을 구분해야 한다. 바로 '본능'과 '욕망'의 차이다. 먹고, 자고, 섹스하고 싶은 것은 '본능'이다. 하지만 '좋은' 집에서 자고, '맛있는' 것을 먹고, '매력적인' 사람과 관계 맺고 싶은 것은 본능을 넘어선 '욕심'이자 '욕망'의 영역이다. 본능이 생존을 위한 최소한의 필요조건이라면, 욕망은 그 이상의 것을 추구하며 우리를 움직이게 만드는 강력한 에너지다. 그럼 이 욕심과 욕망은 나쁜 것인가? 절대 그렇지 않다. 오해하지 마라. 인간이 발전하고, 무언가를 성취하고, 더 나은 삶을 향해 나아가게 만드는 원동력은 바로 이 욕심과 욕망에서 비롯하는 것이니까.

세 번째 기술 '감당'은 본능과 욕심 이 두 가지를 모두 이해하고 다루는 것이다. 자신의 근원적인 본능은 정직하게 인정하고 제때 해소하되, 그 위에 피어나는 거대한 '욕망'이라는 이름의 맹수에게는 단단히 목줄을 채워 그 고삐를 내가 쥐는 것이다. 이것이 바로 '감당'의 진짜 모습이다. 내 그릇의 크기와 타고난 '세팅값'을 정확히 알기에, 저 맹수가 날뛰며 나를 집어삼키도록 내버려 두는 것이 아니라, 오히려 그 강력한 힘을 이용해 내 삶의 수레를 끌고 가게 만드는 지혜. 내가 주인으로서 원하는 방향으로 그것을 '통제'하고 '운용'하는 기술이다.

이러한 '감당'의 기술은 성욕을 다룰 때 가장 정직하게 드러난다. 배가 고플 때 시를 읊는다고 배가 부르지 않듯, 성욕은 운동이나 명상이나 먹고 자는 것 따위로 완전하게 해소되지 않는다. 그것은 그저 참고 억누르는 것과 똑같은 자기 기만일 뿐이다. 물론 그 욕구의 크기는 남녀를 떠나 사람마다 전부 다르다. 이 부분이 가장 중요하다 내가 이야기하는 것은 모두가 그렇다는 것이 절대 아니다. 특히, 남성은 나이가 들고 시간이 지남에 따라 성욕이 거의 전혀 없는 사람도 존재한다. 물론 여성은 그 반대인 경우가 보편적으로 많은 것 같다. 그래서 남자와 여자, 더 나아가 개인마다 서로의 시간이 다르게 흐른다. 나는 무엇이 맞다 틀리다 말할 수 없다. 그것은 오로지 그 개인 삶의 영역이니까.

그렇다면 넘치는 성욕을 억압하지 않으면서도, 내 삶을 건강하게 흘러가게 할 방법은 무엇일까? 여기에 '정답'이라고 할 만한 것은 없다. 하지만 내가 수많은 경험과 성찰 끝에 내린 가장 본질적인 해답은 이것이다.

결이 맞고 서로의 삶을 존중하는 마음이 맞는 파트너를 만들어라.

앞서 이야기했듯, 물론 가장 좋은 것은 서로 깊이 사랑하는 사람과 몸과 마음을 나누는 관계일 것이다. 나 역시 절대적으로 그 가치를 부정하지 않는다. 하지만 사랑이 어디 쉬운 일이던가. 뒤에서 더 본질적으로 다루겠지만, 진짜 사랑은 교통사고와 같다. 내가 원한다고 해서 생기는 것도 아니고, 피하려고 해서 피해지는 것도 아니다. 파트너 관계로 가볍게 시작했다가 지독한 사랑에 빠질 수도 있고, 세상 가장 진지한 연인으로 시작했다가 하룻밤 파트너만도 못한, 서로에게 상처만 주는 관계로 끝나는 것이 바로 남녀의 사랑이다. 나는 지금 사회적 도덕이나 윤리를 이야기하고 싶은 게 아니다. 오로지 '본질'만을 말하는 것이다.

따라서 그 시작의 형태가 연인이든, 파트너든 그것은 중요하지 않다. 중요한 건 강요나 범죄가 아닌, 두 성인이 동등한 위치에서 상호 존중하며 서로의 에너지를 긍정적으로 교환하고 채워주는 것이다.

음(陰)과 양(陽)의 에너지가 서로 교감하고 순환할 때, 비로소 놀라운 일이 벌어진다. 인간의 3대 본능(수면욕, 식욕, 성욕)이 안정되고, 그 결과 당신 안의 숨겨진 에너지와 운(運)이 작동하기 시작한다. 이게 무슨 뜬구름 잡는 소리냐고? 아주 과학적이고 현실적인 이야기다.

첫째, 건강한 '섹스'는, 당신의 뇌를 직접적으로 안정시킨다. 연구에 따르면, 오르가슴을 느끼는 동안 우리 뇌에서는 '사랑의 호르몬'이라 불리는 옥시토신이 다량 분비되고, 스트레스 호르몬인 코르티솔 수치는 급격히 떨어진다. 이것은 당신에게 그 어떤 약으로도 얻을 수 없는 깊은 '심리적 안정감'과 '스트레스 해소'를 가져다 준다. 한 인간으로서 완전한 육체적 교감을 통해, 우리는 존재의 근원적인 외로움과 불안을 잠재울 수 있다.

둘째, 이 심리적 안정감은 당신의 '수면욕'을 지배한다. 섹스 후, 특히 오르가슴 후에는 수면을 유도하는 호르몬인 프로락틴이 분비된다. 밤마다 당신을 뒤척이게 만들던 걱정과 긴장이 사라지고, 뇌가 이완된 상태에서 깊고 질 좋은 잠을 잘 수 있게 되는 것이다. 제대로 된 '잠'이야말로, 낮 동안 소모된 당신의 모든 정신적, 육체적 에너지를 재충전하는 가장 중요한 행위다.

셋째, 그렇게 잘 자고 일어난 당신은, 비로소 '식욕'의 진짜 즐거움을 느낄 수 있게 된다. 만성적인 스트레스와 수면 부족이 폭식이나 거식증을 유발한다는 것은 이미 상식이다. 하지만 몸과 마음이 안정된 상태에서는, 허기를 채우기 위해 음식을 입에 쑤셔 넣는 것이 아니라, 음식 본연의 맛과 에너지를 온전히 즐길 수 있다.

자, 이제 당신은 인간의 가장 기본적인 3대 본능이 모두 안정적으로 충족된 상태다. 더 이상 당신은 생존을 위해, 즉 먹고, 자고, 섹스하는 문제에 불필요한 에너지를 낭비하지 않는다. 이것이 바로 '본능의 주인'이 된 상태다.

바로 그때, 당신에게 잠재되어 있던 모든 창조적인 에너지가 깨어나고, 당신의 '운'이 작동하기 시작한다.

그럼 누구는 말한다 "자기 위로로도 충분히 간편하게 오르가즘을 느낄 수 있다."

그래 맞는 이야기다. 하지만 내가 이야기하지 않았나? 음(陰)과 양(陽)의 에너지가 분명히 존재한다고 그것은 우주를 구성하는 기본적인 에너지이다. 단순 오르가즘만을 놓고 이야기하는 것이 아니다. 내가 이 책에서 굳이 이야기하지 않아도 섹스의 효과 및 효능이 의학과 과학으로 충분히 알려져 있으니 더 언급하지 않겠다. 나는 근원적인 에너지의 교환을 이야기하는 것이다.

그렇게 세상을 더 명료하게 보고, 충만한 에너지를 채움으로써 이전에는 보이지 않던 기회를 포착하게 되며, 사람들을 끌어당기는 힘이 생긴다. 이것이 바로 인간 세상이 운행하는 가장 근본적인 동력이다. 모든 것은, 건강한 관계에서 비롯한 본능의 안정에서부터 시작한다.

나는 최근 몇 해 전에 FWB(Friends with Benefits)라는 요즘 젊은 친구들 사이에 유행한다는 단어를 접했다. 한국말로 번역하면, '친구이지만 이익이나 혜택(Benefits)이 있는 관계'라는 뜻이다. 쉽게 말해 친구지만, 일반적인 우정을 넘어 육체적 관계도 함께하는 것을 의미한다. 예전에는 남녀 관계를 무조건 '섹스 파트너' 아니면 '연인' 이 두 가지 중 하나로만 정의하고, 이 관계가 옳다 그르다 로 단순히 판단했다. 하지만 요즘 젊은 친구들은 다르다. 오히려 나는 그들이 더 현명하고 똑똑하다고 생각한다. 그들은 인간의 본질적이고 자연스러운 본능을 솔직하게 인정하면서도, 그렇다고 관계를 결코 가볍게 보지 않는다. 그들은 단순한 육체적 관계를 넘어 서로에 대한 충분한 정서적 교감을 유지한다. 다만, 그것을 굳이 '사랑'이나 '결혼'이라는 전통적인 틀에 얽매여 정의하지 않는다. 그러면서 서로의 삶을 응원하고 지지하며, 관계가 너무 무겁지도, 너무 가볍지도 않게 서로의 균형을 맞추고 있다.

나는 이것이야말로 오히려 가장 본질적이고 성숙한 관계라고 생각한다. 왜냐하면 이들은 자신과 상대의 본능과 욕망을 있는 그대로 인정하면서도, 그 관계를 유지하기 위한 서로 간의 예의와 책임 또한 명확히 인지하고 있기 때문이다. 본능과 욕망을 억압하지 않으면서도, 인간적인 존중과 교감을 놓치지 않는 방식, 이것이야말로 진정한 의미에서의 성숙함이 아닐까?

몇 해 전 개봉한 「연애 빠진 로맨스」라는 영화를 보면, 두 남녀 주인공이 FWB로 시작하지만 결국 사랑에 빠지게 된다. 인연이라는 것은 이처럼 알 수가 없다. 그러니 세상이 정해 놓은 틀이나 법칙을 따르지 말고, 당신의 내면이 이끄는 대로 후회 없는 삶을 살길 바란다. 내가 그렇게 산다고 해서, 누가 나에게 손가락질할 자격이 있는가? 또 내가 굳이 "나는 이렇게 욕구를 푼다."라고 떠벌리며 다닐 필요도 없다. 이건 그냥 자신과의 약속이자, 스스로의 삶을 살아가는 방식일 뿐이다.

물론 어떤 이는 "나는 그냥 조건이 완벽한 이상형을 만나 사랑하고 섹스하며 안정적으로 살겠다."라고 말할 수 있다. 당신이 그렇게 살겠다면, 그렇게 살면 된다. 단, 당신과 다른 가치관으로 사는 사람들을 비난하지는 마라. 사람의 운명이 얼마나 예측 불가능한지, 내가 20대 초반에 있었던 현실적인 예를 하나 들어주겠다.

지금처럼 미디어나 SNS 스마트폰도 없던 시절, 20대 젊은이들이 이성을 만날 수 있던 곳은 '나이트클럽'이 거의 유일무이했다. 불편한 진실이지만 나이트클럽에 가는 99%의 남자는 원나잇을 꿈꾸고 간다. 그렇게 간 그곳에서 어느 남녀가 우연히 만나 하룻밤 사랑을 나눴고, 그 본능을 탐한 결과 '속도위반'이라는, 세상의 기준으로는 '사고'를 치게 된다. 그들은 아무것도 갖추지 못한 상태였지만, 오로지 책임감 하나로 그 결과를 받아들였다. 친구들이 한창 놀 때, 그 둘은 밤낮없이 일하며 아이를 낳고, 또 둘째를 낳고, 서로가 가정을 지키기 위해 죽을 만큼 힘들게 자식을 키워냈다.

그렇게 태어난 자식이, 지금 우리가 아는 유명 연예인이 되고, 또 어떤 이는 국가대표 운동선수가 되었다. 이 이야기가 무엇을 말하는가? 시작이 어땠는지는 중요하지 않다는 것이다. 중요한 것은, 자신의 '본능'이 이끈 선택을, '책임감'이라는 이름으로 온전히 감당해냈을 때, '운'은 전혀 예상치 못한 방향으로 당신에게 보상한다는 사실이다. '자식운'이라는 이름으로 말이다.

　이것이 바로 진정한 '자유'이자, '반자율주행'하는 내 인생의 운전대를 내가 잡고 있다는 가장 확실한 증거다. 억눌린 성자(聖者)도, 고삐 풀린 짐승도 아닌, 내 안의 모든 본능과 욕망을 솔직하게 인정하고 책임감 있게 다루는 '성숙한 인간'이 되는 것.

　그것이 이 위험하고도 신성한 본능을 가지고 태어난 우리가 평생 짊어지고 지속되는 우리 인생 게임의 장기 퀘스트 중 하나이다.

본능 억압의 결과, '저출산'이라는 사회적 비극

앞에서 나는 개인의 본능을 억압하는 것이 한 인간의 삶을 어떻게 파괴하는지 이야기했다. 하지만 이 억압의 대가는 결코 개인의 차원에서 끝나지 않는다. 지금 대한민국이라는 사회 전체가, 이 본능 억압의 결과로 어떻게 스스로 파괴하고 있는지, 그 가장 분명하고도 처참한 증거를 보여주겠다.

지금 대한민국은 '인구 소멸'이라는, 역사상 유례없는 국가적 재앙 앞에 서 있다. 정치인과 학자, 언론들은 연일 머리를 맞대고 그 원인을 분석한다. 그들은 하나같이 미친 집값, 과도한 교육비, 여성의 경력 단절과 같은 경제적, 구조적 문제를 읊어 댄다.

물론, 다 맞는 말이다. 듣기만 해도 숨이 턱 막히는 문제들이다. 하지만 그것들은 병의 '증상'일 뿐, 병의 가장 깊은 곳에 있는 '근원'이 아니다. 나는 단언컨대, 이 모든 문제의 뿌리에는 우리 사회가 애써 외면하고 있는 더 근본적이고 불편한 '본질'이 있다. 그것은 바로, 이 사회가 '섹스'를 대하는 위선적인 태도. 생각해 보자. 아이를 낳으려면, 당연히 남녀가 섹스를 해야 한다. 이것은 그 어떤 대단한 이론도 필요 없는, 생명의 제1원리다.

이것은 단순한 나의 주장이 아니다. 이미 데이터가 이 비극적인 현실을 증명하고 있다. 실제로 2021년 한 연구에 따르면, 한국 성인 3명 중 1명(36%)은 지난 1년간 성관계를 단 한 번도 갖지 않았다. 이는 20년 만에 3배나 폭증한 수치다. 특히 미래를 짊어져야 할 20대 남성의 경우, 무려 42%가 '섹스리스' 상태였다. 숫자는 거짓말을 하지 않는다. 지금 대한민국은, 관계와 섹스로부터 멀어지는 '각자도생의 시대'로 돌입했다. 그 결과는 앞장에 이야기한 엉뚱한 '성산업'의 발전을 만들었다.

그런데 이 사회는 과연 섹스를 장려하는가? 아니다. 이 사회는 '연애'와 '결혼'이라는, 사회적 합의가 필요한 제도를 장려한다. 사랑이라는 숭고한 감정, 사랑을 하기 위한 안정된 삶, 현실적인 조건 등 이 모든 것을 완벽하게 갖춘 뒤에야 섹스는 비로소 허락된 의식처럼 간주한다. 우리는 '출산'이라는 결과를 원하면서, 그 결과를 낳는 가장 본질적인 '과정'은 금기시하고 통제하는, 정신분열적인 모순 속에 살고 있는 것이다.

과거의 세대는 어땠는가? '속도위반'이라는 말은, 지금처럼 잘못한 죄인의 낙인이 아니라 부끄럽지만, 자연스러운 인연의 결과로 받아들여졌다. 그들에게는 섹스→임신→책임(결혼)이라는, 생명의 본능에 충실하고도 건강한 순환이 존재했다. 섹스는 가족을 만드는 자연스러운 '시작'이었다. 하지만 지금은 어떠한가. 경제적 안정→ 사회적 인정→ 연애→ 사랑→ 섹스→ 결혼이라는, 끝도 없는 장애물 코스를 완주한 자에게만 주어지는 '최종 보상'이 되어버렸다. 젊은이들은 이 비현실적인 장애물 코스 앞에서 지쳐 나가떨어지고, 연애와 결혼, 출산을 차례로 포기한다. 관계 맺기 자체가 지나치게 복잡하고 값비싼 일이 되어버린 것이다.

> 숫자로 보는 진실

- 대한민국의 합계출산율은 2024년 기준 0.6명대로, OECD 국가 중 압도적인 꼴찌이자 인구 유지가 불가능한 수준이다.
- 반면, 유럽에서 가장 높은 출산율을 자랑하는 프랑스의 경우, 신생아 10명 중 6명 이상이 혼외 출생자. 이는 결혼이라는 제도와 상관없이 아이를 낳고 기

르는 것을 국가와 사회 전체가 자연스럽게 받아들인다는 증거다.

▶ 스웨덴 역시 높은 출산율을 유지하는데, 그 배경에는 세계 최고 수준의 성 평등 문화와 남성의 육아휴직 의무화 등, 여성이 출산으로 인해 겪는 불이익을 최소화하는 사회적 시스템이 있다.

▶ 본질: 이들 국가의 공통점은 단순히 현금을 지원하는 것을 넘어, 성(性)과 관계, 가족의 형태에 대한 개인의 '자유로운 선택'을 존중하는 문화적 토양을 갖추고 있다는 점이다.

결국 본질은 이것이다. 대한민국의 심각한 저출산 문제는, 물론 경제 문제나 사회 현상도 한몫하겠지만 결국은 그 이전에 '섹스의 부재' 문제이며, 이는 곧 '관계의 부재'를 의미한다. 이것은 개인의 선택 문제를 넘어, 본능을 억압하는 사회가 필연적으로 맞이하는 비극적 결말이다.

국가가 진정으로 인구 소멸을 막고 싶다면, 어설픈 출산 장려금 몇 푼으로 겉만 핥아서는 안 된다. 이 위선적인 성(性) 억압 문화를 정면으로 마주하고, 그것을 깨부술 용기를 가져야 한다. 이것이 밑 빠진 독에 물 붓는 것보다 훨씬 본질적인 해결책이다. 본능을 억압하는 사회는, 반드시 그 대가를 치른다. 그리고 '인구 소멸'은 우리가 지금 치르고 있는 가장 가혹한 대가다.

나는 2장에서 유독 '성욕'에 대해 길게 이야기했다. 그것이 인간이 가진 3대 욕망 중에 이 위선적인 사회가 가장 교묘하게 억압하고, 또 가장 많은 문제를 일으키는, 인간 본능 중의 가장 뜨거운 핵이기 때문이다. 하지만 내가 말하려는 본질은 성욕 하나에만 국한하지 않는다. 이 원리는 당신 안의 모든 본능과 욕망에 똑같이 적용된다.

이것은 '풍선 효과'와 같다. 한쪽을 억지로 누르면 다른 한쪽이 기형적으로 튀어나오고, 반대로 어느 한 본능의 노예가 되면 그 끝은 파멸이다. 수면욕에 지배당하면 무기력과 현실 도피가, 식욕의 노예가 되면 그 끝에는 비만과 질병이, 성욕에만 치우치면 쾌락만을 좇는 공허함이 남을 뿐이다.

어디 그뿐인가. '소유'하고 싶은 욕망을 억누르면 무기력과 질투가 자라나고, '인정'받고 싶은 본능을 외면하면 뒤틀린 방식으로 관심을 갈구하게 된다. 이렇듯 우리의 본능은, 인간이 살아있게 만드는 가장 본질적인 에너지이기에, 그것을 적절하게 운용하는 기술이 반드시 필요하다.

그러니 기억하라. 당신 안의 그 어떤 본능도 죄가 아니다. 그것은 당신을 살아있게 만드는 신성한 에너지다. 억압하지 마라. 부정하지도 마라. 그저 그것의 존재를 인정하고, 이해하며, 책임감 있게 다루는 '주인'이 되어라.

그것이 이 장에서 내가 진짜 하고 싶었던 이야기다.

불량식품과 같은 불량지식

자존감이라는 이름의 착각

자존감이 뭐냐고?
"나는 잘났어.", "나는 최고야.", "나는 뭐든지 할 수 있어."
거울 보고 이딴 주문이나 외우면서, 그게 자존감이라고 착각하는 놈들이 있다.
X까라 그래. 그건 자존감이 아니라, 현실을 외면한 채 주둥이만 나불대는 '정신 승리 자위'일 뿐이다. 행동 없이 그 연기가 길어지면, 위로가 아니라 그냥 병X이 되는 거다.
진짜 자존감은, "내가 걸어온 모든 시간의 폐허"를 똑바로 쳐다보는 데서 시작한다.
거기엔 네가 이룬 작고 큰 성공이나 성취뿐만 아니라,
네가 도망쳤던 비겁한 밤,
네가 무릎 꿇었던 굴욕의 낮,
네가 남에게 상처줬던 찌질한 순간까지 전부 포함된한다.
그 모든 장면을 외면하지 않고 "그게 전부 나였다."라고 인정하는 것.
그게 네 존재에 대한 최소한의 예의다.
자존감이란, "나는 최고야."라는 오만한 착각이 아니라, 그 모든 폐허 위에 서서,
"지금 내 삶이 비루할지언정 나는 나를 책임진다."라는 선언이다.
이 선언은 남들의 '좋아요'나 칭찬 따위에서 나오는 게 아니다. 내가 직접 겪어낸 그 시간의 무게, 그 진짜 경험에서만 나온다.
결국 진짜 자존감은, '좋은 나'를 포장해서 전시하는 게 아니라, 어떤 X 같은 상황에서도 그럼에도 불구하고 결국 해내는 '진짜 나'를 증명해야만 얻을 수 있는 전리품이다.
그래서 자존감이 높은 사람들은 굳이 외부에 나를 증명하려 애쓸 필요도 없고 끊임없이 어제의 나와 오늘의 나를 비교할 뿐이다.

STAGE 3

성공의 본질:

성공을 선동하지 마라

3-1
'성공'이라는 단어의 본질, 과연 무엇이 성공인가?

<u>성공.</u>

이 한 단어만 들어도 우리는 무의식적으로 돈, 명예, 높은 지위를 떠올린다. 어릴 적엔 "커서 뭐가 될 거냐?"는 질문을 수도 없이 들으며 자랐고, 어른이 되어서는 "그래서 지금 얼마나 벌고 있냐?"는 차가운 평가를 끊임없이 받아내야 했다. 우리는 늘 성공이라는 거대한 그림자 아래 살고 있다. 그런데 한번 멈춰서 진지하게 생각해보자. 과연 이 성공의 기준은 누가 정한 것인가?

유년시절 학교에서 "네 꿈이 뭐니?"라고 들으면, 우리는 의사, 과학자, 경찰관 같은 '정답'에 가까운 직업들을 읊어야만 했다. 솔직히 말해보자. 그게 정말 '꿈'이었나? 설령 그걸 이뤘다고 치자. 그럼 인생이 끝나는 건가? 당신도 이미 알고 있지 않은가. 그건 그저 직업이고 삶의 수많은 과정 중 하나일 뿐이라는 것을. 나만 해도 그렇다. 어릴 적 장래 희망을 들으면, 솔직히 하고 싶은 것도, 되고 싶은 것도 단 한 가지도 없었다. 하지만 학교와 교육 시스템은 계속해서 꿈을 가지라고 강요했다. 그래서 마지못해 6학년 때쯤, 춤추고 노래하는 게 좋아서 '가수'라고 썼던 기억이 유일하다. 우리는 '꿈'이라는 단어의 본질부터 의심해 볼 필요가 있다. "한강이 보이는 아파트에 살면서 람보르기니를 타는 게 내 꿈이야."라고 말하는 사람이 있다고 치자. 그가 그걸 이루면 그의 인생은 성공한 삶으로 완성되고 끝나는가?

다시 묻겠다. 당신이 '성공' 혹은 '꿈'이라고 믿는 그것은, 정말 당신의 심장에서 우러난 욕망인가, 아니면 세상이 당신 머릿속에 몰래 심어 놓은 타인의 욕망인가?

이렇게 세상이 심어 놓은 '주입된 성공'의 가장 큰 문제는, 인생을 오직 '결과'만으로 평가하게 만든다는 것이다. 마치 삶이 하나의 시험이며, 결과가 나오기 전까지의 모든 노력과 과정은 의미 없는 허상으로 만들어 버린다.

자, 여기 아주 촌동네서 태어나 학교를 가려면 10km를 걸어가야 할 정도로 찢어지게 가난한 집에서 태어나 친엄마는 일찍이 돌아가시고 못돼 쳐먹은 계모 밑에서 여자라는 이유로 학교도 제대로 못 다니고 간신히 초등학교만 나와 청소년기에는 집안일이며 농사며 가축을 키우는 일을 혼자 도맡아 하며 노예만큼도 못한 삶. 계모에게 갖은 모욕과 학대를 견디다 못해 갓 20살이 되던 해 가까운 인접 소도시에 사는 10살 차이가 나는 노총각에게 도망치듯 선을 보고 시집간 여인이 있다. 그런데 마침 시집간 집 역시 찢어지게 가난한 집에 시부모도 없이 어린 시동생들 만 잔뜩 있는 시골의 허름한 초가집의 종가집 장손에 막내시동생은 이제 막 중학교에 다니고 있고, 남편은 매일 술만 마시고 무능력하고 집에는 먹거리가 없어 남의 허드렛일을 하면서 간신히 생계를 꾸리다 어쩔 수 없이 살기 위해 시장 바닥으로 나가 40년이 넘는 시간 동안 칠십 평생을 허리가 휘도록 장사하며 집안을 세우고 애지중지 자식을 키워낸 한 노인이 있다. 종가집의 맏며느리로 제사, 명절, 경제활동 그 모든 걸 혼자서 꿋꿋하게 해내며 살았다. 중간중간 때를 잘 만나 장사가 잘되긴 했지만 사고뭉치 아들내미 탓에 돈이 조금 모일라 치면 사라지고 또 고생하고 그러다 시간이 지나 젊어서 몸을 돌보지 않고 살아온 결과 나이가 칠순이 되니 여기저기 몸은 고장나기 시작하고, 그녀의 삶은 누구의 눈에도 초라하고 고달팠다. 시장에서 장사하면서 하루하루 살아내느라 수중에 여윳돈이 남아있지 않았다. 오로지 하나뿐인 아들이 잘 되기만을 바랐지만 서울로 떠난 아들은 연이은 사업에 실패하고 힘든 모습을 보는 여인의 마음은 더 해주지 못해서 아프기만 했고 할 수 있는 거라고는 그저 기다려주고 아무것도 묻지 않고 아들내미 힘들까 전화 한 통도 편하게 하지 못하면서 전전긍긍 그냥 현실을 덤덤히 버텨내는 것이었다. 세상은 그녀를 두고 '성공'이라는 단어와는 거리가 먼, 오히려 '실패'라는 단어가 더 어울리는 삶이라고 쉽게 평가했을 것이다. 하지만, 그 노인이 일흔이 넘어 사랑으로 헌신을 다해 키운 아들이 번듯하게 성공하여 돌아와 부모의 사랑과 헌신을 잊지 않고 이렇게 말한다. "엄마, 이제 더 이상 고생하지 않아도 돼, 이제 좀 쉬어 내가 다 할게, 그동안 고생했어 엄마! 내가 다 책임질게!" 그렇게 남은 여생을 편하게 보내게 되었다.

자 그럼 바로 이 순간, 노인의 삶은 70평생 실패한 인생에서 갑자기 '성공한 인생'이 되는 걸까? 70살까지의 힘겹고 외로웠던 수십 년 세월은 순식간에 지워지고 '실패'에서 '성공'으로 둔갑할 수 있는 걸까?

사실, 이 이야기는 바로 나와 울엄마의 이야기다. 물론 아직까지는 약간의 각본이 섞여 있다. 솔직히 말해, 나는 아직까지 "엄마 그냥 쉬어, 내가 다 책임질게!"라고 말씀드리지 못했다. 아니 정확히는 내가 이야기해도 지금도 우리 엄마는 아들 걱정이 항상 최우선이다. 그렇지만 내가 이 글에 적은 것처럼, 언젠가는 반드시 울엄마한테 그렇게 말씀드릴 수 있기를 간절히 소망하고 있다. 내 삶이 누군가의 기준에서 성공이든 실패든 상관없이, 내가 엄마한테 그 한 마디를 전할 수 있다면 울엄마 인생 전체가 진짜 성공이 되지 않을까? 그것이 지금 내가 꿈꾸는 유일한 진짜 성공이다.

여기서 한가지 더 말하자면, 각종 미디어나 유명 강사의 강연에서 너나 할 것 없이 말한다. '의미 있는 삶', '가치 있는 삶'을 살아야 한다고 끊임없이 이야기한다. 그런데 대체 의미 있는 삶, 가치 있는 삶이라는 게 무엇인가? 굳이 왜 삶에 그렇게 대단한 의미나 가치를 부여해야 하는가? 삶은 그냥 살아가는 게 아닐까? 물론 당신들이 스스로 목표를 세우고, 의미와 가치를 설정하고 거길 향해 나아가는 모습은 정말 멋지고 아름답다. 하지만 반대로, 그것을 이루지 못했을 때 혹은 그렇게 하지 못할 때는 반드시 그만큼의 공허함이 찾아온다는 사실을 기억해야 한다. 그러니 그런 목표가 꼭 없어도 전혀 상관없고 문제없다.

내가 보기에, 삶의 의미나 가치란 그렇게 거창한 게 아니다. 만약, 지금 당신이 히키코모리처럼 늙은 부모에게 의존하며 신체가 건강한데도 불구하고 '타인'(가족)의 희생을 당연히 여기며, 방 안에 갇혀 살고 있다면, 그리고 성인이 되고 대학교를 졸업하고도 너무나 당연한 듯이 부모에게 정신적 물질적 의존을 하며 살고 있다면 그것은 큰 문제이다. 만약 그런 당신이 이 책을 읽고 있다면 책 집어 던지고 당장 나가서 먹고 살길을 찾아라.

물론, 모든 다양한 상황을 한 가지의 예시로 단정지을 수 없다. 하지만 보편적인 경우를 이야기하는 것이니 오해 말아라. 하지만 지금 당신이 무슨 일이든 최선을 다해 지금 현재를 나만의 목표를 향해 나아가고 있고 버티고 있다면 그저 충분히 잘 살고 있는 것이라고 생각한다.

외부에서 당신의 가치를 찾으려 하지 마라. 내가 생각하는 성공이란 결국 외부의 평가가 아닌, 내가 지금 최선을 다해 살아가고 있다는 그 사실 자체에 있는 것이다. 매 순간 '최고의 선택'을 해야 한다는 강박에서 벗어나, 그저 지금 이 순간 나 자신에게 최선을 다하다 보면, 언젠가 '운'이라는 이름의 행운, 바로 당신의 때가 반드시 찾아올 것이다. 다시 말하지만, 최선이란 타인의 평가를 위한 것이 아니라 오직 자기 자신에게 하는 약속이다. 그러니 스스로 너무 가혹하게 채찍질할 필요는 없다. 위에 이야기한 사지 멀쩡한 히키코모리 같은 모습이 아니라면 당신은 이미 충분히 잘 살아가고 있다. 혹시 이글을 읽는 히키코모리가 있다면 X잡고 반성해라.

나는 다시 한번 묻고 싶다. '성공'이라는 말의 정체가 무엇이길래, 한 사람의 삶 대부분을 그렇게 쉽게 실패로 낙인 찍고 평가절하하는 폭력을 아무렇지도 않게 저지르는가? 성공은 결과가 아니다. 성공이란 그저 나중에 누군가가, 혹은 자기 자신이 그럴싸하게 가져다 붙이는 '스티커'에 불과하다. 결국 그 스티커조차 시간이 지나 접착력을 다하면 떨어지기 마련이다.

인생의 본질은 성공이라는 먼 미래의 허상을 좇아 끝없이 달리는 경주가 아니라, 지금 이 순간을 온전히 감당하며 살아가는 과정 그 자체에 있다. 우리가 남이 만들어 놓은 성공의 허상을 좇기를 멈추고 자기 삶의 기준과 속도에 맞추어 살아가기 시작할 때, 비로소 우리는 인생의 진짜 의미를 발견할 것이다. 그러니 당신도 이제, 남들이 내민 '성공'이라는 가짜 표지판을 버리고, 당신 삶의 진정한 주인으로 살아라.

3-2 성공팔이 악마들
'자괴감산업'

앞에서 우리는 '성공'이라는 단어가 얼마나 허상에 가까운지 이야기했다. 하지만 세상은 우리를 가만두지 않는다. 끊임없이 우리에게 성공하라 부추기고, 성공하지 못한 너는 실패자라고 속삭이며, 우리의 불안을 먹고 자라는 자들이 있다. 나는 이들을 '성공선동꾼'이라고 부른다. 그리고 그들이 만들어 낸 이 거대한 시스템을 '자괴감 산업'이라고 부른다.

자수성가했고, 스스로 대단한 무언가를 이뤘다고 떠드는 당신들, 그리고 자기계발서라고 누구나 성공할 수 있다고 부추기는 너희들. 그래, 수고했고, 축하한다. 그런데 하나만 묻자. 당신들이 이룬 그 부와 성공, 정말 100% 당신의 '실력'인가, 아니면 '운'인가? 둘 중 하나만 골라봐라. 만약 '실력'이라고 자신 있게 말한다면, 당신은 운의 도움 하나 없이 오로지 당신만의 노력으로 그 자리에 올랐다는 건가? 당신이 잘나서 운이 따랐다고? 웃기지도 않는 소리. 그저 당신의 시간과 상황에 맞게 운이 따라준 것뿐, 그거 그냥 다 운빨이다. 당신이 그런 머리와 환경을 갖고 태어난 것 자체가 운인데, 그걸 실력이라고 말하는 건 세상 오만방자한 소리다.

몇 해 전, 외국에서 프랜차이즈로 크게 성공했다며 '돈과 끌어당김'을 파는 두 쌍년놈이 있었다. 당시 나 역시 수제버거 프랜차이즈의 창업자로서 프랜차이즈를 어떻게 하면 잘 성공시킬까 하는 성공에 대한 갈망으로 그들의 책을 사고 유튜브를 보며, 그들처럼 되어보려 발버둥쳤던 시절이 있었다. 하지만 보면 볼수록, 그들의 말은 본질 없이 사람을 홀리는 기술에 불과했다. 그들이 하는 이야기는 이미 치열하게 살았던 내가 다 알고 경험해봤던 이야기였고 껍데기만 그럴싸한 이야기들이었다. 자신의 성공에 결정적이었던 '운'이라는 요소는 교묘하게 감추고, 그럴싸한 말로 모든 것을 미화할 뿐이었다.

이건 내가 직접 목격한 일이다. 그해, 그들 중 하나가 연 북콘서트에 나도 참석했다. 수많은 사람을 홀리는 그럴듯한 지 자랑이 태반인 이야기가 끝나고 질의응답 시간이 되자, 너도 나도 손을 들고 그에게 물었다. 그중 내가 정확하게 기억하는 2가지의 사례를 얘기하겠다.

첫째는 어느 주부였다. 그녀는 "돈을 많이 벌고 싶고 경제적 자유도 이루고 싶다. 하지만 지금 경력도 단절되었고 아이도 키워야 하고 상황이 여의치 않은데 어떻게 하면 좋냐."라고 그 씹새끼에게 물었다. 돌아온 대답이 뭔지 아는가? "그럴 땐 남편을 사업시키고 뒷바라지하세요." 이게 과연 인간의 입에서 나올 소리인가? 그녀는 집에 가서 남편을 달달 복고 원망하고 왜 당신은 부자가 아니고 사업을 안 해서 내가 이렇게 힘들게 사냐며 원망하고 가정의 불화를 만들 수 있는 말을 저렇게 아무렇지 않게 할 수 있지? 그때 난 진짜 저 새끼 정상이 아니구나 생각했다. 왜냐하면 사업이라는 게 쉬운가 나는 10여 년을 사업을 하겠다고 이리저리 발버둥치고 몇 번일지도 모를 실패와 사람들의 냉소적인 시선과 좌절을 겪고 죽음을 생각할 정도로 모든 걸 걸어도 될까 말까 한 게 사업인데, 아무에게나 무턱대고 사업을 하고 도전하라는 게 말도 안 되는 개소리다. 그때 나는 진짜 저 새끼 악마구나… 했다.

둘째는 더 가관이었다. 지방에서 공장을 다니다가 그 성공선동꾼 씹새끼의 책과 유튜브 강의를 보고 충격을 받아 나도 할 수 있다는 자신감으로 서울에 올라와 고시원에 살며, 매일 "100억 벌기 1,000번 쓰기" 같은 걸 하면서 다단계에 빠져 허우적대던 20대 청년이었다. 그 강연자는 "자기가 언제 다단계 같은 걸 하라고 했냐."라며 발을 뺐다. 하지만 내가 말하지 않았는가? 사람은 자기가 타고난 지능 또한 운의 영역이라고. 그 청년에게는 그 둘을 분별할 지혜조차 없었던 것이다. 그러면 그것은 그냥 개똥 같은 책 싸지르고 강의하면서 돈 벌어 쳐먹던 니 새끼 잘못이 아닌 건가?

너희들(악마)이 아무렇지도 않게 내뱉는 그 개똥 같은 논리가, 절박한 모두에게 통용될 거라 생각하는가? 너희가 도대체 이 사회에 무슨 이로운 일을 했는가? 한국에서 성공하지 못해서 외국으로 나가, 거기서 운 좋게 번 돈으로 대한민국에 세금을 얼마나 냈으며, 우리 사회에 어떤 기여를 했는지 묻고 싶다. "한국은 세금으로 부자를 압박한다."라며 해외 시민권을 방패 삼아, 정작 한국의 젊은이들을 상대로 돈을 벌어 다시 외국으로 가져가는 너희들. '절세'라는 그럴 듯한 이름으로 얼마나 많은 세금을 포탈하고 있을지 나는 모른다. 하지만 이것 하나는 확실하다. 운 좋게 얻은 당신들의 성공을 팔아, 이 땅의 젊은이들을 병들게 하는 너희는, 그저 '절대 악마' 그 이상도 이하도 아니다.

이들의 위선은 여기서 그치지 않는다. 어떤 한 명은 또 얼마나 웃긴지 아는가. 스스로 수천억 원대 자산가라고 소개하는, 마귀 할멈처럼 생긴 여자가 있었다. 끌어땡김인지 뭐니 하는 말 같지도 않은 개소리를 장황하게 펼치던 그녀는 유튜브에서 자기 이름이 새겨진 '굿즈'를 몇 만 원에 팔고 있었고, 더 놀라운 것은 그 추종자들이 그걸 좋다고 너도나도 사고 있다는 사실이었다. 나는 그 광경을 보며 생각했다. '진짜 다들 미친 건가?' 수천 억이 있다는 사람이, 왜 그깟 몇 만 원짜리 상품을 팔아 쳐먹고 있는가? 그 정도의 부를 가졌다면, 그를 따르는 이들에게 그냥 나누어 줘도 모자랄 판에, 그걸 또 팔겠다고 홍보하고 앉아있다.

이것이 그들이 작동하는 방식이다. SNS와 유튜브에 번쩍이는 외제 차와 명품 시계, 호화로운 파티 사진을 올리며 당신을 유혹한다. "누구나 나처럼 될 수 있다.", "경제적 자유를 얻어라.", "월 1억 버는 법." 같은 자극적인 제목으로 당신의 조급증을 건드린다. 그들의 화려한 모습에 당신은 자신도 모르게 지금의 삶이 초라하게 느껴지고, "나만 뒤처지고 있는 건 아닐까?" 하는 불안에 휩싸이게 만드는 것. 그것이 바로 그들이 파 놓은 덫의 본질이다. 그들은 당신에게 희망을 파는 것처럼 보이지만, 사실은 당신의 '자괴감'을 먹고 사는 진짜 악마다. 그들은 당신이 스스로 부족하고 결핍된 존재라고 느낄수록 더 많은 돈을 번다. 당신의 불안을 연료 삼아 그들의 성공 신화는 더욱 높이 타오를 뿐이다.

자 지금부터 이 '자괴감산업', 이 '성공선동꾼'들이 어떻게 한 사람의 멀쩡한 인생을 파괴하는 '살인자' 즉 이 시대의 가장 큰 '대악마' 혹은 '마귀', '악귀'인지 이야기해 주겠다.

앞에서 이야기했듯이 지금 우리가 사는 이 세상은 시뮬레이션 우주, 다른 이야기로 GAME 혹은 각자가 주인공인 장편 영화나 드라마에 가깝다는 이야기를 했다. 이것은 그냥 단순히 나의 주장이 아닌 지금 현재 다수의 과학자가 이야기하는 것이다. 세상은 Balance다 사람은 각자 주인공이며 각자의 역할이라는 것이 존재하고 각자 자기만의 삶과 운명이 어느 정도 존재하고 있다. 그렇게 모두 각자의 자리를 유지하기 때문에 지금의 세계가 균형 있게 돌아가고 있는 것이다. 요즘 과학에서 이야기하는 '다중우주론' 개념의 시각으로 이야기해보자.

예를 들어 사람의 운명은 그런 것이다.

여기 '만식이'라는 친구가 있다. 그는 보통의 사람들처럼, 대단한 모험보다는 안정적인 삶을 원했다. 타고나길 부지런하고 체력도 좋았던 그는, 환경미화원이라는 공무원 시험에 합격한다. 그는 매일 같은 시간에 일어나 거리를 청소하고, 꾸준히 저축하며 하루하루를 성실하게 쌓아 올렸다. 때가 되어 결혼을 하고, 자식을 낳아 훌륭하게 키워냈다. 그렇게 평생을 성실하게 살아온 그에게 원래 정해진 운명은, 장성한 자식들을 지켜보며, 나라에서 나오는 연금으로 편안하고 안락한 노후를 보내는 것이었다. 이것이 바로 그가 선택한, 소박하지만 안정적인 인생의 길이었다.

그런데, 이 만식이의 인생은 이렇게 하나로 정해져 있는 걸까? 아니다. 앞에서도 말했지만, 인생은 지금 내가 어떤 선택을 하느냐에 따라 무한히 다양한 방향으로 펼쳐질 수 있다.

자 그런 미래 운명을 가진 만식이가 환경미화원을 시작한 지 3년째 되던 해, 만식이는 어느 날 반복하는 일상 속에서 매일 보게 되는 쓰레기들, 특히 가치 없이 버려지는 재활용 폐기물들이 자꾸만 눈에 들어왔다. 그는 문득 "이걸 제대로 활용하면 돈이 되지 않을까?"라는 생각을 하기 시작했다. 이런 생각은 멈추지 않고 그의 머릿속을 계속 맴돌았다. 여러 번의 계산 끝에 그는 결정했다. "이 폐기물을 내가 잘만 활용하면, 지금 받는 월급보다 훨씬 더 벌 수 있겠다." 마침내 만식이는 안정적인 공무원 자리를 과감히 박차고 나와 재활용 폐기물 사업에 뛰어든다.

물론 그 과정은 결코 쉽지 않았다. 매 순간 힘듦과 고통의 연속이었고, 결코 내가 원했던 안정적인 생활과는 거리가 멀었다. 하지만 그는 내가 원해서 선택했고 누구보다 폐기물에 대한 이해도가 뛰어났으며, 무엇보다 스스로에 대한 믿음과 자신감이 있었기에 흔들리지 않고 꿋꿋하게 자기만의 길을 걸었다. 포기하고 싶을 때마다 '운'이 따라주었고 결국, 만식이는 대한민국에서 손꼽히는 재활용 폐기물 업체의 회장이 되었다.

이 이야기는 무엇을 보여주는가? 바로 한 인간의 인생이 어떤 선택을 하느냐에 따라 얼마나 다르게 펼쳐질 수 있는지를 말해준다. 사람의 운명이 어느 정도 정해져 있다는 말은, 반자율주행과 같은 의미다. 즉, 운명의 절반은 이미 정해져 있지만, 나머지 절반은 내가 직접 창조하고 바꿔 나갈 수 있다는 의미다. 중요한 건, 이 창조는 무작정 하고 싶은 대로 이루어지는 게 아니라, 자신에게 주어진 환경과 능력, 그리고 운까지 모두 고려할 때 비로소 가능한 일이다.

만식이의 사례처럼 자신의 주어진 환경을 최대한 활용해 자신이 도달할 수 있는 최고의 목적지를 향해 나아가는 것이야말로 진정한 현명함이다. 최근 끌어당김의 법칙이니 뭐니 하면서, "무엇이든 꿈꾸면 무조건 이룰 수 있다."라고 떠드는 말들은 솔직히 개소리에 가깝다. 환경미화원으로 살던 사람이 갑자기 대통령이 되고 싶다고 해서 대통령이 되거나, 갑자기 이종격투기 선수가 되고 싶다고 해서 UFC 챔피언이 될 수는 없다. 물론 아예 불가능하지는 않을지 모르겠지만, 그런 일들은 앞서 얘기했듯이 수많은 '운'이라는 요소들이 로또를 수십, 수백 번 연속으로 맞는 것만큼 우연이 겹쳐질 때나 가능한 일이다.

결국 중요한 건, 자기 자신을 냉정히 직시하고, 자신의 환경과 능력을 있는 그대로 인정하며, 그 안에서 가능한 최고의 선택을 하는 것이다. 이것이 내가 말하고 싶은 삶의 본질이자 진짜 현명한 사람들의 방식이다.

자, 그리고 지금부터 '한달봉'이라는 친구의 이야기를 통해 왜 성공선동꾼들이 지독한 악마 새끼들이고 당신들이 사람을 죽이는 '절대 악한 영향력' 그 자체인지 똑똑히 보여주겠다.

고등학교를 졸업하고 지방의 물류센터에서 지게차 운전을 하던 달봉이가 있었다. 달봉이는 똑똑하지는 않았지만 누구보다도 성실했고 사람이 좋아 주변사람들에게 늘 예의 바른 청년이었다. 그의 정해진 운명은 이랬다. 회사를 다니며 저녁엔 친구들과 소주 한잔 하고 당구 한게임 치는 낙으로 살다가 어느 날 옆에 회사 경리 아가씨 '숙자'와 눈이 맞아 사랑을 하고, 결혼을 하고, 토끼 같은 자식을 낳고, 저녁마다 통닭을 사 들고 들어가는, 아주 평범하지만 자기만의 리듬이 있는 삶을 보냈다. 그러다 세월이 흐르면서 아이는 점점 커가고 생활비는 쪼들리고 그러나 가장이라는 책임으로 조금 더 지금 내가 할 수 있는 것은 무엇일까 고민하다가 회사를 퇴사하고 그동안 모은 돈에다가 할부를 내서 40대 중반쯤엔 내 지게차를 하나 장만하여, 밤낮없이 전봇대에 스티커를 붙이고 현수막을 게시해 가며 영업을 하고 살다 보니 평소 열심히 살고 주변에 항상 친절한 달봉이의 모습을 본 주변사람들도 많이 도와주고 어느 정도 운도 따르면서 일도 많아지고 중장비도 점점 늘고 직원도 쓸 정도로 어느덧 작은 중장비회사의 사장님이 되어 그동안 쌓아온 실력과 운 때가 잘 맞아 안락한 노후를 보내는 삶이 정해진 운명이었다. 조용하지만 단단하게 본인만의 페이스대로 자기 인생을 감당하는 사람. 그게 원래 타고난 달봉이의 길이었다.

그러나 위와는 다른 선택을 하며 또 다른 운명으로 향한 상황도 존재한다.

30대 초반, 결혼을 앞둔 어느 시점에 달봉이의 눈과 귀를 사로잡은 것은 소위 '성공선동꾼'들의 목소리였다. 인스타그램과 유튜브는 물론, 각종 미디어 매체에서 자수성가한 사업가들이 넘쳐나며 "돈을 알아야 돈이 모인다.", "돈 버는 방법은 사업뿐이다.", "요즘처럼 사업하기 좋은 시대는 없다." 같은 자극적인 메시지들이 마치 진리처럼 퍼져 나갔다. 그들의 목소리는 점점 커졌고, "인생은 한 방이다!", "지금이 기회다!", "너도 부자가 될 수 있다!" 같은 달콤한 문구로 책을 쓰고 강연을 열며 대중의 불안을 부추겼다.

이 선동의 물결 속에서 물류센터에서 지게차를 몰며 평범하게 살아가던 달봉이 역시 흔들리기 시작했다. "이대로 지게차만 몰다가 남들이 말하는 성공 한 번 제대로 맛보지 못한 채 내 인생이 끝나버리는 것은 아닐까?"라는 불안이 그를 덮쳤다. 결국 달봉이는 자신의 길이 아닌 줄도 모르고, 회사까지 덜컥 그만둔 뒤 창업 시장에 뛰어들었다.

그때 유행하던 프랜차이즈 광고의 문구가 그의 눈에 띄었다. "오픈만 하면 월 1,000만 원은 벌 수 있다."라는 말에 혹한 그는 평생 경험해 본 적 없는 요식업 프랜차이즈 창업을 결심했다. 본사가 제시한 눈에 보이지 않는 숫자와 화려한 수익률에 눈이 멀어 정부 지원 창업 대출까지 무리하게 받아가며, 부푼 꿈을 품고 창업 전선에 뛰어들었다. 결과는 예상대로였다. 달봉이는 처참히 실패했다. 세상의 수많은 사람이 그러하듯, 경험이 없는 분야에 도전하여 첫 시도부터 성공하기란 거의 불가능한 일이었다. 오히려 실패가 공식처럼 당연하게 다가왔다.

더 큰 문제는 그 다음이었다. 평생 특별한 문제없이 휴대폰 요금 한 번 밀려본 적 없고 누구에게도 아쉬운 소리 없이 살았던 달봉이의 인생에 처음으로 '빚'이라는 무서운 그림자가 드리워졌다. 카드사부터 제1금융권, 제2금융권, 심지어 사금융까지 온갖 곳에서 추심과 독촉 전화가 쏟아졌다. 달봉이는 지인과 가족에게까지 돈을 빌리며 점점 더 깊은 수렁으로 빠져들었다. 매일 밤을 불면과 불안, 고립감 속에서 보내야 했고, 끝내 결혼을 약속했던 숙자까지 그의 곁을 떠났다.

현실의 고통이 너무 견디기 힘들었던 달봉이는 다시 유튜브 속의 '끌어당김의 법칙'과 같은 허무맹랑한 이야기에 매달리며 도피하려 했다. 그러나 오히려 그럴수록 현실은 더욱 깊은 시궁창으로 그를 끌어당겼다. 결국, 감당할 수 없는 고통과 압박에 무너진 달봉이는 스스로 인생이라는 게임에서 로그아웃을 선택했다.

자, 이제 다시 묻는다. 성실했던 달봉이의 운명을 이 지경으로 만든 건 과연 누구인가? 지게차를 몰며 통닭 한 마리에 행복을 느꼈을 그의 소박한 인생을 파괴한 것은 누구의 책임인가?

바로 "너도 할 수 있다."라고 무책임하게 떠들어댄 성공선동꾼들, 당신의 자괴감을 팔아 자신의 배를 불리는 그들이 진짜 악마다. 그들은 달콤한 말로 당신을 유혹하지만, 그 끝에 당신의 실패는 결코 책임지지 않는다. 그들은 그저 또 다른 '달봉이'를 찾아 나설 뿐이다. 물론, 나는 이 모든 비극의 화살을 오직 그 '악마'들에게만 돌리고 싶은 것이 아니다. 그들의 달콤한 속삭임에 흔들리고, 자신의 '세팅값'과 분수를 망각한 채 허황된 꿈을 좇기로 '선택'한 달봉이의 책임이 아주 없다고는 말하지 못하겠다.

<u>그래서 우리는 스스로를 탐구해야만 하는 것이다. 그래야 '악마'에게 휘둘리지 않을 수 있다.</u>

나는 지금까지 수없이 많은 도전을 해왔다. 사실 달봉이의 이야기 중 나의 이야기가 일부 들어가 있다. '아마 내가 고향에서 계속 살았다면 저렇게 살지 않았을까?'라고 회상해본다. 나는 20대 중반 시절 어느 중견기업의 물류센터에서 2년 동안 매일 새벽에 출근해 내 키보다 더 큰 박스들을 가득 싣고 온 5ton 차들을 일일이 검수하고 일명 '까대기' 하여 물건을 하차하고 하루 종일 입고와 출고하며 정리하고 지게차 운전을 하고 지냈던 나의 2년 가까운 시간이 있었다. 물론 그후 나는 새로운 도전을 위해 서울로 상경했지만. 그렇듯 나는 새로운 도전이 나쁘다는 게 절대 아니다. 오히려 나는 누군가 도전한다고 하면 늘 응원하고 그가 원한다면 나는 내가 경험해 본 것에 한해서는 조언을 아끼지 않는다. 다만, 그 도전하기 전 그 도전의 이유가 외부에 있어서는 안 된다는 것이다. 스스로 내 그릇의 크기를 알고, 내가 감당할 수 있는 고통의 무게를 알며, 내 안의 진짜 욕망이 무엇인지 끊임없이 돌아봐야 하는 이유가 바로 여기에 있다. 늘 최악을 대비하고 최선의 선택을 하는 것이다. 그래서 내 안에 단단한 '관제탑'이 서 있는 사람은, 그 어떤 달콤한 악마의 속삭임에도 쉽게 길을 잃지 않는다. 왜냐면 그는 이미, 자기만의 좌표로 항해 중인 사람이기 때문이다.

3-3 '선한 영향력'의 본질
사이비교주

앞에서 나는 당신의 불안을 팔아먹고 사는 '성공선동꾼'들에 대해 이야기했다. 그들은 시스템 뒤에 숨어, 달콤한 말로 대중을 현혹하는 악마다. 이제는 많은 사람이 신처럼 떠받들고, 우리 모두가 부러워하는 '성공한 사람'들을 해부해 볼 차례다. 그들이 성공이라는 스티커를 손에 쥐었을 때, 어떻게 스스로 속이고 대중을 기만하며 '선한 영향력'이라는 가장 교묘한 갑옷을 입게 되는지에 대하여.

나는 스스로 성공했다고 말하는 당신들에게 묻고 싶다. 그 성공, 정말 '운'과는 아무 상관없이, 오로지 당신의 '노력'만으로 이룬 것인가?

물론 당신이 잠을 줄이고, 남들이 놀 때 일하며 피땀 흘려 노력했다는 사실을 부정하려는 게 아니다. 그 노력은 존중받아 마땅하다. 하지만 그 노력이 '성공'이라는 결과물로 이어지기까지, 당신의 삶에 얼마나 많은 '운'이 결정적으로 작용했는지 정직하게 돌아볼 필요가 있다.

'운'이라는 것은 단순히 동전 던지기 같은 확률 게임이 아니다. 그것은 당신의 삶을 둘러싼 모든 조건과 타이밍을 의미하는, 매우 입체적인 개념이다.

> 시대적 운

당신이 그 기가 막힌 사업 아이템을 떠올렸을 바로 그 시기에, 세상이 바로 그것을 원했던 것은 운이다. 10년만 빨랐거나 늦었어도 당신의 아이디어는 그저 미친 소리로 묻혔을 것이다.

> 환경적 운

당신이 그 모든 노력을 쏟아 부을 수 있었던 건강한 신체와 지치지 않는 정신력, 타고난 머리, 당신을 믿고 지지해 준 최소한의 가정환경. 이것들은 당신이 선택한 게 아닌, 날 때부터 주어진 운이자 '세팅값'이다.

> 인연의 운

당신의 가능성을 알아보고 결정적인 투자를 해준 귀인을 만난 것도 운이고, 당신이 위기에 처했을 때 손을 내밀어준 친구 한 명이 있었던 것도 운이다.

> 지능과 재능의 운

남들보다 뛰어난 머리, 특정 분야에 대한 천재적인 감각. 이 역시 당신이 노력해서 얻은 것이 아닌, 우연히 당신에게 주어진 선물, 즉 운이다.

그러니 "운도 실력이다."라는 오만방자한 소리는 집어치워라. 그 말은 이 모든 운의 요소를 자신의 '실력'이라는 이름 아래 독점하려는, 가장 이기적인 선언이다. 그것은 성공한 당신의 오만을 정당화하고, 이 모든 운을 갖지 못해 실패한 '달봉이'들에게 "네 노력이 부족했다."라는 잔인하고 부당한 자책감을 심어주는 가장 교묘한 폭력일 뿐이다. 당신의 성공은 당신의 노력만으로 이루어진 것이 절대 아니다. 그것은 당신의 노력이라는 재료에, 수많은 '운'이라는 결정적인 조미료가 더해져 만들어진, 기적에 가까운 결과물이다.

자, 그렇게 '운'의 도움으로 성공이라는 스티커를 손에 쥔 당신들이 이제 와서 뭘 하는가? 그들은 자신의 성공에 가장 크게 기여한 '운'의 역할은 철저히 숨긴다. 그러고는 대중 앞에 서서, '선한 영향력'이라는 더 교묘하고 고상한 가면을 쓰고 자신의 성공 신화를 설파하기 시작한다.

당신들이 행사한다는 그 '선한 영향력'의 본질이 대체 무엇인가? "나처럼 노력하면 너도 성공할 수 있다."라고 말하는 것이 과연 선한 것인가? 당신이 가졌던 그 모든 '운'을 갖지 못한 사람들에게, 그것은 희망이 아니라 더 큰 절망과 좌절감을 안겨주는 '악한 영향력', 즉 독약일 뿐이다.

그 '선한' 가면 뒤에 숨겨진 진짜 욕망을 들여다보자. 그것은 세상을 이롭게 하려는 순수한 마음이 아니다. 자신의 성공을 과시하고, 사람들의 부러움과 존경을 받으며, "나는 너희와는 다른 특별한 존재."라는 우월감을 확인하고 싶은 '인정 욕구'다. 더 나아가, 자신의 성공 비결을 가르쳐 주겠다며 타인의 삶에 개입하고 그들을 자신의 방식대로 이끌려는 '지배 욕구'다. 당신들은 자신의 성공 서사를 통해, 자신을 따르는 사람들의 우위에 서고 싶은 것이다.

"악마는 천사의 얼굴을 하고 있다."라는 말을 들어본 적 있는가? 나는 '선한 영향력'이라는 말처럼 이 격언에 딱 들어맞는 것도 없다고 생각한다. 물론 모든 선의를 의심하자는 건 아니다. 하지만 우리는 그 달콤한 말 뒤에 숨은 '본질'이 무엇인지 의심하고 또 의심해야 한다.

그들이 원하는 것이 꼭 '돈'이 아닐 수도 있다. 이미 돈은 벌 만큼 벌었을 테니까. 인간의 본능이란 참으로 집요해서, 어느 정도의 부를 축적하고 나면 반드시 '명예'와 '인정'을 갈구한다. 이것 또한 지독한 욕망이다. 그래서 그들은 은연중에 당신들 위에 서서 스승 행세를 하고, 스스로 신격화하여 맹목적인 추종자를 만든다.

이것이 무엇과 같은가? 바로 사이비 교주의 방식과 똑같다. 그들이 행사하는 '선한 영향력'의 본질이란, 결국 자신을 중심으로 한 작은 왕국을 세우고 그 안에서 숭배받으려는 욕망이며, 그 이상도 이하도 아니다.

진짜 선(善)함과 진정한 영향력은, 자신의 성공을 전시하고 마이크를 잡고 남을 가르치려 드는 오만한 태도에서 나오는 것이 아니다. 그것은 떠들썩한 말이 아니라 조용한 행동으로 증명된다.

큰 부와 성공을 거둔 우리나라 역사의 굴지의 창업가들이, 과연 대중 앞에서 "여러분, 회사를 탈출해서 창업하셔서 돈 버세요!", "성공하세요!"라고만 외치는 것을 본 적 있는가? 나는 가끔 그들의 일대기를 접할 때면 존경을 넘어 경외감을 느낀다. 그들의 삶을 움직인 것은 돈 그 자체가 아니라, 자신의 꿈을 통해 나라와 세상에 기여하겠다는 거대한 사명감이었다. 그들은 자신의 성공이 얼마나 많은 '운' 덕분에 이뤄졌음을 겸허하게 인정했고, 그렇게 얻은 것을 요란하게 과시하는 대신 조용히 사회에 환원하는 길을 택했다.

최근 드라마 '미스터선샤인'의 주인공으로도 유명한 유한양행 창업자 유일한 회장의 일대기를 접한 적이 있다. 그는 어려서 미국으로 건너가 근 100여 년 전 말도 안 통하는 타국에서 동양인으로서 산전수전을 겪으며 최고의 대학을 나와 미국에서도 사업으로 성공했지만 수십 년 만에 조국으로 돌아와 일제 치하에 있는 조국의 실상을 보고는 탄탄대로였던 미국의 생활을 접고 고국에서 국민건강을 책임지겠다며 제약회사를 설립, 평생을 청렴하게 살며 '기업의 존재 이유는 이윤 추구가 아니라 사회에 봉사하는 것'이라는 철학을 몸소 실천했다. 그는 평생 모은 재산을 사회에 환원했고, 심지어 기업의 소유권마저 가족이 아닌 사회에 돌려주었다. 나는 그 이야기를 보고는 와 사람이 저럴 수가 있나? 저 사람은 만약, 신이 있다면 대신하여 내려 보낸 인물이 아닐까 하는 생각을 해봤다. 그 외에도 위인전에 나올 법한 수많은 기업가는 존재했다. 그런 그들은 결코 사람들 앞에 나서서 회사

때려치우고 나와서 "나처럼 돈을 벌어라."라고 외치지 않았다. 그의 선한 영향력은 이렇게 자신의 자리에서 묵묵히 사회적 책임을 다하는 진실된 태도에서 자연스럽게 흘러나왔다.

  하지만 이런 진짜 영향력은 그렇게 거창한 인물에게서만 나오는 것이 아니다. 나는 시장 바닥에서 칠십 평생 묵묵히 각자의 자리에서 자기네들의 삶을 살아낸 우리네 어머니들 그리고 밤낮없이 가족을 위해 본인의 자리에서 최선을 다하며 살아가는 우리 아버지들의 주름진 손에서도 그것을 본다. 성공선동꾼들의 번지르르한 혓바닥에서는 결코 찾아볼 수 없는 진짜 '선한 영향력'. 그것은 바로 자신의 자리에서, 자신의 삶을, 자신의 '세팅값'을 불평 없이, 최선을 다해 그리고 충실하게 '감당'해 나가는 모습 그 자체에서 자연스럽게 흘러나오는 것이다.

3-4
그래서, 진짜 성공이란 무엇인가?
(feat. 세계정복)

이제 우리는 3장의 마지막 질문 앞에 섰다. 우리는 이미 성공이라는 단어의 허상을 직시했고, 성공을 팔아먹는 악마들의 민낯을 똑바로 들여다봤으며, 그들이 쓰고 있는 '선한 영향력'이라는 가면까지 벗겨냈다.

그렇다면 이 모든 껍데기를 부수고 난 뒤에, 우리가 진정으로 추구해야 할 성공의 본질은 무엇인가? 나는 이 질문 앞에서 오랫동안 고민했다. 그리고 마침내 내린 결론은 이것이다. 어쩌면 '성공'이라는 단어는 그 자체로 허상일지도 모른다는 것이다.

성공은 한낱 도깨비와 같다. 모두가 그것에 대해 이야기하고, 그것을 본 적 있는 것처럼 말하지만, 막상 그 실체를 붙잡으려 하면 아무것도 없는 신기루 같은 존재다. '경제적 자유', '월 1,000만 원', '한강이 보이는 아파트' 같은 목표들을 성공이라고 부르기로 누가 결정했는가?

누군가에게 필생의 꿈일 목표가 다른 누군가에게는 이미 누리고 있는 평범한 일상일 수 있다. 지구 반대편 아프리카의 어느 시골 마을 소년의 눈에는 대한민국에 태어난 우리 모두가 이미 '성공한 사람'일지도 모른다. 이처럼 성공에는 절대적인 평가 기준 같은 것은 존재하지 않는다.

솔직히 고백하자면, 나 역시 남들이 말하는 성공이라는 것을 제대로 해본 적이 없어서 정확히 모른다. 예전에 누군가 나에게 "네 꿈이 뭐야?"라고 물었을 때, 나 역시 "100억은 벌어야 성공 아니겠냐?"라며, 만져본 적도 없는 허황된 숫자를 내뱉곤 했다.

하지만 이제는 나의 꿈은 안다. 진짜 내 꿈은, 어쩌면 사람들이 비웃을지도 모르지만, '월드클래스', '세계제패', 혹은 '세계정복'이다. "대체 무엇으로 세계를 정복할 거냐?"라고 묻는다면, 나도 아직 그 답을 모른다고 솔직히 답할 수밖에 없다. "음, 모르지. 그냥 마음이 이끄는 대로 계속 가다 보면 무언가 나오겠지."

이 말이 다소 우습고 비현실적으로 느껴질지도 모르겠다. 근데 내 꿈이 당신들과 뭔 상관인가? 내가 그렇다면 그런 것이지. 분명한 건, 나는 내 심장에서 울리는 가장 솔직한 욕망을 따른다는 것이다. 이 꿈이 실현된다면 나는 스스로에게 성공했다고 말할 수 있을까? 어쩌면, 그럴지도 모르겠다.

결국 진짜 성공이란, 타인의 평가나 사회가 만들어 놓은 기준을 만족시키는 것이 아니다. 내 삶의 진정한 주인으로서, 내 안의 가장 솔직한 욕망을 인정하고 그것을 향해 나아가는 모든 과정을 기꺼이 끌어안는 태도다. 성공이 반드시 거창하거나 특별할 필요는 없다. 어느 시골 농부에게 성공이란 농사가 잘돼서 농지 몇 평을 더 늘리는 것일 수 있고, 자식에게 온 마음을 쏟는 어느 어머니에게 성공은 아들이 안정된 직장을 얻고 좋은 사람을 만나 가정을 이루는 것일 수 있다. 심지어 매일 술만 마시는 남편이 술을 끊는 것이야말로 누군가에겐 가장 간절한 성공일지도 모른다.

성공과 꿈은 이처럼 크고 작은 형태로 다양하며, 반드시 하나여야 할 이유도 없다. 100억, 1,000억을 벌어 목표를 이루었다고 해서 과연 인생은 끝이 나는가? 천만의 말씀이다. 삶은 계속 이어지고, 성공과 꿈 역시 끊임없이 새롭게 탄생하고 변해간다.

그렇다면 이제 또 누군가는 이렇게 반문할 것이다.

"그럼 돈이 성공이 아니면 도대체 뭐가 성공인가? 경제적 자유를 추구하지 말고 그냥 흐르는 대로 살라는 건가?" 오해하지 마라. 나는 그런 뜬구름 잡는 소리를 하려는 게 아니다. 당신이 진심으로 원하는 꿈이 100억이든, 1조든, 무엇이든 상관없다.

진짜 중요한 건 그 꿈이 정말 당신의 본능에서 우러나온 것인가 하는 점이다. 그 꿈이 남들 눈에 허황되고 유치하게 보인다고 해서 절대로 부끄러워하지 마라. 우리가 밤에 꾸는 꿈이 현실적이고 합리적이던가? 아니다. 꿈은 원래 비현실적이고, 때로는 왜곡되며, 말도 안 되는 것이다. 그래서 우리는 그것을 '꿈'이라고 부른다. 꿈은 오히려 비현실적이고 크고 허황될수록 좋다.

"성공에 집착하지 마라! 대신 꿈을 가져라. 그게 성공할 수 있는 가장 현실적인 방법이다."

"소년이여, 야망을 가져라(Boys, be ambitious)."라는 말이 있지 않은가? 설령 그 꿈이 깨지더라도, 그 조각은 클 것이다. 내가 '세계정복'이라는 황당무계한 꿈을 꾸었다면, 설령 세계를 제패하지 못하더라도 적어도 우리나라에서는 1등 하나쯤은 해보지 않겠는가? 성공이든 꿈이든 이루기 위해 필요한 것은 결국은 '행동'이다. Just do it!

중요한 것은 그 꿈이 '성취'되느냐 마느냐가 아니다. 그 허황된 꿈이야말로 오늘 하루 나를 살아있게 만들고, 한 걸음 더 나아가 성공하게 만드는 가장 강력한 '원동력'이다.

이제 당신도 그렇게 살아가라. 타인의 시선과 평가를 버리고, 오직 당신의 본성을 믿고 따르며, 당신만의 꿈을 꾸고 당신만의 성공을 창조하라. 그것이 이 혼란스러운 세상에서 붙잡을 수 있는 유일한 본질이며, 『본질론』이 제시하는 진짜 성공의 모습이다.

> 불량식품과 같은 불량지식

인정중독

네 인생의 주인은, 정말 너인가? 심리학에서 말하는 가장 찌질한 병이 뭔지 아나?
바로 '인정 중독(External Validation Dependence)'이다.
혼자서는 아무 결정도 못 하고, 남의 '잘한다'는 말 한 마디에 목숨을 거는 병.
네 인생이 나의 방향대로가 아닌, 네 안이 아닌 남의 시선에 있는 상태. 살아있는 것 같지만, 그 삶엔 정작 '너'는 없다. 결과는 뻔하다. 끝없는 피로감, 설명할 수 없는 공허함.
남의 박수로는 절대 네 영혼을 채울 수 없으니까. 스스로의 법을 만들지 못하는 자는, 평생 타인의 칼날 아래에서 산다. 이제 선택해라.
존재란, 누구에게도 설명할 필요 없이 명백한 것이다.
보여주려 발버둥치지 말고, 그냥 살아내라. 네가 먼저 너를 인정하면, 세상은 알아서 따라온다.
남의 인정에 목매는 그 끈을 끊는 순간,
비로소 시작된다.
진짜 모든 걸 네가 직접 정하는, 창조자의 삶이.

STAGE

모든 것이
무너졌을 때
비로소
보이는 것들

4-1 바닥에는 바닥이 없다
지하 18층까지 떨어져도 인생은 끝나지 않는다

우리는 태어나면서부터 본인의 의지와 상관없이 수많은 사람과 인연을 맺고, 그 인연의 파도 속에서 살아간다. 그 중에는 나를 일으켜 세우는 '선연(善緣)'도 있고, 나를 나락으로 떨어뜨리는 '악연(惡緣)'도 있다.

나의 30대 초반은, 그 지독한 악연의 한가운데에 있었다.

제약회사를 그만두고 첫 쇼핑몰 창업에 실패한 뒤, 눈감았다가 뜨니 나는 옥탑방에서 반지하방으로 내려와 있었다. 그러다 운 좋게 프리랜서로 일하며 잠시 여유를 찾았지만, 그것도 잠시였다. 하던 일은 잘되지 않았고, 나는 또 다른 무언가를 해야 할 상황이었다. 나는 살면서 30초반까지 '사업을 하고 싶다.'라는 생각을 단 한 번도 해본 적이 없다. 그냥 무작정 '돈을 버는 거.', '돈을 벌어야 한다.', 이 생각뿐이었다. 창업이니 사업이니 하는 그런 거창한 단어도 나는 잘 이해하지 못할 만큼 무지했다. 당시 처음 스크린 골프 열풍이 불어 골프에 빠져 있던 나는 'BaRam'이라는 이름으로 나만의 골프 브랜드를 만들기로 했다. 그렇게 밤낮으로 인터넷을 뒤져가며 1인 법인을 만들고, "바람을 지배하는 자, 필드를 지배한다."라는 슬로건을 내걸고, 상표권을 등록하고, 로고를 만들었다. 2010년대 초반, 지금처럼 플랫폼이나 AI도 없던 시절, 나는 중국에 한번 가보지도 않은 채 네이버 검색에 정보를 얻고 번역기 하나에 의지해 중국 제조업체와 몇 날 며칠을 소통해가며 골프채 아이언커버를 제작하고 수입했다. 혼자서 유통 채널을 뚫고 기업 특판 영업까지 해내며 나름의 성과를 내고 있었다. 하지만 마케팅과 홍보에 무지했던 나는, 성장의 한계 앞에서 조급해졌다.

그때였다. 한 초등학교 동창이 '조달청 입찰사업'이라는 달콤한 제안을 들고 나타났다.

그것이 모든 비극의 시작이었다. 그를 통해 만난 '안XX'라는 인간에게 나는 완전히 속아 넘어갔고, 결국 골프 사업마저 접게 되었다. 나는 이 새로운 사업을 시작하며, 기존 브랜드의 의미를 확장했다. 시원하게 부는 '바람(WIND)'이라는 자연의 현상을 넘어, 사람들의 '바람(WISH)'을 담아내겠다는 뜻으로, '바람'이라는 이름의 본질은 그대로 유지한 채 더 큰 꿈을 꾸기 시작했다. 그러나 그 꿈이 나를 배신했다. 아니, 정확히는 내 욕심이 나를 배신한 것이었다.

"1억을 투자하면 다음 달에 1억 1,500만 원으로 돌려준다."라는 말을 믿었다. 실제로 처음 몇 번은 약속대로 돈이 들어왔다. 문제는 그 다음부터 생겼다. 약속대로 들어와야 할 원금과 수익금이 점점 들어오지 않기 시작했다. 나는 내 모든 것을 걸었다. 내 돈은 물론 투자자들의 투자금, 법인과 개인 대출까지, 20억 원에 가까운 돈이 그에게로 흘러 들어갔다.

결과는 모두가 예상하는 그대로였다. 수익금은 '내일', '모레', '다음 주'라는 희망고문으로 변해갔다. '이 모든 게 사기라면 나는 끝이다.'라는 공포 때문에, 나는 애써 진실을 외면했다. 하지만 속으로는 이미 알고 있었다. 세상이 쉬운 줄 알았던 나의 어리석음과, 금방 부자가 될 수 있으리라 믿었던 나의 탐욕이 모든 것을 집어삼키고 있다는 사실을.

함께 성공을 꿈꾸던 동료들은 "함께 책임지겠다."라는 말을 허공에 남긴 채 흩어졌다. 결국 '대표이사'라는 감투를 쓴 나 혼자 모든 빚과 책임을 짊어지게 되었다. 회사는 부도 처리되었고, 그 뒤로는 지옥도가 펼쳐졌다. 폐업, 채권 추심, 세무조사, 그리고 수많은 소송. 모든 돈이 나를 거쳐 갔다는 이유 하나만으로, 나 또한 '피의자' 신분이 되어 경찰과 검찰에 불려 다녔다. 재판정에 섰을 때의 그 억울함을 아는가? 하지만 억울함도 소용없었다. 법은, 모르면 그냥 당하는 것이었다. 모르는 것이 그냥 죄일 뿐이다.

그렇게 처음으로 모든 것을 잃을 정도로 크게 망하고 나니, 정말 세상이 무너지는 것 같았다. 평생 신용 1등급을 목숨처럼 여기며 떳떳하게 살았다. 신용을 잃으면 인생도 끝나는 줄 알았다. 사방에서 쏟아지는 빚 독촉과 송사에 휘말려, 정말 숨조차 쉴 수 없었다. 감당할 수 없는 무게에 짓눌려, 이대로 죽는 것밖에는 길이 없다는 생각만 들었다.

그거 아는가? 사람이 절박해지면 눈에 뵈는 게 없고 사리분별도 힘들어지며, 운 나쁘게도 잘못된 선택을 연달아 하게 된다는 것을. 조달청사업의 실패가 카운터 펀치였다면, 그로 인해 쓰러져 일어설 기운도 없는 나의 주머니를 털어가는 강남 M&A 바닥의 사기꾼들까지 들러붙었다. 물론 그 또한 나의 선택이고 나의 잘못이었다. 어떻게든 빠르게 복구하려던 조급함에, 얼마 있지도 않은 잔돈까지 모두 날려버렸다. 그리고 아무리 생각해봐도 여기서 삶을 끝내는 것밖에는 답이 없었다. 처음엔 사기꾼들을 원망하고 사람들을 원망하고 세상을 탓했다. 그럴 수밖에 없으니… 그런데 그게 뭔 의미가 있는가. 결국은 그 모든 선택의 결정은 나였음을…

모든 걸 잃고 한두 달 정도를 나는 세상과 단절한 채 오직 '어떻게 하면 잘 죽을 수 있을까.'만을 고민했다. 한강으로 갈까, 연탄을 피울까… 그러곤, "씨발, 그냥 죽자. 여기서 끝내 버리자."라고 마음먹었을 때, 단 하나의 생각이 스쳤다. "나 죽으면, 우리 엄마는 어떡하지?" 하… 이건 더 답이 없었다. 그리고 바로 그 순간, 나는 깨달았다. 내가 나의 본성(E), 그 무식할 정도로 지랄맞고 성질머리 더럽고, 남 말 안 듣고 내 멋대로 살던 나의 진짜 모습을 잊고 살았다는 것을.

내가 왜 실패했는지를 복기해보았다. 이유는 하나였다. 내 안의 목소리가 '아닌 것 같다.'라고 분명히 속삭였지만, 나보다 사업의 경험이 많다는 이유로, 나보다 나이가 많다는 이유로 설마 어른이 나에게 해를 끼치겠는가? 하는 안일한 생각, 이제 나도 어른이고 사업가가 되었으니 성질부리면 안 되고 항상 매너있게 행동해야 한다는 생각. 좋은 게 좋은 거라며 스스로 '가스라이팅'하고 세상이, 환경이, 그게 맞다고 하니까, 그들을 무한 신뢰해버린 것. 나의 본성(E)을 잃고 세상의 시선을 신경 썼던 나의 잘못이었다. 그리고 결정했다.

"아 X발 그냥 안 죽을래. 그냥 한 번 죽은 셈치고 내 맘대로 막 살아보자."

나의 하늘, 우리 엄마를 위해서…

그때부터 나는 흑화(黑化)했다. 빚 독촉 전화가 오면 그냥 돌아이처럼 맞섰다.

"돈이 없어요! 지금 자살하러 한강 가는 길인데 자꾸 전화하면 어떡해요! 내가 죽어야 끝나지 뭐, 방법이 없어요! 지금 전화하신 당신 이름 뭐예요?"

"고객님, 제 이름은 왜요?"

"좆같아서 그냥 당신 이름도 하나 쓰고 죽을라고여, 뭐 어차피 뒤질 건데 당신도 한몫 했다고."

그렇게 독촉전화가 올 때마다 진짜 당장 죽을 것처럼 정신 나간 미친놈처럼 구니, 신기하게도 어느 순간 독촉 전화가 뜸해졌다. '죽고자 하면 살고, 살고자 하면 죽는다.'라는 말이 이런 데서 쓰일 줄은 몰랐다. 그리고 나는 다시 살길을 찾아야 했다. 신용불량자에 어디 취직도 안 되는 내가 갈 곳은 한 군데 뿐이었다. 안 그래도 카운터 펀치를 맞고 시름시름 앓던 나를 등쳐 먹었던 강남 바닥의 M&A 마귀들, 그 마귀들의 소굴로 직접 들어갔다. 어차피 받을 돈도 있고 그들은 분명 돈 냄새 맡는 재주는 있었거든. 그래서 나는 도망치는 대신, 나도 그들처럼 마귀가 되기로 작정한 것이다. 어차피 한번 죽은 목숨인데 뭐라도 못하겠는가?

여기서 내가 '사기꾼' 혹은 '마귀'라고 부르는 이들에 대해 명확히 해둘 필요가 있다. 사람들이 흔히 생각하는 어설픈 사기꾼과는 차원이 다르다. 대한민국에서 '사기'라는 죄목으로 형사 처벌을 내리는 것은 매우 어렵다. 그리고 진짜 마귀들은 바로 그 점을 교묘하게 이용한다. 그들은 항상 그럴듯한 '명분'을 만들고, 법의 경계선을 아슬아슬하게 넘나들며 남들의 눈에 피눈물을 흘리게 만든다. 하지만 진짜 선수들은 결국 어떤 형태로든 형사적인 처벌은 모두 빠져나간다. "사업가와 사기꾼은 한 끗 차이."라는 말이 바로 이런 자들을 두고 하는 말이다.

나는 오로지 생존하기 위해, 적어도 그들 안에서는 그들보다 더 독한 마귀로 살기로 했다. 사람들이 말하는 "선이 악을 이긴다."라는 소리는 현실에서는 개소리에 가깝다. 누가 과연 선악을 판단할 수 있겠냐만은, 만약 진짜 악이 존재한다면 마귀를 이기고 싶다면 그들보다 더한 마귀가 되어야 한다. 내가 경험한 바로는 악은 더 강한 악으로만 이길 수 있다.

나는 그들 무리 중 나이도 가장 어리고 한창 꼬마 같은 모습이었다. 30대 중반에 50~60먹은 노인네와 형님 동생 하며 쫓아다녔으니까 말이다. 그것이 당시 나의 생존 방법이었다. 그들을 쫓아다니며 그들의 습성과 성향, 그들이 어떻게 사람의 욕망을 파고들어 등쳐먹는지, 그 모든 것을 옆에서 지켜봤다. 그리고 그들이 어디서 누굴 사기를 치든, 삥을 뜯든 그건 나와 상관이 없었다. 아니 관심이 없었다. 내 코가 석자인데 누굴 신경 쓰겠는가. 나는 내 돈을 받아야 했고 그들이 누굴 뒤통수 까서 돈이 생기면 푼돈이지만 악착같이 달라붙어 내 돈을 조금씩이라도 회수했다. 그렇게 근근히 생활을 이어 나갔다. 그렇게 몇 년 인지도 모를 세월을 보냈고 당시, 내가 할 수 있는 거라곤 브로커 생활이 전부였다. 남들이 필요한 일이 있으면 도와주고 알아 봐주고 용돈 몇 푼 받아가면서 진짜 정신없이 하루하루 미래도 없는 하루를 살았다. 근데 씨발 좆 같은 게 그마저도 일 시켜 놓고 쌩 까는 씨발 개좆 같은 새끼들이 다반사였다. 나한테 줄 돈은 없고 강남 텐프로 같은 술집 가서 펑펑 돈 쓰는 것들, 그때 당시의 나는 존나게 억울하고 분해도 뭐라 할 수도 없었다. 그러면 그마저도 할 수가 없었기 때문에, 당시는 그냥 버티는 것, 그냥 먹고 사는 것 그 이상 이하도 아니었다. 그러면서 어느 정도 시간이 지나고 나니 난 그렇게 그들의 습성과 패턴을 꿰뚫어 보기 시작했고, 그들보다 더 능구렁이가 되었다. 상대가 앓는 소리를 하면 나는 죽는 소릴 해버렸으니 말이다.

그리고 여기서 모든 사람들에게 이야기 해주고 싶은 '절대'법칙이 하나 있다. 매너 좋고 다정한 겉모습으로 껍데기가 번지르르한 사람이 돈이나 사업을 이야기할 때, 자신의 사업이나 주체 혹은 본인 현재 커리어나 능력을 이야기하지 않고, 과거의 영광만을 이야기한다든가, 혹은 제일 중요한 본인의 이야기가 아닌 "내가 친한 누가 어느 대기업의 상무이고, 친한 동생은 어디 회사 대표이사야."라는 등 본인이 아닌 주위의 인맥 아닌 인맥을 자랑하는 사람들이 있다. 거기에 덧붙여 유튜브 같은 곳에서 뭐 성공한 사람들의 공통점이 어쩌고 저쩌고 등 그런 것들도 다 마찬가지다. 본인 이야기가 아니고 그럴듯한 남의 이야기를 은근슬쩍 본인의 인맥이라고 자랑하는 인간들은 100%라고 이야기하고 싶지만, 일부 예외도 있을 수 있으니 99%는 별 능력 없고 별 볼 것 없는 사람이다. 그러니 그런 사람을 만나거나 컨텐츠를 보게 된다면 굳이 더 이야기할 필요 없으니 빠르게 빠져나오길 바란다.

나중에 알게 된 인간의 본질이지만 '마귀'들은 하나같이 다정하고, 매너가 좋으며, 심지어 따뜻하게 느껴지기까지 하는 '소시오패스' 성향을 가졌다. 이유는? 초반에 내가 이야기했던 "악마는 천사의 얼굴을 하고 있다." 이게 같은 논리다. 자신의 목적을 위해서라면 그 어떤 역할이라도 완벽하게 연기하며, 또한 팀플로 움직일 때면 굳이 말을 맞추지 않아도 손발이 탁탁 맞았다. 그 순간만큼은 그것이 그들의 '진심'이다. 그들은 늘 새로운 타겟을 찾아 헤맸고 한번 물면 놓치는 법이 없었다. 그러고는 이야기한다. "다른 놈들은 다 사기꾼이니, 오직 나만 믿으라."라고 말한다. 하지만, 정작 그들 무리 안에서도 서로가 서로를 끊임없이 욕하고 의심했다. 진짜 보통사람들의 상식으로는 이해가 안 되는 악어와 악어새의 동침 같았다. 그들은 사람을 사람으로 보지 않는다. 철저하게 도구로만 생각하고 자기의 이익과 관련이 없다면 사람 취급도 하지 않는다. 그리고 가끔 스쳐 지나간 인연 중에 오히려 겉모습이 우락부락하고 말이 거칠지만 솔직한 사람들이 더 '진국'인 경우가 많았다. 결국 그런 사람들이 또 마귀들의 타겟이 되는 것을 지켜볼 수밖에 없었다. 내가 아니라고 해도 이미 그들은 사리분별을 못하는 상태였기에 내가 생각해서 말 하는 게 아무 의미가 없다는 걸 알고 있었다. 나 또한 그런 시절을 보내 본 적이 있었기에…

그 시절 "이게 끝이겠지? 더 힘들 수는 없겠지? 여기가 지하 몇 층이지?"라고 생각했을 때 아니, 바닥이라고 생각했을 때는 바닥이 아니었다. 또 더 깊은 바닥이 있었고 시련, 고난, 각종 사건 사고는 끊임없이 나에게 발생했고 닥쳤다. 지금이야 이런 단어로 표현하지만 그때는 그냥 그것들이 너무 당연한 일상이었다. 한 그렇게 5년쯤 보냈을까? 그땐 몰랐는데 지금 생각해보니 번 아웃? 공황장애? 우울증? 조울증? 뭐 그런 것들이 왔었던 거 같다. 그런데 어쩌겠는가? 살아야 하는데… 넘어져서 쓰러져 있을 겨를이 없었다. 그냥 하루하루가 나에게는 생존 모드였으니…

그렇게 몇 년인지 모를 세월을 버티고 또 버텼다. 뭐 살고 있는 집의 월세는 10개월 이상 밀려 있고 집주인은 법원에서 퇴거명령서까지 받아서 집의 문 앞에 빨간딱지를 붙이고 휴대폰 요금은 항상 2달치가 밀리기 부지기수였다. 3달이 밀리면 짤리니까, 지금 돌아보면 꽤 오랜 시간이었는데 존버하다 보니 결국 시간은 지나갔고, 그리고 나는 더 이상 세상의 풍파에, 그리고 사람의 세치 혀에 당하지 않을 만큼 단단해졌다. 그러곤 내가 당했던 만큼, 혹은 그 이상으로 마귀들에게 되갚아주고, 그들을 이용하기 시작했다. 그리고 어느 정도 시간이 지나면서 신기하게도, 더 이상 이 세상도 그 누구도 두려워하지 않게 되었다. 그리고 나를 괴롭히던 악연들은 하나씩 내 인생에서 사라져갔다. 길 가다 객사를 하든, 외국으로 도망치든, 징역을 가든, 마치 자신의 역할을 다했다는 듯이 나의 인생 GAME에서 퇴장했다. 그때 뭔가 '세상이 참 신기하다.'라고 은연중 느꼈다. 마치 내가 GAME의 어느 한 챕터를 끝내고 다음 세상으로 나간 느낌이었다.

그리고 그 시절 내가 절대적으로 지켰던 한 가지가 있다. 외부적으로 친구들 혹은 지인들, 가족까지도 절대 내가 지금 휴대폰 요금도, 월세도 못 낼 만큼 힘들다는 티를 단 한 번도 내본 적 없으며 또한 술 마시고 신세 한탄과 고민상담 따위를 단 한 번도 해본 적이 없다. 왜인 줄 아는가? 사람이라는 게 본질적으로 그렇게 힘든 사람을 본능적으로 멀리하게 되어 있고, 징징대고 힘들다는 이야기를 반복적으로 하면 할수록 진짜 좋은 사람도 떠나간다. 오히려 진짜 힘들수록 더더욱 괜찮은 척해야 한다. 삶은 영화나 드라마처럼 힘들 때 아무렇지 않게 어깨를 토닥이고 힘내라고 무한 응원을 해주는 사람 따위는 존재하지 않는다. 입은 응원하지만 표정은 그게 아니었다. 적어도 나에겐 그랬다. 그러니 기대하지 말아라. 기대할수록 실망만 커질 뿐이다. 그리고 정말 힘들다면 오히려 스스로 분석하고 닦으며 그냥 더 철저히 혼자가 되어야 돌파구가 생긴다.

그리고, 시간이 지나 그렇게 조금씩 모은 돈으로 우연히 알게 된 후배와 함께 그쯤 다시 창업을 했다. 처음엔 광고대행사를 시작했고 열심히 했다. 하지만 함께 하기로 한 파트너와의 갈등으로 내가 브랜딩한 이름까지 그냥 포기하고 나오고 난 뒤 나는 나만의 브랜드를 만들어 수제버거 프랜차이즈 사업을 시작했다. 뭐 그 과정까지도 다사다난하고 할 말이 많지만 이건 생략하겠다. 뭐 그래도 어느 정도 열심히 하다 보니 가맹점들도 깔리기 시작했고 이제 다시 내가 세상으로 나갈 수 있게 되나 싶었다. 그 즈음 나는 '개인파산'을 하였다. 처음 사업이 부도가 나고 8년째 되던 해였다. 그동안은 변호사비 500도 못 낼 정도로 상황이 좋지 않았으니. 8년 만에 처음으로 내 이름으로 통장을 개설했다. 그동안은 통장을 개설하는 족족 압류가 들어와서 제대로 써보지도 못했는데, 뭐 이것만으로도 살 것 같았다.

나는 2022년의 여름을 아직도 기억한다. 지긋지긋했던 지옥의 시간이 끝나고, 마침내 내 삶에 햇살이 비치는 것 같았다. 그동안 잊고 지냈던 오랜 인연들을 다시 만나 웃었고, 오랜만에 필드에 나가 골프도 치고, 시원한 강물 위에서 웨이크서핑을 즐기며 스트레스를 날려버렸다. 심지어 장난처럼 나간 웨이크서핑 대회에서 3등을 하기도 했다. 진짜 모든 게 완벽하게 느껴지던 시간이었다.

코로나 시절에 창업한 '프랜차이즈'는 배달 열풍으로 강남 맛집 랭킹 1위를 3년간 지켰고, 가맹 문의도 꾸준히 늘고 있었다. 과거에 내가 도왔던 파트너 회사 역시 안정 궤도에 오르면서, 내 삶에도 드디어 숨 쉴 틈과 경제적인 여유가 생겼다.

마음의 여유는 나를 바꾸어 놓았다. 생존을 위해, 내 것을 지키는 늑대처럼 시퍼렇게 이빨을 세우고 살았던 그 오랜 시간. 부당하다 느끼면 불같이 화를 내고, 나를 이용하려는 자들에게는 더한 악마가 되었던 나의 흑화(黑化)했던 성격도 점점 온순해졌다. 환경이 편안해지니, 내 마음도 너그러워졌고 태어나서 처음으로 세상이 아름다워 보였다. 바람도, 꽃도 정말이지 모든 것이…

가까운 누군가 나를 이용하고 있다는 걸 알아도, 나에게 큰 피해만 없다면 그냥 모른 척 넘어가 주었다. 어설픈 거짓말을 해도, "좋은 게 좋은 거니까." 하고 그냥 넘어갔다. 내가 몰라서 당한 게 아니었다. "좋은 게 좋은 거지."라는, 한때 내가 가장 경멸했던 그 말을 스스로에게 되뇌며, 다시 보통의 사람들처럼 살아보려 애썼다. 그냥 현재에 감사하다 생각했었다.

이제 남은 일은, 그동안 미뤄뒀던 지극히 평범한 삶을 사는 것뿐이다. 사랑하는 사람을 만나 결혼하고, 평생 고생하신 어머니께 제대로 효도하고, 나를 짓눌렀던 빚도 모두 청산하고. 그저 '남들처럼' 평범하게 한번 살아보는 것. 당시 나에게는 그것이 가장 간절한 꿈이었다.

하지만 그때의 나는 몰랐다. 내 인생 최고의 순간이, 다가올 재앙의 전조였음을...

4-2
인생 최고의 순간에 찾아온 재앙
신병(神病)

모든 것이 완벽했다. 그 즈음의 나는, 일이 너무나 잘 풀리고 있었다. "내가 이렇게 행복해도 되나?" 싶은 날들이 이어졌다. '원래 인생이 고생 끝에 낙이 온다더니, 그게 사실이었구나.' 당시 열풍이던 '성공선동꾼'들의 그 비스무리한 공식이, 마침내 나에게도 들어맞는 듯했다.

그런데 어느 순간, 이상한 느낌이 들었다. '정말로 이 모든 게 내가 열심히 살아온 결과인가? 단지 내 실력 덕분에 이렇게 잘 풀리고 있는 걸까?'

그 질문은 바이러스처럼 내 머릿속에 퍼져 나가 떠나지 않았다. 그리고 결국 나 자신에게 던진 대답은 "아니다."였다. 물론 치열하게 살아온 나의 노력이 한몫 했겠지만, 결정적인 순간마다 크든 작든 인연이란 이름으로 와서 내 삶을 뒤바꾼 건 '운'이었다는 걸 인정할 수밖에 없었다.

돌아볼수록 내 삶의 중요한 선택의 갈림길에선, 그 알 수 없는 힘이 가장 크게 작용하고 있었다.

그럼 운이란 무엇인가? 운은 결국 운명과 같은 것인가? 태어나서 단 한 번도 관심 두지 않았던 이 거대한 질문이 나를 사로잡았다. 나는 그 정체를 알기 위해, 당시 내가 가장 쉽게 접할 수 있었던 '사주팔자'라는 공식에 집착하게 되었다. 처음에는 단순한 호기심이었다. 하지만 나와 주변 사람들의 사주를 대조해 갈수록, 기이하리만큼 정확한 공식들이 성립되는 것을 확인하며 나는 점점 더 깊이 빠져들었다. 추후에 알게 되었지만 사주 따위로 사람의 모든 운명을 점친다는 건 말도 안 되는 개소리다. 만약 당신이 사주팔자대로 살고 있다면 그냥 스스로 NPC의 삶을 살고 있다는 것이니 끊임없이 의심하고 스스로를 관찰해라. 그렇게 냉철하고 이성적이던 나의 사고는 희미해지고, 알 수도 없고 설명할 수도 없는 무언가에 잠식당하기 시작했다.

시간이 갈수록 나는 운명의 본질을 파고들었다. 밥도 먹지 않고, 잠도 제대로 자지 않았다. 마치 내 안의 무언가에 이끌리듯, 미친 듯이 잡힐 듯 잡히지 않는 세상의 본질이 있을 거라고 생각하며 모든 것을 열어 두고 집착하면서 답을 찾기 시작했다. 그때 처음 본질론이라는 책을 검색했었다. 뭐 결과는 지금 내가 쓰고 있지만 말이다. 세상의 본질이 궁금했다. 왜인지는 모른다. 어쨌든 당시 나는 한달도 안 되는 시간에 100kg이 훌쩍 넘던 몸무게가 어느새 80kg대로 줄어들었고, 나는 점점 더 날카롭고 예민한 상태가 되어갔다. 말 그대로 피골이 상접한 상태였다.

그러던 어느 순간이었다. 내 안에 숨어 있던 무언가인지, 외부에서 들어온 것인지 정확히는 알 수 없는 그것이, 통제할 수 없이 폭주하기 시작했다.

솔직히 말하면, 그 당시 기억은 선명하지 않다. 정확한 표현을 쓰자면, 나는 나를 잃어버렸다. 내가 누구인지, 무슨 말을 하고 무슨 행동을 하는지 제대로 인지하지 못하는 상태가 되어버렸다. 주변 사람들의 눈에는 내가 조증이나 조현병 환자처럼 보였을 것이다.

그 절정은 2022년 10월 1일부터 8일까지 8일 간의 광기가 나를 덮쳤다.

신병(神病) 혹은 빙의라고 한다. 사실 이것과는 조금 다른 형태이긴 하지만 일반적으로 사람들이 가장 잘 이해하는 단어이니 나는 이걸 사용하는 것이다.

신병(神病)이 오고 나는 내가 가장 사랑하는 우리 엄마의 가슴에 깊은 상처를 남길 정도로 잔혹한 말을 쏟아냈고, 회사 직원들과 사업 파트너들, 오랜 친구들과 가까운 지인들에게까지 마치 미친 사람처럼 전화해서 무차별적으로 욕과 저주를 퍼부었다. 사람을 좋아하고 활발했던 내 인스타그램은 온갖 극단적인 글과 세상을 향한 분노로 가득 찼다. 물질만능주의를 맹렬히 비난했고, 논리정연하지만 보는 사람을 불편하게 하는 공격적인 글과 사진들을 연이어 올렸다.

일면식도 없던, 오히려 내가 한때 동경했던 소위 '성공선동꾼'들을 하나하나 태그하며, "니들은 악마이고 살인자다. '찰나'의 순간을 살아가는 일개 인간 나부랭이가 감히 인생의 성공을 논하고 사람을 홀려 사람의 운명을 트냐?"는 식의 무서운 글을 마구 쏟아냈다. 그 광기에 가까운 분노와 혐오의 결과, 친형제 이상으로 가깝게 지내던 사람들을 포함하여 회사 직원들까지도 모두 내가 미쳤다고 판단했고, 그렇게 내 주위의 모든 사람들이 떠나갔다. 내가 수십 년간 정성스럽게 쌓아 올린 모래성이라는 나의 세상이 완벽하게 무너져 내리는 데는, 단 8일이면 충분했다.

어느 정도 나로 돌아오고 나서, 나는 내가 왜 이러는 건지 알기 위해 할 수 있는 것은 다 해봤다. 정신과도 가보고, 뇌 MRI까지 찍어봤다. 하지만 병원에서는 정확한 답을 찾지 못했고, 이렇다 할 대안도 주지 못했다. 그들이 주는 약이라고는 그저 머리를 멍해지게 만들고 잠만 오게 하는 것뿐이었다. 나는 하늘을, 세상을 원망했다. 도대체 왜 나에게 이러는 건지, 나는 도대체 무엇인지, 내가 뭘 그리 잘못을 했는지 하루에 수십 번씩 정신이 오락가락하며 미친 사람이 되어가고 있었다.

왜 그런 공식 같은 이야기가 있지 않은가? 신병(神病)이 오는 경우 '신내림'을 받아야 한다, 신들렸다고 하니 무당을 찾아가라는 말이다. 그때는 왜인지 몰라도, 나는 밤낮으로 전화기를 붙잡고 온라인 상담을 하는 무당들에게 전화를 걸고, 쌍욕을 하며 싸우고 유튜브에 나오는 무당들까지 찾아갔다.

그리고 결과는? 1명 열외 없이 욕을 시원하게 하고 대판 싸우고 나왔다.

아니, 정확하게 말하면 영업방해를 했다. 그 무당들의 눈에 당시의 나는 아마 세상에서 가장 쎈 악귀? 혹은 마귀였을 것이다. 그거 아는가? 여자와는 다르게, 대부분의 남자가 점집을 가는 이유는 사업 혹은 금전, 거의 한 가지 문제 때문이었다. 당시 나는 무당집에 들어가는 순간부터, 이유 모를 웃음이 자꾸만 터져 나왔다. 무당도 우습고 뒤에 떡하니 차려 놓은 불상들도 웃기고 그냥 애들 소꿉장난처럼 느껴졌다. 그 당시는 물론, 나는 지금까지도 단 한 번도 헛것을 보거나 귀신을 본 적이 없었다. 그렇지만 그때의 기억이나 느낌을 되짚어 보면 무당집에 들어가는 순간 뭔가 '정화?' 된다고 표현해야 하나? 갈 때마다 그냥 무당집 안의 공기나 기운이 바뀌었다.

상담은 늘 이런 식이었다. "왜 왔어? 무슨 일해?", "사업하는데요." 그러면 돌아오는 대답의 십중팔구는 이랬다. "응, 올해는 힘들고 내년 혹은 내후년이 지나면 차츰 나아질 거야." 나는 대답했다. "나 지금 사업 너무 잘되고 있는데, 그거 때문에 온 게 아닌데요." 그 순간 무당의 눈이 돌아가기 시작했다. "그럼 왜 왔어?" 나는 물었다 내가 궁금한 게 있는데 "저기 뒤에 있는 '신'들한테 좀 물어 봐주세요. '신'이 돈이 필요해?"라고 그러면 무당들은 급발진하기 시작했다. 여기가 어디라고 와서 감히 이상한 소리를 하냐고, 그러면 그때부터는 또 나의 의지와는 상관없이 온갖 욕설과 지랄병이 터져 나왔다.

"야이, 니X 씨X년아! 너 뒤에 있는 저 인형들한테 물어봐라! 신이 돈이 필요해? 니들 왜 사기치고 자빠졌냐? 저게 왜 신이야? 귀신이지!"

그런 식으로 그때부터 그냥 눈에 보이는 점집을 찾아 들어가서는, 가는 족족 한바탕 뒤집어 엎고 나왔다. 아, 그리고 잊지 않고 늘 환불도 꼬박꼬박 받아서 나왔다. ^^ 지금도 잘 모르겠다. 내가 왜 그랬는지. 하지만 나에게 신이 있는 건지, '하늘'인지, '신'인지 어떤 무언가는, 그렇게 나를 통해, 직접 경험을 통해 끊임없이 무언가를 가르쳤다. 근데 솔직히 지금 생각해도

조~~~온나 재미있었다. 솔직히 지금도 가끔 또 해보고 싶기도 하다.

그 와중에 유일하게 기억나는 무당이 한 명 있었다. 여느 때처럼 개소리를 하면 또 한바탕 지랄해야겠다고 생각하며 신나 있었다. 원래 지랄 맞은 게 내 성격이고, 원체 싸움은 피하기보다 즐겼던 나의 본성이 있었으니까. 무당을 만나고 여느 때처럼 나의 사주를 이야기하고 상담을 시작하자마자, 그년(무당)이 나에게 하는 소리가 다른 무당들과는 달랐다. "아이고, 큰 절에 큰스님이 되셨어야 할 분이 이런 데 오시면 안 돼요.", 'What the fuxx????? 이건 또 뭔 소리야?' 아마, 그녀가 내가 유일하게 지랄을 안 했던 무당이었을 것이다. 그래서 내가 물었다. "그럼 제가 어떻게 해야 하는데요?" 그 무당은 "아니 그건 나도 모르죠, 그걸 왜 저한테 물어요."라며 나를 매우 예의 있게 보냈다. '아 씨X 환불 못 받았네.' 하고 그냥 나왔다.

그 시절 정신이 아파 보인 나를 바라보던 우리 엄마는 "아들, 차라리 힘들면 공부해서 '스님' 같은 거 해."라고 하셨던 말이 떠올랐다. 근데 그때 내가 든 생각은 "X 같은 소리하구 자빠졌네, 내가 스님을 왜 해?"였다. 하지만 내가 뭐라 더 묻기도 전에, 그 무당은 나를 엄청나게 불편해 하며 서둘러 상담을 끝냈다.

그 뒤 나는 모든 것을 정리하기 시작했다. 미래가 밝고 창창하던 회사도, 진행하던 모든 프로젝트들도 모두 내 손으로 직접 폐업 신고를 했다. 주변에 있던 모두가 떠났고 더 이상의 운영도 불가능했고 어찌 어찌 하면 할 수도 있었겠지만 모르겠다. 당시 무언가 세상이 계속 가로막는 느낌이었고 나의 본능이 그렇게 시켰으니 그때의 나는 내 정신이 아니었기에, 상식으로는 설명할 수 없을 만큼 나락으로, 아니 그 이상 어디인지도 모를 곳으로 떨어지고 있었다.

결국 나는 외부에서 답을 찾는 것을 포기하고, 나는 스스로 내면으로 파고들기 시작했다. 그리고 무엇엔가 이끌려 본능적으로 집 근처에서 '타로카드'를 배웠다. 그런데 신기할 정도로, 일주일도 안 되어서 타로카드 자체를 통달했다. 내담자가 소름이 돋을 정도로 내가 이야기하는 것인지 모를 만큼, 사람을 정확하게 보았다. 아니, 보였다고 해야 하나. 요즘 타로 업계에서 말하는 '신(神)타로' 혹은 신점 같은 타로? 뭐 그런 거. 암튼, 나도 내가 신기할 정도였으니까 말이다.

그래서 나는 「신기한 타로도사의 인생상담소」를 열고, 전화 상담 혹은 가끔 친구가 하는 이태원의 와인바에서 상담을 하며 시간을 보냈다. 그리고 그렇게 번 얼마 안 되는 돈은 전부 기부해버렸다. 왜냐고? 난 점쟁이로 먹고 살 마음이 1도 없었으니까. 그리고 내담자들에게 좋은 운이 가기를 바라는 마음으로 그냥 기부했다. 솔직히 겉으론 내담자들이 잘되길 바라는 마음으로 한 것도 있지만 사실 당시 진짜 나의 마음은, 내가 이런 점 따위로 돈을 번다는 것 자체가 내 자존심이 허락하지 않았던 것 같다. 허공인지, 신인지, 우주인지, 하늘인지 모를 그곳에 대고 말했다.

"난 점 보고 돈 벌 생각 없다. 그저 지금 내가 해야 할 일이고, 지금 해야 할 때라면 하겠지만, 난 점쟁이로 살고 싶지 않다."

그렇게 그저 먹고, 싸고, 자고. 내가 원하든 원하지 않든 '깨달음'이라고 해야 할지 모를, 세상의 본질과 비밀? 혹은 형이상학적인 무엇들에 대해 알아버렸다. 그것은 뭐라고 설명할 수도 없고, 지금도 마찬가지다. 그리고 나는 본능적으로 철학과 세상의 본질에 대해 지식을 끊임없이 탐구하기 시작했다. 이유는 나도 모른다. 그냥 본능이었으니까.

그렇게 약 2년 여의 세월을, 내가 사업에 실패하고 악착같이 버텼던 8년의 시간보다 더 지옥 같았던, 살아도 산다고 느끼지 못한 아무 의지도 감정도 느낌도 없는 그런 시간, 내 생에 가장 고통스러웠던 시간. 도(道)가 무엇인지도 모르면서, 스스로 '도를 닦는 도사'라고 정의하며 보냈다.

4-3
그리고, 나는 여전히 여기에 있다

    40년 가까운 세월을 나는 참치처럼 살아왔다. 참치는 태어난 순간부터 죽을 때까지 단 한 순간도 멈추지 않고 헤엄친다고 한다. 나 역시 그랬다. 남들이 한 가지에 집중할 때, 나는 나의 모든 에너지를, 내 생명력을 갉아먹는 줄도 모르고 미친 듯이 앞만 보고 달렸다. ADHD인가 싶을 정도로 한 순간도 정체되어 있는 것을 못 견뎠으니까. 더 위로, 더 높은 곳만을 향해서. 그 시절 나에게 일어난 일들은 어쩌면 하늘이 그런 나를 강제로 멈춰 세운 것일지도 모르겠다.

    그렇게 지옥 같았던 2년 간의 칩거 생활. 먹고 자고 싸고 최소한의 생존 활동을 제외하고는 그냥 존재했다. 그렇게 내가 원하지 않아도 하늘인지 우주인지 신인지 모를 것은 나에게 무언가를 계속 주입했다. 지식이 아니었다. 정확하게 표현하기 힘들지만 그냥 느낌? 이라고 해야 할지. 난 솔직히 알긴 알지만, 정확하게 표현할 수 없으니 얘기를 안 하겠다. 그리고 그것들을 나만의 논리로 정의하고 정리해 나가기 시작했고 그저 본능이 이끄는 대로, 나만의 방식으로 세상의 본질을 습득해 나갔다. 그것이 지금 이 『본질론』을 쓰는 토대가 된 것이다.

    그렇게 2년 가까운 시간이 흐르자, 더 이상 궁금한 것도 알고 싶은 것도 없어졌다. 갑자기 내비게이션이 꺼진 느낌이었다. 더 이상 영적인 것, 철학과 형이상학적인 것, 아니 정확하게는 사는 것도 의미가 없다라고 느껴졌고 그냥 솔직히 말해서 "X 같았다." 내가 병신같이 느껴졌고 텅 빈 방 안에 홀로 앉아, "이렇게 개 돼지 새끼마냥 사는 게 무슨 의미가 있지?"라는 질문을 몇 번이고 스스로 되물었다. 그리고 결론을 내렸다. "아니다. 이제는 다시 세상으로 나가야겠다."

하지만 막상 세상으로 나가려니 막막했다. 나이는 이미 40중반이 되었고 무엇을 다시 시작할 엄두도 나지 않았다. 사업을 하기엔 자금이 없었고, 돈보다 더 중요한 '사람'도 없었다. 과거의 인연들은 8일간의 광기 속에서 모두 사라졌으니 말이다. 생존을 위한 최소한의 생활비조차 어머니께 받아쓰는 처지에, 그리고 딱히 '꽂히는' 아이템도, 함께할 동료도 없는, 그야말로 아무것도 없는 상태였다.

'자, 그럼 내가 지금 당장 할 수 있는 것을 찾아보자.' 나는 사업의 본질은 결국 '영업'이라고 생각하는 사람이다. 영업을 할 줄 알면 무엇이든 할 수 있다. 나는 서울 올라와서 첫 직장인 제약회사 영업으로 1등을 했었고, 예전 브로커 시절처럼, 다시 영업부터 시작하기로 마음먹고 포털 사이트에서 '창업, 사업, 영업' 등의 키워드를 검색하기 시작했다.

그러던 중, 내 눈에 한 문구가 박혔다. "조달청 나라장터 입찰 사업 영업사원 및 지사 모집"

순간, 소름이 돋았다 그냥 본능적으로 '뭐야 X발.' 나를 나락으로 떨어뜨렸던 바로 그 단어. 트라우마가 온몸을 덮쳤다. 남자들이 군 생활했던 동네 방향으로는 오줌도 안 싼다는 말이 있지 않은가. 나는 애써 그 구인광고를 외면했다. '에이, 이건 아니지.'

그런데 이상하게도, 다른 어떤 구인 광고를 봐도 눈에 들어오지 않고, 오직 '조달입찰'이라는 네 글자만이 머릿속을 떠돌았다. 며칠을 고민하다, 나는 결국 그곳에 전화를 걸었다. 사업설명회에 나오라는 말에 약속을 잡았지만, 첫 약속은 가지 않았다. 그냥 가기 싫었다. 아니, 내 본능은 가보라고 하는데 나의 이성, 즉 내 머리는 '가고 싶지 않다.'였다. 그런데 그 다음 주, 또 연락이 왔다.

"에라, 모르겠다. 할 일도 없는데 가서 무슨 말 하는지 한번 들어나 보자."

사업설명회에서 들은 내용은 거의 다 내가 아는 것이었다. 나라장터 입찰에 참여하는 건설사들을 영업하고, 그 회사가 낙찰을 받으면 수수료의 일부를 가져가는 아주 단순한 구조.

하지만 결정적인 차이가 있었다. 높은 낙찰율. 과거 나를 무너뜨렸던 사기극처럼 투자를 받아 수익을 내는 구조가 아니라, 오직 정직한 '영업력'만으로 회원사를 유치하고 그들과 동반 성장하는 건강한 모델이었다. 이 정도는 뭐 내가 어느 정도 할 수 있고 자신도 있었다. 그리고 바로 영업을 시작하고 몇 건의 계약을 성사했다.

그 과정에서 나는 그 대표와 여러 번 만나, 내가 겪었던 지옥에 대해, 이 바닥의 생리에 대해, 그리고 세팅 회사를 키우기 위한 과정 등 사업의 본질에 대해 이야기했다. 내 실패담은 단순한 신세 한탄이 아니었다. 그것은 현 사업의 가장 큰 리스크가 무엇인지, 어떤 지점을 파고 들어야 하는지, 그리고 그것을 어떻게 막아야 하는지를 알려주는, 나름대로의 값비싼 '컨설팅'이었다. 나의 이야기를 들은 현재의 대표는, 나를 단순한 파트너를 넘어 그의 사업을 함께 이끌 동반자로 받아들였다.

그렇게, 나는 지금 2024년 한 해에만 1,600억의 낙찰 컨설팅 실적을 올린 조달입찰컨설팅 회사의 COO(Chief Operating Officer), 최고 운영 책임자로서 현재 회사의 공동 대표로 일하고 있다. 비록 이제 막 시작하는 스타트업이라 가야 할 길은 멀지만, 그동안 조달 관련 특허도 출원하고 컨설팅 기업에서 플랫폼 기업으로 도약 중에 있다. 신기하지 않은가? 나를 파멸시켰던 바로 그 분야에서, 나는 새로운 기회를 잡고 다시 일어서는 중이니 말이다.

여기서 내가 깨달은 것은 이것이다. 과거의 실패나 트라우마는 잊거나 피해야 할 대상이 아니다. 그것을 정면으로 마주하고 그 안으로 다시 걸어 들어갈 때, 우리는 오히려 그 상처 속에서 가장 빛나는 보석을 발견할 수 있다.

결국 또 다른 운이 작동하게 되었다. 내가 한 것이라고는 그저 방구석을 박차고 나온 것 그리고 그냥 내가 할 수 있는 것을 하는 것, 그것이 전부였다. 그리고 그 과정에서 새로운 인연과 귀인들도 만나게 되었고 모든 해답은, 언제나 내 안에 있었다.

<u>그렇다 인생 GAME은 아무것도 하지 않으면 아무 일도 일어나지 않는다.</u>

돌이켜 보면, 나는 다른 사람들보다 유난히 많은 시절인연(時節因緣)을 겪었다. 그것이 과연 내 의지였을까? 아니, 그건 내가 선택한 운명의 결과였다. 시간이 흘러 알고 깨닫게 된 것이지만, 그 모든 인연들, 심지어 나를 지옥 같은 삶으로 떨어뜨린 그 사기꾼들조차도 결국엔 내 인생의 스승 역할이었다. 하늘은 그때 나에게 "사람을 너무 믿지 마라.", "욕심을 경계하라.", "세상은 네 생각만큼 만만하지 않다."라는 교훈을 가르치기 위해 아주 비싼 과외 선생들을 보냈던 것이다.

그럼 그렇다고 당시 나에게 사기치고 이용한 이들에게 진심으로 고맙다고 말하는 줄 아는가? 천만의 말씀이다. 만약 나중에 길에서 그들과 마주친다면, 아마 나는 주저 없이 그들의 뺨때기를 후려갈기고 시원하게 쌍욕을 한 바가지를 퍼부을 예정이다.

스승이라고 하더니 왜냐고? 나는 부처나 예수 같은 성인이 아니기 때문이다. 내가 그들을 통해 배운 세상과는 별개로, X 같은 건 그냥 X 같은 것이니까.

워런 버핏은 "나의 곁에는 항상 그때마다 결정적인 도움을 준 인물이 있었다."라고 말했다.

나 역시 마찬가지였다. 나를 나락으로 떨어뜨린 악연들이 머리로는 이해할 수 없는 스승이었다면, 그 나락에서 나를 건져 올린 '귀인' 또한 특별히 대단한 사람들은 아니었다. 그저 내 인생에 스쳐 지나간 수많은 인연 중 하나였을 뿐이다. 그러니 우리는 짧은 만남이든 오랜 만남이든 모든 인연을 소중히 여길 줄 알아야 한다.

사실 스스로가 삶을 후회 없이 최선을 다해서 살았다면 죽는 순간 주마등 앞에서는 인생 전체를 놓고 보면, 악연도 선연도 없다. 그저 그때, 그 시절에 나에게 꼭 필요했던 인연만이 존재할 뿐이다. 그래서 우리는 인연에 집착할 필요가 없다. 남을 사람은 어떻게든 남고, 떠날 사람은 반드시 떠난다. 그리고 진짜 인연이라면, 세상을 한 바퀴 돌고 돌아 예상치 못한 순간에 반드시 다시 만나게 될 것이다.

모든 것이 무너진 잿더미 위에서, 죽음과 여러 번 정면으로 마주한 후 그리고 그 지옥에서 스스로 걸어 나오고 난 후 나는 비로소 이 모든 것을 깨달았다.

그리고, 나는 여전히 여기에 있다.

나는, 나에게 몇 번의 죽음의 고통을 선사했던 그 시절 '도를 닦는 도사'인 나를 잊고, 다시 예전처럼 평범한 '사업가'로만 살아가려 했다. 그 지긋지긋한 혼돈과 광기를, 그저 잊고 싶은 악몽으로 치부하고 싶었다. 하지만 그럴 수 없었다. 내가 다 잊고 살기로 마음먹는다고 해서 있었던 일이 없어지고 당시 겪고, 느끼고, 깨달은 그 모든 것들이 사라지는가? 아니, 절대 아니다. 그것들은 이미 나의 뼈와 살이 되어, 내 몸과 마음에 깊이 새겨져 있었다. 지옥의 밑바닥에서 나를 구해낸 것은 결국 그 깨달음이었다. 그것을 버리는 것은, 다시 과거의 어리석었던 나로 돌아가는 것과 같으며 내가 나를 속이고 손바닥으로 하늘을 가리는 것과 같았다.

그래서 나는 선택했다. 어느 하나를 버리는 것이 아니라, 그 둘을 모두 끌어안기로.

  나는 스스로를 '도를 닦는 사업가, 도사강현'으로 다시 정의하기로 했다.

  세상의 가장 치열한 전쟁터인 '사업'의 한복판에서 돈과 욕망을 다루되, 모든 것의 '본질'을 외면하지 않으며 나만의 길을 갈 수 있는 '도사'로서 삶도. 사람들과의 '인연' 속에서 최선을 다해 관계를 맺되, 그 관계에 '집착'하지 않고 '낙천'적으로 살겠다고.

  이것이 바로, 모든 것이 무너진 뒤 내가 다시 찾은 나의 길이다. 나는 오늘도 이 길 위에서, 내가 가진 모든 것을 걸고, 현재를 최선을 다해 살아가고 있다.

인생은 **한강뷰** 아니면 **한강물**이다

> 불량식품과 같은 불량지식

세계에서 가장 풍요로운 지옥 대한민국

요즘 사람들 사이에서 이런 말이 농담처럼 돈다. "인생은 한강뷰 아니면 한강물이다." 잔인하지 않은가? 한강뷰에서 와인 마시는 사람과, 다리 위에서 강물을 내려다보는 사람으로 나뉜 세상.

솔직히 까놓고 말해서, 나도 빌라 월세방 말고, 한강뷰 살고 싶다. 얼마나 좋겠나?

근데 뭐 어쩌겠어. 열심히 살다 보면 될 수도 있는 거고, 안 되면… 뭐, 안 되는 거지. 괜찮아.

문제는 이 농담이 그냥 농담이 아니라는 데 있다. 특히 '한강물' 쪽은 말이야.

지금부터 진짜 숫자를 까보자. 이 나라는 세계가 부러워하는 선진국인데, OECD 국가 중에 자살률은 압도적인 1등이다. 평균보다 두 배 넘게, 미친 듯이 죽어 나가고 있잖아.

서울의 심장, 저 한강에서만 매년 1,000명이 넘게 뛰어내린다. 하루에 세 명꼴이다. 이건 공식통계자료다.

'더 풍요로워져야 한다'는 망상, 바로 '비교'가 죽이는 거다.

풍요로울수록 비교 대상은 넘쳐나고, 결핍은 더 크게 느껴진다. 이게 바로 이 지옥의 알고리즘이다. 그래서 다리 위에 선다. 여기서 끝나면 편해질 것 같지?

내가 저승 문턱까지 갔다 와서, 신병 앓으며 죽음을 겪어보고 내린 결론이다. 이건 뇌피셜이 아니라 내가 보고 온 '진실'이다.

내가 아는 진실은, 사람이 태어나고 죽는 날은 정해져 있다. 시작과 끝은 이미 세팅 값이다. 근데 이 운명을 거스르는 유일한 죽음이 있다. 스스로 인생 게임에서 로그아웃하는 거.

이게 진짜 문제다. 거기서 안 끝난다. 진짜 지옥은 그때부터 시작이다. 끝도 없는 어둠 속에서 당신이 상상하는 모든 종류의 고통을 '억겁의 시간' 동안 무한 반복해서 겪게 된다. 네가 생각하는 바로 그 지옥 말이다. 이건 비유가 아니라 사실이다.

스스로 로그아웃 하는 건 네가 선택할 수 있는 최악의 답안지다. 지금 세상이 지옥 같아도, '진짜 지옥'에 비하면 소꿉장난 수준이다.

그러니 제발, 아무리 힘들어도 멍청하게 스스로 로그아웃 하지 마라. 풍요라는 착각에서 벗어나, 추하고 보잘것없는 너의 '본질'을 마주하고 버텨라. 그리고 꼭 나아질 거라는 믿음으로 살아내라. 그게 저 최악의 '무한지옥'으로 떨어지지 않을 유일한 길이다.

STAGE 5

가족 관계의 본질

5-1 가족이라는 울타리 혹은 감옥

 가족. 이 단어만 들어도 우리는 무조건적인 사랑, 따뜻한 안식처, 세상이 등을 돌려도 언제나 내 편이 되어줄 유일한 존재 같은 그림을 떠올린다. 세상 모든 미디어와 동화는 그렇게 우리를 세뇌해왔으니까.

 그런데 진짜 그럴까? 나는 여기서 당신이 한 번도 의심해보지 않았을 질문을 던지고 싶다. 나는 가족이 '울타리' 혹은 '감옥'이라는 이분법적인 선택지라고 생각하지 않는다. 오히려 <u>그 울타리와 감옥은, 사실 종이 한 장 차이이며 때로는 동전의 양면처럼 한 몸에 붙어있다</u>고 말하고 싶다.

 물론 가족은 든든한 울타리가 되어준다. 우리가 아직 미성숙하고 연약할 때, 세상의 비바람으로부터 우리를 지켜주는 가장 원초적인 보호막이다. 밥을 주고, 옷을 입히고, 잠자리를 내어준다. 이는 가족이 가진 부정할 수 없는 순기능이다.

 하지만 바로 그 견고한 울타리가, 어느 순간 나의 성장을 가로막고 세상을 향한 시야를 차단하는 답답한 감옥이 되기도 한다. 웃긴 건, 많은 사람이 그 사실조차 인지하지 못한 채, 안락함이라는 이름의 감옥에 스스로 가둔다는 것이다.

 이 감옥의 자물쇠는 시대에 따라 모습을 바꾼다. 과거에는 '효(孝)'라는 이름의 의무가 그 역할을 했다. "장남이니까.", "부모님 말씀이니까."라는 말들로 자식의 희생을 정당화했다. 하지만 요즘 시대의 자물쇠는 더 교묘하고 세련됐다. 바로 '사랑'이라는 이름의 정서적 의존과 부모의 '경제적 지원'이라는 이름의 암묵적 거래다.

최근 사회 문제로 떠오른 '캥거루족'을 보자. 물론, 나는 이 모든 책임을 개인의 '나약함'으로만 돌리려는 것이 아니다. 미친 듯이 치솟은 집값, 고공 행진중인 물가, 불안정한 일자리… 지금의 젊은이들이 독립하는 것이 과거보다 훨씬 더 어려운 구조적인 문제라는 것을 나도 안다. 하지만 그걸 알아야 한다. 과거에도 쉽지 않았다. 진짜 문제는, 이 구조적 어려움을 핑계 삼아 '책임지는 삶' 자체를 포기하고, 그 안온한 감옥에 스스로를 가두려는 정신적 '의지'가 아닌 '의존'이 문제다. 부모는 "너 잘되라고 그런다."라는 사랑의 이름으로 자식의 삶에 개입하고, 자식은 "아직 준비가 안 됐다."라는 안정의 이름으로 부모의 울타리에 기댄다. 이것은 사랑이 아니라, 서로의 성장을 가로막는 질식과도 같은 공생 관계일 뿐이다.

이러한 왜곡된 사랑의 가장 대표적인 현상이 바로 '캥거루족'이다. 부모는 "자식이 아직 세상 물정을 모른다."라는 불안감으로 자식을 품 안에 가두고, 자식은 "요즘 물가가 비싸다."라는 현실을 핑계 삼아 그 안온한 감옥을 떠나지 못한다.

이런 이야기가 단지 뉴스에나 나오는 남의 이야기처럼 들리는가? 흔히 주변에 있는 '민정이' 라는 친구의 이야기를 통해, 이 안온한 감옥이 한 사람의 인생을 얼마나 잔인하게 멈추게 하는지 똑똑히 보여주겠다.

민정(가명)이는 올해 마흔 세 살이다. 번듯한 중견기업에 다니고, 누구에게나 친절하며, 나무랄 데 없이 성실한 사람이다. 얼굴도 동안에 예쁘기까지 하다. 주변의 친구들은 이미 다 결혼하고 학부형이 되었고 만날 수 있는 친구도 별로 없다. 그녀는 아직 결혼은커녕 제대로 한번 스스로 독립 한 번 해보지 못했다. 그녀는 여전히 부모님과 함께 산다.

그녀의 부모님은 소위 '헌신적인' 분들이다. 항상 민정이가 어릴 때부터 딸을 위해 매일 아침 따뜻한 밥을 차려주고, 퇴근하면 저녁을 준비한다. 민정이가 받는 월급은 20대 초 처음 취업했을 때 부모가 관리해야 돈이 모인다고 했던 것처럼 엄마에게 드리고 용돈을 받아쓴다. 그러면서 그 돈은 자연스럽게 가족을 위해 쓰인다. 그리고 엄마는 늘 이야기한다. "시집갈 때 줄 거야." 집세도, 생활비도 직접 내본 적이 없다. 음식도 청소도 할 줄 모르고, 주말이면 가족과 외식하고 큰 사건 사고 없는 일상, 그저 가족이라는 이름으로 이것을 당연한 행복으로 느끼며 살았다. 주변 사람들은 모두 민정이를 부러워하며 "복 받았다."라고 말한다. 민정이 자신도, 부모님도, 이것이 가장 이상적인 가족의 모습이라고 굳게 믿는다.

하지만 나는 이 풍경이 지독한 '감옥'으로 보인다. 민정이는 마흔이 넘도록 스스로의 힘으로 무언가를 '선택'하고 '책임'져 본 경험이 없다. 자기가 그동안 번 돈이 얼마인지, 얼마가 모였는지도 모른다. 부모라는 튼튼한 울타리는, 역설적으로 그녀가 세상의 비바람을 맞으며 단단해질 기회를 완벽하게 차단해버렸다.

어쩌다 우연히 연애를 하게 되어도 그녀는 관계가 조금만 깊어지려고 하면 무의식적으로 뒷걸음질친다. 왜? 실패가 두렵기 때문이다. 부모님이 만들어준 완벽하고 안전한 울타리 밖으로 나가는 순간, 자신이 마주해야 할 실패와 고통을 감당할 자신이 없고, 또한 자신이 선택한 상대가 부모님을 실망시킬까 지레 겁을 먹고 있는 것이다. '착한 딸 증후군', 그녀가 겪고 있는 것이다. 그녀는 본인의 행동이 부모를 혹여나 실망시킬까 하는 걱정으로 그녀의 부모는 '사랑'과 '보호'라는 이름으로 딸의 날개를 꺾어 자신들의 새장 안에 가둬 두고 있다.

민정이는 오늘도 퇴근 후 부모님이 차려준 따뜻한 저녁을 먹으며 생각한다. "나는 효녀이고, 우리 가족은 화목해." 하지만 그녀는 이미 알고 있다.

그 따뜻한 저녁상이, 사실은 그녀가 평생 날아오를 수 없도록 발목에 채워진, 세상에서 가장 무겁고 차가운 족쇄라는 사실을. 그리고 이미 너무 나이가 들어 버린 자신이, 이제 와서 그 감옥 밖으로 나갈 용기가 없다는 것도.

요즘 남녀 가릴 것 없이 너무 많은 친구들이 이렇게 살고 있다. 사실 지금 이 얘기는 나와 잠깐 만났던 친구의 이야기다. 실상은 이것보다 더 잔인하지만 말이다.

결국 가족은 우리가 선택할 수 없는, 가장 강력한 '운'이자 '세팅값'이다. 하지만 중요한 것은, 그 세팅값의 '의미'는 고정되어 있지 않다는 점이다. 가족의 형태와 의미는 시대와 사회에 따라 끊임없이 변한다.

따라서 진짜 가족의 본질은, 혈연이라는 껍데기나 '효'라는 낡은 의무가 아니라, 그 관계 안에서 각자가 독립된 'NFP(대체 불가능한 플레이어)'로서 서로의 성장을 지지하고 응원하는가에 달려있다. 진정한 사랑이라면, 나의 꿈을 짓밟고 나를 감옥에 가두는 것이 아니라, 때로는 불안하고 마음이 아프더라도 서로 믿고, 가족의 독립을 지지하며, 과감히 손을 놓아주는 용기가 필요하다.

이제 우리는 다시 물어야 한다. 지금 나를 둘러싼 이 관계는 나를 지키는 울타리인가, 아니면 나를 가두는 감옥인가. 혹은, 그 둘 사이 어디쯤에 있는가.

신성한 이름, 잔인한 의무
'가족'을 다시 묻다

우리는 "부모님의 은혜는 하늘과 같다."라는 말을 귀에 못이 박히도록 듣고 자란다. 자식을 위해 모든 것을 바치고 헌신하는 부모의 사랑은 이 세상에서 가장 신성하고 위대한 가치로 칭송받는다.

"내가 너를 어떻게 키웠는데."

"너를 위해 평생을 희생했다."

이 말들 앞에서 자식들은 숙연해지고 죄책감마저 느낀다. 부모의 위대한 희생에 보답하기 위해, 자식들은 '효도'라는 이름의 의무를 다해야 한다고 스스로를 채찍질한다. 그런데 나는 여기서 다시 묻고 싶다.

그 희생은, 과연 아름답기만한 것인가?

실제로 한국 사회는 부모가 자식을 위해 희생하면 할수록 더 칭송하고 미화하는 경향이 있다. 최근 한국보건사회연구원의 조사에 따르면, 2024년 성인 10명 중 8명이 "부모의 희생에 반드시 보답해야 한다."라고 답했다. 그러나 같은 설문에서 "부모의 희생이 자식에게 부담감을 준다."라고 응답한 사람도 72%에 이른다. 이것이 의미하는 바는 명확하다. 우리는 효도를 숭고한 가치로 추앙하면서도, 동시에 그것이 지닌 무거운 짐을 모두가 내심 인정하고 있는 것이다.

나는 여기서 '헌신'이라는 개념의 이면을 다시 한번 짚고자 한다. 자식을 위해 자신의 모든 삶을 포기하는 부모의 '헌신'은, 사실 자식의 인생에 평생 갚지 못할 '마음의 빚'을 지우는 가장 잔인한 족쇄일 수 있다. 부모는 흔히 말한다. "나는 너에게 바라는 것 없다." 하지만 현실에서 그들의 모든 희생은 "그러니 너는 내 기대를 저버리면 안 된다."라는 무언의 압박으로 자식의 어깨를 짓누른다. 부모가 자식을 위해 희생한 만큼 자식의 성공이 부모의 성공이 되고, 자식의 실패는 곧 부모의 실패로 귀결된다. 자식은 결국 부모의 기대와 희생이라는 감옥에 갇혀, 자신의 인생을 살지 못하고 부모의 아바타가 되어버린다. 물론 세상의 모든 가족이 이렇다는 것은 절대 아니다. 일부 현재 일어나고 있는 사회의 현상을 이야기하는 것이다.

이러한 사례는 비일비재하다. 실제로 2023년 교육부가 실시한 조사에 따르면, 서울 지역 고등학생 중 자신의 진로 결정에서 "부모의 의견이 결정적이었다."라고 답한 학생은 무려 68%에 달했다. 특히 상위권 대학 진학을 목표로 하는 학생일수록 부모의 희생을 더 크게 느꼈으며, 이는 곧 "부모의 기대에 부응해야 한다."라는 심리적 압박감으로 연결되었다고 한다.

부모의 희생이 신성한 이름으로 자식을 압박하는 상황을 '가짜 효도'의 프레임으로 다시 보자. 나는 분명 효도가 중요하다고 믿는다. 하지만 그 본질은 부모의 정서적 만족이나 경제적 안정을 위해 자식이 자신의 삶을 저당잡히는 것이 아니다. 그것은 '가짜 효도'다.

'진짜 효도'란 무엇인가?

2024년 한국청소년정책연구원이 발표한 연구에 따르면, 부모가 노년기에 자녀에 대해 가장 크게 걱정하는 것은 경제적 지원이나 물리적 보호가 아니라, "자녀가 독립적으로 자신의 삶을 잘 살고 있는지 여부(85.3%)."였다. 즉, 현대 부모가 진정으로 바라는 효도의 형태는 자식이 스스로 삶을 주체적으로 살아가는 것임이 통계적으로도 증명된 것이다. 그런데 현실은 과연 어떠한가? 아이러니하게도 부모들은 자기 자식을 믿지 못한다. 자식은 세상의 비바람을 온몸으로 맞으며 단단해지고 강해져야 한다. 하지만 부모 스스로가 오히려 자식 앞에서 모든 장애물을 미리 걷어내고 방패막이가 되어주려고 한다. 세상에서 홀로 설 수 있는 힘을 길러줘야 하는데, 정작 부모가 자식의 성장을 방해하고 있는 셈이니 얼마나 모순적이고 안타까운 일인가. 자식 스스로 세상과 부딪치고 넘어지며 때로는 처절하게 깨지더라도, 결국에는 다시 일어나 이겨낼 수 있음을 굳게 믿어줘야 한다. 자식이 스스로 일어날 수 있는 힘은 결국 부모가 보내는 믿음에서부터 시작하기 때문이다. 부모가 자식을 믿고 놓아주는 순간, 비로소 자식은 진정한 독립을 이루고, 부모 역시 진정한 자유와 평안을 얻게 될 것이다.

진짜 효도의 본질은 하루라도 빨리 부모의 품을 떠나, 자기 자신의 힘으로 완벽하게 독립하는 것이다. 그리고 자주 찾아 뵙고, 따로 또 같이 시간을 보내며 적당한 거리를 유지하는 것이다. 내 밥벌이 하나 제대로 하고, 내 인생 하나 제대로 책임져서 부모님이 더 이상 자식 걱정에 노심초사하지 않게 해드리는 것. 그리하여 부모님 또한 '부모'라는 무거운 짐을 내려놓고, 그들 자신의 인생을 살게 해드리는 것. 이것이야말로 자식이 부모에게 할 수 있는 가장 위대하고 본질적인 효도다.

4장에서 나는 죽음의 문턱에서 "나 죽으면 우리 엄마는 어떡하지?"라는 생각 하나로 다시 일어섰다. 어머니에 대한 사랑은 내 삶의 가장 큰 원동력이었다. 하지만 그 사랑은 어머니의 희생에 대한 '의무감'이나 '부채감'이 아니었다. 그저 내리사랑에 대한 본능적인 감사함이자, 내가 독립된 존재로서 바로 서서 어머니를 지켜드리고 싶다는 그냥 온전히 내 개인적인 '욕심'이었다.

부모의 헌신과 희생을 인정하는 것은 중요하다. 하지만 우리는 이 시대를 살아가는 성인으로서 이제 그 헌신과 희생의 형태에 대해서는 다시 질문해야 한다. 부모는 자식을 위해 희생하고 싶겠지만, 그 희생이 과연 진짜로 자식을 위한 길인지 스스로에게 되물어야 한다. 자식 역시 부모의 희생을 무작정 받아들이기보다 그것이 나에게 어떤 족쇄로 작용하고 있는지 냉정하게 판단해야 한다.

　가족이라는 신성한 이름 아래, 더 이상 잔인한 의무를 강요하지 마라. 진짜 사랑이라면, 진짜 효도라면, 서로를 옭아매는 족쇄가 아니라 각자의 삶을 훨훨 날아가도록 놓아주는 가장 단단한 날개가 되어주는 것이다.

　이제 다시 질문하자. 지금 나의 가족 안에서 행해지는 희생과 헌신이라는 이름의 행위들은 과연 정말 사랑에서 비롯된 것인가, 아니면 서로가 서로를 가두고 있는 감옥의 자물쇠는 아닌가?

5-3 건강한 단절, 독립해야 진짜 가족이 된다

 우리는 지금까지 가족이라는 이름의 가장 안락한 울타리 혹은 감옥에 대해 이야기했다. 이제 마지막으로, 그 문을 열고 나오는 법에 대해 이야기할 차례다.

 많은 사람이 착각한다. 부모님과 한집에 살며 용돈을 드리고 매일 함께 식사를 하는 것을 '효도'이자 '화목한 가정'의 증거라고 믿는다. 그러나 나는 단언컨대, 그것은 가족 관계의 본질이 아니다.

 진짜 가족 관계는 역설적이게도 '건강한 단절'에서부터 시작한다.

 '단절'이라는 말이 차갑게 들리는가? 하지만 뱀이 더 크게 성장하기 위해 반드시 낡은 허물을 벗어 던져야 하듯, 우리 역시 '자식'이라는 낡은 허물을 벗고 부모로부터 완벽하게 독립해야만, 비로소 한 명의 성숙한 인간으로서 그들을 다시 마주할 수 있다.

 나는 인간이 살면서 크게 세 번의 탈피(脫皮)를 거쳐야 한다고 생각한다. 이 과정은 뱀이 낡은 허물을 벗고 더 단단하고 새로운 존재로 거듭나듯이, 우리가 가족이라는 관계 안에서 점차 독립적이고 성숙한 인간으로 진화해가는 가장 본질적인 성장 과정이다.

 첫 번째 탈피는, 가족이라는 울타리 안에서 보호받으며 자라는 '아이'의 허물을 벗는 것이다. 이 시기의 우리는 부모와 사회의 보호 아래 세상을 배우고, 삶의 기본적인 방식을 습득한다. 이때, 울타리는 생존에 필수적이지만, 이 단계에 너무 오래 머무르면 결국 독립적 사고가 위축되고 의존성만 강한 '어른아이'가 될 뿐이다.

<u>두 번째 탈피는, 학교를 졸업하고 사회에 나오면서 스스로의 삶을 책임지는 진짜 '성인(남녀)'로 거듭나는 것이다.</u> 더 이상 부모의 지시와 보호에 의존하지 않고, 내 삶의 방향과 목표를 스스로 설정하고 그 결과에 책임을 지는 단계, 여기서 가장 중요한 것은 부모의 역할이다. 부모는 자식을 믿고, 자식이 세상에 부딪치고 넘어지며 때로는 처절하게 깨지더라도, 스스로 일어설 수 있도록 과감히 손을 놓아줘야 한다. 이 과정을 통해서만, 자식은 비로소 독립적이고 자율적인 한 인간으로서 정체성을 갖게 된다.

<u>그리고 마지막 탈피는, 사랑하는 사람과 가정을 꾸리고, 나 아닌 다른 존재의 보호자가 되어 내가 아닌 남(가족)을 위해 사는 '부모'가 되는 것이다.</u> 이것은 단순히 나이를 먹고 해서 저절로 완성되는 단계가 아니다. '남자·여자'라는 개인의 정체성과, '아버지·어머니'라는 부모로서 정체성은 완전히 다르다. 내 삶을 넘어 타인의 삶까지 책임지고 이끌어갈 준비가 되었을 때, 비로소 인간은 마지막 허물을 벗고 진정한 부모로 완성된다.

여기서 많은 사람이 과거의 공식에 갇혀 착각을 한다. "결혼하면 어차피 독립하게 되잖아?" 물론 과거에는 그 말이 맞았다. 2000년대 초반까지만 해도, 20대에 학교를 졸업하고 직장에 취업하고 바로 결혼하며 부모의 집을 떠나는 '출가(出家)=결혼=독립'이라는 공식이 보편적이었다. '아이'에서 바로 '부모'가 되는 과정이 자연스러웠던 시대다.

<u>하지만 세상이 변했다.</u> 요즘 누가 20대에 결혼하는가? 대부분 30대, 혹은 그 이후에 하거나 아예 하지 않는 세상이다. 그렇기에 이제는 과거의 공식을 버려야만 한다. '아이'에서 바로 '부모'가 될 수 없다면, 우리는 그 사이에 있는, 그러나 가장 중요한 단계를 반드시 거쳐야만 한다. 바로 '성인(成人)'의 단계다. 스스로 힘으로 온전히 독립하여 한 명의 '남자'와 '여자'로서 바

로 서는 것. 이것이 전제되지 않으면, 제대로 된 부모가 될 준비조차 할 수 없는 시대가 된 것이다.

이 세 번의 탈피 과정은 서로 긴밀하게 연결되어 있다. 제대로 된 두 번째 탈피, 즉 '성인으로서의 완벽한 독립'이 없으면, 진정한 부모로서 세 번째 탈피는 결코 쉽지 않다. 독립적인 어른이 되지 못한 사람은, 결국 자식을 낳아도 그를 독립된 존재로 키워 내기보다, 무의식적으로 자신의 부모가 자신에게 했던 것처럼 자식의 삶에 간섭하고 그들을 억압하는 '감옥'의 악순환을 반복할 수밖에 없기 때문이다.

결국, 진정한 가족 관계의 본질이란 서로의 삶을 옭아매는 것이 아니다. 각자의 자리에서 이 세 번의 탈피를 온전히 이뤄낼 수 있도록, 서로를 믿고, 지지하며, 때로는 가장 고통스러운 순간에 서로를 놓아주는 것이다. 이것이 바로 인간이 '가족'이라는 이름으로 거쳐야 하는, 가장 성숙하고 본질적인 성장의 과정이다.

그렇다면 진정한 독립이란 무엇인가? 단순히 집을 나와 사는 물리적인 분리만을 의미하는 것은 아니다. 그보다 더 중요한 것은 '정신적 독립'과 '경제적 독립'이다.

정신적 독립이란, 내 인생의 모든 중요한 결정을 더 이상 부모의 허락이나 인정을 구하지 않고 온전히 스스로 내리는 것이다. "이건 우리 아들, 딸 인생이니 네가 알아서 해라."라는 부모의 믿음과, "이제 내 인생은 제가 책임지겠습니다."라는 자식의 단단한 책임감이 만나는 바로 그 지점에서, 정신적 독립은 시작된다. 경제적 독립은, 내 밥벌이는 내가 책임지는 것을 의미한다. 월 20만 원짜리 반지하 원룸에 살더라도, 처음으로 혼자 전기세와 수도세를 내보고, TV 유선방송을 계약해보는 등, 그동안 당연하게 여겼던 모든 것들을 하나씩 직접 해보는 것이다. 내 힘으로 월세를 내고 내 밥을 해결할 때, 우리는 비로소 땅에 발을 딛고 선 진짜 어른이 된다.

물론, 이 독립을 이루는 과정은 결코 쉽지 않다. 아니, 정확히 말하면 20

대에는 오히려 쉽다. 그 시절은 누구나 에너지가 넘치고, 호기심이 많으며, 새로운 것에 재미를 느끼는 때니까. 하지만 나이가 들수록 이 과정은 점점 더 어려워진다. 오랫동안 나의 무의식 속에 익숙해져 버린, 부모가 마련해 준 안락한 울타리를 내 발로 직접 걸어 나와, 세상의 비바람을 맨몸으로 맞아야 하기 때문이다. 30평대 넓은 아파트에서 살던 자식이 갑자기 곰팡이가 피고 보안도 취약한 반지하 방으로 나간다면, 그 어떤 부모의 마음이 편하겠는가? 나중에 시간이 흘러 나의 어머니께 들은 이야기지만, 20대시절 처음 내가 3평 남짓한 옥탑방을 구해 서울에 올라왔을 때, 딱 한 번 오셨던 우리 엄마는 겉으로는 아무 표현도 안 하셨지만, 시골로 내려가는 버스 안에서 내내 눈물을 흘리셨다고 한다. 본인이 아들에게 더 잘해주지 못해서, 그런 좁고 불편한 곳에 살게 한다는 죄책감과 미안함 때문에.

하지만 부모는 그 가슴 아픔을 견뎌내야 하고, 자식은 그 초라함과 미안함을 이겨내야 한다. 그 고통스러운 과정을 통과해야만, 우리는 비로소 서로를 독립된 존재로 존중하는 새로운 관계를 맺을 자격을 얻는다.

<u>자, 여기서 한 가지는 분명히 하고 넘어가자.</u>

내가 지금 하는 이야기가, 어쩔 수 없는 현실의 무게를 짊어진 모든 이들을 향한 것이라고 오해하지는 말아 주길 바란다. 나는 자식이 독립하고 싶어도, 병든 부모님을 부양해야만 하는 책임을 가진 사람의 숭고함을 안다. 부모의 부재로 어린 나이에 가장이 되어 동생들을 돌봐야만 하는 한 인간의 무게를 안다. 내가 겪어보지 못한 그 안타까운 상황들에 대해, 나는 감히 함부로 '독립'을 논하려는 것이 아니다. 내가 비판하고, 진짜 문제라고 말하는 것은, 그런 특수한 경우가 아닌 '보편적인 가정'의 이야기다. 충분히 독립할 수 있는 능력이 있음에도 불구하고, '안락함'이라는, 혹은 '절약'이라는 이름의 타성에 젖어, 혹은 '두려움'이라는 핑계 뒤에 숨어, 부모와 자식이 서로의 인생을 좀먹는 그런 관계들에 대해 말하는 것이다.

독립과 건강한 단절은 가족 관계의 종말이 아니라 오히려 더 건강한 가족 관계의 시작이다. 성인이 된 자녀가 독립적으로 삶을 살게 되면 부모는 처음에는 불안하고 힘들 수 있지만, 시간이 지날수록 점점 자식에 대한 걱정이 사라지고 오히려 서로를 더 깊이 이해하고 존중하게 된다.

내가 아는 지인 상현(가명)의 사례가 이를 잘 증명한다. 그는 마흔이 다 되도록 부모의 안락한 울타리, 즉 '감옥' 안에서 살았다. 엄마가 차려주는 밥 먹고 출근하고, 퇴근하면 운동도 하고 그냥 아주 평범한 그런 일상, 그렇게 40여 년을 가족이라는 울타리안에서 지냈다. 그는 그냥 흘러가는 대로, "나가면 다 돈이다."라고 스스로 그렇게 합리화하며, 엄마 잔소리도 이제는 너무 당연하다고 느끼고 그냥 나이만 먹은 '어른아이'로 말이다. 그러던 중 우연히 친구와 술자리에서 평소 듣지 못한 쓴 말을 듣고는 대판 싸웠다. 그렇지만 그 친구 말이 하나 틀린 게 없었다. 그 친구는 이미 결혼하여 어엿한 학부형이었으니 말이다. 그리고 그는 결심했다. 이대로 나의 게임을 끝낼 수 없다고. 그는 부모와의 정서적, 경제적 독립이라는, 그의 인생에서 가장 고통스럽고도 위대한 '선택'을 감행했다. 물론 처음에는 부모님과 어느 정도 마찰이 있었지만, 그동안 부모님도 내심 바라는 눈치였다. 홀로 서는 과정은 쉽지 않았다. 하지만 상현이 스스로의 힘으로 삶을 책임지는 모습을 보며, 부모님 역시 아들을 믿고 응원하게 되었다. 그 결과, 그는 독립한 지 얼마 되지도 않아 자신과 결이 맞는 '인연'을 만나 늦은 나이지만 결혼도 하고, 아이도 낳으며 새로운 가정의 '부모'가 되었다. 상현과 그의 부모의 관계 역시, 질식하던 공생 관계에서 벗어나 서로를 존중하는 훨씬 더 건강하고 성숙한 관계로 발전했다.

자, 여기서 1장에서부터 이야기했던 '운'이 어떻게 작동하는지 똑똑히 보라.

상현의 '독립'이라는 선택은, 그 자체로 아내를 만나게 해준 것이 아니다. 그의 그 용기 있는 선택은, 그의 인생이라는 게임 판의 '흐름' 자체를 바꾸어 버렸다. 멈춰 있던 그의 세상이 다시 움직이기 시작한 것이다. 만약 상현이 40이 넘도록 계속 부모 곁에 머물렀다면, 그의 '운'은 늘 똑같은 사람들을 만

나고, 똑같은 이벤트를 반복하는, 정체된 시나리오에 갇혀 있었을 것이다. 하지만 그가 스스로 감옥의 문을 열고 나오는 순간, 그는 완전히 새로운 스테이지로 이동했다. 새로운 인물들을 만나고, 새로운 퀘스트가 주어졌으며, 그의 인생에는 이전에는 존재하지 않았던 수많은 '가능성의 문'이 열렸다.

다시 한번 생각해보라. 그 어떤 여자가, 부모에게 의지하며 자신의 인생 게임을 방치하고 있는 마흔 넘은 노총각과 인생이라는 퀘스트를 함께하고 싶겠는가? 만약 상현이 자신의 운전대를 직접 잡지 않았다면, 그의 '운'은 결코 지금과 같은 새로운 챕터를 열어주지 않았을 것이다.

새로운 삶과 운명은 그렇게, 아무것도 하지 않고 가만히 있다가 찾아오는 것이 아니라, 나의 주체적인 선택이 만들어 낸 새로운 길 위에서 비로소 마주하게 되는 것이다. 그게 처음 이야기했던 "반자율주행" 인생이다.

건강한 가족은 자녀가 성년이 되고 때가 되었을 때 부모와 자식이라는 수직적인 관계에서 벗어나, 한 명의 독립된 '인간'으로서 서로를 마주할 때 비로소 진정한 가족 관계는 완성된다. 더 이상 의무감이나 부채감이 아니라 순수한 사랑과 존중으로 서로의 삶을 응원하는 관계가 탄생하는 것이다. 이제 그 안락한 감옥의 문을 열고 나와라. 당신이 부모의 울타리에서 벗어나 진정한 독립을 이룰 때, 당신과 당신의 가족은 비로소 이 세상에서 가장 가깝고도 든든한 '타인'으로서 서로를 다시 마주하게 될 것이다.

가족이기에 건강하게 단절할 줄 알아야 한다. 바로 그것이 진정한 효도와 가족사랑의 본질이다.

"인간이 태어나 아이에서 완전한 성인이 되고, 또 그 아이가 '부모'가 되어 정신적으로 물질적으로도 완전히 독립해서 자신의 인생을 스스로 책임지고 살아갈 때, 비로소 자식도 부모도 진정한 자유를 얻을 수 있다."

"자, 당신은 민정이가 될 것인가? 상현이가 될 것인가? 선택은 당신들의 몫이다."

불량식품과 같은 불량지식

인연이란 이름의 파티플레이

가족? 친구? 성스러운 희생이나 맹목적인 사랑, 우정 같은 거창한 포장지는 걷어내고, 본질만 보자. 게임으로 치면 '파티 플레이'다. 더 정확히는 '버스' 태워주는 거지.

부모는 이미 고랩 찍고 기본 아이템 다 맞춘 '고인물' 플레이어. 세상에 처음 태어난 너는 이제 막 튜토리얼 끝낸 '쪼렙' 캐릭터. 혼자 필드 나가면 몬스터 한 마리 못 잡고 죽기 십상이니, 부모가 자기 파티에 껴서 버스를 태워주는 거야. 이 버스의 목적은 딱 하나, 네가 빨리 레벨업 해서 언젠가는 '독립'이라는 솔로 플레이를 할 수 있게 만드는 것.

이게 가족이라는 파티의 본질이야. 이 세계에서 가장 잘 만든 '성장 지원 시스템'이라고.

근데 진짜 웃기고 슬픈 게 뭔지 알아? 최근 OECD나라 사람들한테 물었대, "네 인생에서 가장 중요한 게 뭐냐?"라고. 미국, 영국, 독일, 일본… 대부분의 나라 사람들은 전부 '가족'이라고 대답했어. 바로 그 '파티원'들이 제일 중요하다고 한 거야.

그런데 우리 대한민국만 유일하게 대답했지. '물질적 풍요', 즉 '돈'이라고. 이게 무슨 뜻이겠어? 다들 자기 파티원들이 최고라고 외치는데, 우리만 "아이템 현질이 최고다!"라고 외치고 있는 꼴이야. 우리는 지금 '파티 플레이'의 본질을 잃어버렸고, 바로 그 지점에서 가장 아픈 비교가 시작된다. 너는 마음속으로 매일 재판을 열지.

"왜 우리 부모님은 부자가 아닐까? (왜 우리 파티는 아이템이 구리지?)", "왜 내 친구는 저렇게 잘나가지 못할까? (왜 내 파티원은 스킬이 저 모양이지?)", "왜 내 연인은 다른 사람들처럼 완벽하지 않을까? (왜 나는 더 좋은 파티에 들어가지 못했지?)"

정신 차려라. 너는 지금, 이 험난한 필드를 함께 헤쳐 나가야 할 너의 유일한 팀을, 네 손으로 공격하고 있는 거다. 다른 파티의 화려한 장비를 부러워하며, 같은 팀의 '스펙'을 탓하고 있는 거지.

파티가 제대로 안 굴러가는데 너의 인생이라는 메인 서버는 잘 굴러가겠냐 이 말이야.

서로를 믿고 끌어주고 밀어주는 시스템이 망가졌는데, 게임이 재밌을리가 없지.

결국 남는 건, 더 좋은 아이템을 가진 놈을 향한 '비교'와 '질투', 그리고 혼자 남겨졌다는 '고독'뿐이야. 우리가 다시 게임을 즐기려면, 먼저 기억해야 해.

이 게임은 혼자 하는 게 아니라, 함께하는 파티 플레이라는 걸.

그러니 이제 그 마음속 비교 재판은 그만두자. 우리 파티원의 스펙을 탓하기 전에, **먼저 너라는 캐릭터를 멋지게 키워보는 건 어때?**

네가 먼저, 너의 모든 인연들에게 가장 든든한 파티원이 되어주는 거야.

그게 이 지긋지긋한 게임에서 이기는 유일한 방법이다.

사랑과 인연:
인간관계의 본질

거룩한 착각
당신은 왜 사랑에 속는가?

우리는 남녀의 사랑을 마치 신성한 종교처럼 숭배하고 포장한다. 드라마와 영화, 문학은 끊임없이 사랑이 인생의 구원이자 숭고한 목적이라 선동하며, 사람들은 연애와 결혼을 인생의 가장 위대한 성취로 여긴다. 하지만 이 거룩하고 아름다운 겉모습 뒤에 숨겨진 진짜 본질은 사실, 그리 낭만적이지 않다. 독일의 철학자 쇼펜하우어는 이 위선에 대해 가장 정직하게 말했다. 그는 남녀 간의 사랑이란, 아무리 별나라에서 온 것처럼 고상한 척해도 결국 그 뿌리에는 '성욕'이라는 본능이 자리 잡고 있다고 단언했다. 즉, 우리가 '사랑'이라고 믿는 그 강렬한 감정의 정체는, 이 원초적인 본능을 아름답게 포장한 착각에 불과하다는 것이다. 생물학적으로도 그렇다. 인간 역시 본질적으로는 동물이며, 본능(V)의 지배를 받는다. 우리가 누군가에게 미친 듯이 끌리고, 그 사람 없이는 살 수 없을 것 같은 그 감정은, 사실 우리의 뇌가 도파민과 옥시토신 같은 호르몬을 쏟아 부어 만들어내는, 가장 정교하고 강력한 화학 반응이다. 그리고 이 화학 작용의 가장 큰 목적은, 바로 성적인 결합을 통해 종족을 보존하려는 것이다. 문제는, 이 지독하고도 자연스러운 '성욕'이라는 본질을, 인간 사회가 '숭고한 사랑'이라는 이름으로 끊임없이 미화하고 왜곡한다는 점이다. 그리고 바로 이 지점에서, 모든 비극이 시작된다.

그러나 이런 화학적 반응은 수명이 길지 않다. 일정 기간이 지나면 뇌는 빠르게 적응하고, 이때부터는 과거의 강렬한 감정을 더 이상 유지하지 못한다. 우리는 이것을 고상하게 '권태기'라고 부른다. 우스갯소리지만, "모든 남자의 이상형은 처음 본 여자다."라는 말이 있지 않은가. 이게 남성들의 본능을 가장 솔직하고 적나라하게 보여주는 말일지도 모른다. 물론, 요즘 불륜이나 바람 피우는 남녀의 비율을 보면 이건 더 이상 남자에게만 해당하는 이야기도 아니다. 문제는, 우리가 이처럼 순간적이고 본능적인 이끌림을 '영원한 사랑'이라는 신성함과 낭만성의 껍데기를 과도하게 씌워왔다는 점이다. 보이지도 않고, 잡히지도 않으며, 경험해본 적도 없는 그 '영원한 사랑'만이 오직 진리인 것, 그것을 너무나도 당연하게 여겨왔다.

아주 오래전부터, 이 사회는 사랑을 하면 '여자는 남자에게 몸을 준다'는 식의 인식을 당연한 진리처럼 받아들였다. 이 말 속에는 여성의 성(性)은 남성이 소유하거나 쟁취하는 대상이라는 전제가 깔려 있다. 그 결과, 시간이 흘러 본능적인 이끌림이 사라진 남자의 관심이 식으면, 여성이 피해자, 남성이 가해자가 되는 기이한 공식이 만들어졌다. 이것은 명백히 양자 간 합의로 이루어진 관계임에도 불구하고, 사회적 관습과 정서적 기대치가 만들어 낸 왜곡된 피해-가해 구도다. 정말 웃긴 점은, 그 관계가 누구의 강요도 아닌 자기 자신의 선택인데도, 여성이 스스로 이 사회적 인식에 기대어 '나는 당했다'고 그렇게 합리화 해버린다는 것이다. 이런 상황은 절대로 정신건강에 좋지 않다. 그 순간, 여성의 무의식 속에는 남성에 대한 불신과 끝없는 피해의식이 쌓이게 되며, 그리고 그 상처는 결국, 그 어떤 누구도 제대로 만나지 못하고, 진짜 인연이 다가왔을 때 알아보지 못하며, 그 누구도 진심으로 사랑하지 못하는 상태로 스스로 고립시킬 뿐이다. 이제는 이러한 왜곡된 인식을 바로잡아야 한다. 진정한 관계는 서로가 동등하게 선택하고 책임지는 데서 출발하기 때문이다.

이런 왜곡은 최근 논란이 된 '성매매 피해여성 구제 정책' 같은 곳에서 더

욱 명확히 드러난다. 그 '피해자'라는 프레임을 성매매 여성 본인의 욕망과 필요에 의해 자발적으로 그 길을 선택한 사람들 모두에게 무분별하게 적용하는 것은 기만이다. 그럼에도 모든 성매매 여성을 일괄적으로 '피해자'로 규정한다면, 성을 구매한 남성은 모두 '가해자'가 되는가? 그렇다면 거꾸로 생각해보자 여성 전용 마사지나 유사한 서비스에서 일하는 남성들은 '성매매 피해 남성'이라고 불러줘야 하는가? 그렇게 성을 구매한 여성은 '가해자'가 되는 것이고? 우리 사회는 자꾸 이처럼 이분법적인 사고로 어느 한 편만을 일방적으로 대변하며 문제의 본질을 흐리고 있다.

이런 왜곡된 사회적 분위기는 최근 더 심각한 문제를 낳고 있다. 명백히 동의한 관계였음에도, 시간이 지나 감정이 변했다는 이유로 여성이 신고하면 법적 조사 단계에서 남성이 일방적으로 가해자로 규정되는 사례들이 나타나고 있다. 이것을 '후회 강간'이라고 한다. 명확한 증거 없이 과거의 합의가 언제든 뒤집힐 수 있다는 사회적 공포는, 남성들로 하여금 연애와 성관계 자체를 두려워하게 만들고, 결과적으로 고립과 비연애를 선택하는 경향을 부추긴다. 실제로 한국 성인 남녀의 연애와 결혼 비율이 매년 급격히 떨어지는 것은, 이러한 복잡한 현실과 무관하지 않을 것이다.

결국 우리가 가져야 할 자세는, 어느 한 성별만을 무조건적인 피해자나 가해자로 낙인 찍는 것이 아니다. 객관적이고 공정한 시선으로 이 문제의 본질을 직시할 때, 비로소 우리는 이 뒤틀린 관계의 악순환을 끊고 그 해결책을 찾을 수 있을 것이다. 결국 이런 왜곡은 우리가 '사랑'이라는 본능적 감정을 지나치게 숭고하고 신성하게 포장했기 때문에 발생한 것이다. 사랑을 숭배할수록, 그것이 현실에서 충족되지 않았을 때 나타나는 부작용은 심각하다. 사랑을 마치 신과 같이 숭고하고 아름답게만 생각하고 누구도 그 신성함을 침범하거나 부정할 수 없게 되고, 이를 부정하거나 솔직하게 드러내면 도덕적 비난의 대상이 되기 때문이다.

하지만 본질적으로 사랑 역시 모든 인간관계와 동일하게 거래와 이해관계를 기초로 한다. 두 사람이 만나 서로에게 매력을 느끼고 사랑을 주고받는 과정에서, 반드시 각자가 얻고자 하는 것이 존재한다. 그것이 정서적 위로일 수도, 마음의 안정, 설렘, 경제적 안정, 육체적 만족일 수도 있다. 서로가 상대에게 원하는 바를 솔직히 인정하고 투명하게 드러낼 때만 관계는 더 건강하고 오래 지속할 수 있다. 애초부터 '신성한 사랑'이라는 가짜 프레임 안에 갇혀 서로의 본능을 부정하거나 왜곡하면, 필연적으로 서로를 속이고 상처 주는 관계로 끝난다.

요즘 사회 현상을 예로 들어보자. 과거에 비해 여성들은 능력 있고 경제력을 갖춘 남자를 선호하는 경향이 뚜렷해졌다. 자, 그 본질은 무엇인가? 이건 단순히 속물적인 이야기가 아니다. 더 안정적이고 풍요로운 삶을 추구하는 것, 그것은 종족을 보존하고 자식을 더 좋은 환경에서 키우고 싶은, 지극히 자연스러운 인간의 '생존 본능(V)'이다. 문제는, 영리한 남자들이 바로 이 본능을 교묘하게 이용한다는 점이다. 그들은 멋진 차와 좋은 직업 등, 자신의 부와 능력을 하나의 '매력'으로 포장하여 발산한다. 여성은 그 안정감이 주는 '매력'에 본능적으로 끌리고, 이내 그 강렬한 감정을 '사랑'이라고 착각하게 된다. 그리고 남성은 자신의 소기의 목적, 즉 원초적인 본능(V)인 잠자리를 달성하고 나면, 관계의 국면은 완전히 달라진다. 그때부터 남자의 머릿속에서는 냉철한 이성(T)의 계산기가 작동하기 시작한다. 그는 이제 이 여자가 과연 자신의 미래를 함께할 만한 가치가 있는지, 아니면 남성이 이성적(T)사고를 하지 못 할 정도로 '어우동'이나 '장희빈'처럼 자신의 모든 것을 바칠 만큼의 압도적인 성적매력을 가졌는지를 저울질한다. 만약 그 계산기에서 '아니다.'라는 답이 나오면, 그는 굳이 더 이상의 에너지를 쏟을 필요가 없다고 판단하고 빠르게 마음을 정리하고 상대 여자를 '손절'한다. 왜냐? 경제적, 사회적으로 능력 있는 남자일수록 그는 이미 영리하다는 반증이며, 손익 계산은 여성보다 빠르고 냉정하기 때문이다. 그들은 여자가 나를 진정으로 좋아하는지, 아니면 내가 가진 물질이나 조건 환경을 좋아하는지를 사소한 행동과 말 한마디에서도 귀신같이 알아챈다. 여기서 겉으로 계산적인 티를 내는 건 하수다. 진짜 고수는 상대방이 눈치채지 못하게, 자신의 이익을 모두 챙기고 조용히 관계를 정리한다. 그 결과는 어떤가? 여성의 입에서는 "자고 나니 변했다."라는 원망이 터져 나오고, 남성은 '쓰레기'라는 낙인이 찍히는, 아주 익숙한 공식이 완성된다.

자, 여기서 나는 다시 본질을 묻고 싶다. 과연 이것은 어느 한쪽만의 잘못인가? 아니면, '사랑'이라는 거룩한 껍데기를 쓰고 서로의 본능과 욕망을 거래한, 우리 모두의 비극인가?

<u>이제부터 우리는 '사랑'이라는 감정 앞에서 좀 더 솔직해야 한다.</u>

사랑을 신처럼 숭배하고, 영원할 것이라 과장하며 이상화할수록, 우리의 본능은 뒤틀리고 관계는 결국 집착과 의무감, 상대에 대한 원망의 늪으로 빠지게 된다. "영원한 것은 없다."라는 것, 그것이 이 세상의 불편한 진실이다. 그렇다고 모든 인연의 끝을 미리 생각하며 두려워하라는 뜻이 아니다. 과거는 이미 지나갔고 미래는 그 누구도 알 수 없다. 그러니 지금 옆에 사랑하는 사람이 있다면 그저 최선을 다하고 그저 그 관계가 어떤 형태로든 끝이 왔을 때, "우리의 인연은 여기까지구나."라고 덤덤하게 받아들일 줄 아는 성숙함이 필요하다는 것이다. 남녀 간의 사랑은 거룩하고 신성한 무엇이 아니라, 본능과 이해관계 위에 세워진 인간관계의 한 형태일 뿐이다. 이 현실적이고 냉정한 시선을 회복할 때, 우리는 더 이상 사랑의 환상과 그로 인한 사회적 왜곡에 흔들리지 않고 자신만의 진정한 관계를 만들어 나갈 수 있다. 자, 여기까지가 내가 말하는 '가짜 사랑', 즉 세상이 숭배하는 낭만적 사랑의 민낯이다. 그것은 본능이고, 착각이며, 때로는 거래에 불과하다. 하지만 그렇다고 해서 내가 사랑이라는 감정 자체를 부정하려는 것은 아니다.

오히려 나는, 이 모든 껍데기를 벗겨내고 난 자리에 남는, 더 크고 본질적인 '진짜 사랑'에 대해 이제부터 이야기하고 싶은 것이다. 우리가 잃어버렸거나, 혹은 한 번도 제대로 배워본 적 없는 바로 그 사랑 말이다.

<u>사랑</u>. 이 두 글자를 들으면 우리는 반사적으로 TV 드라마나 영화 속 불같이 타오르는, 운명적인 만남과 격정적인 감정을 떠올린다. 세상 모든 미디어가 그렇게 사랑을 위대하고 신성한 것으로 포장해왔으니까. 하지만 그게 전부일까? 오히려 그 거룩한 포장지가 사랑의 진짜 본질을 가리고 있는 것은 아닐까? 사실. 인간이 가진 수만 가지의 복잡한 감정을 끝까지 해부하고 파고 들어가 보면, 결국 그 뿌리에는 단 두 가지만이 남는다. 그것은 바로 '사랑'과 '두려움'이다. 우리의 모든 긍정적인 감정인 기쁨, 감사, 연민, 용기는 사랑에서 파생되고, 모든 부정적인 감정인 분노, 질투, 슬픔, 불안은 결국 두려움의 다른 이름일 뿐이다. 이 관점에서 보면, '사랑'은 결코 남녀 간의 뜨거운 감정만을 의미하지 않는다. 친구를 향한 굳건한 '<u>우정</u>', 어려움에 처한 타인을 향한 '연민', 내가 가진 것을 나누는 '<u>자비</u>', 심지어 길가에 핀 꽃 한 송이를 보고 느끼는 작은 '아름다움'조차도, 결국 사랑이라는 거대한 에너지의 다른 표현일 뿐이다.

수십 년을 함께 살아온 노부부에게 "아직도 사랑하세요?"라고 물으면, 그들은 낯부끄럽다는 듯 손사래를 칠지도 모른다. "무슨 놈의 사랑이야, 그냥 '의리'로 사는 거지." 하지만 그 '의리'라는 것이 결국 무엇인가? 오랜 세월 함께하며 쌓아온 신뢰와 정, 그리고 서로에 대한 깊은 책임감과 존중 이 모든 것이 바로 '사랑'의 가장 성숙하고 완성된 형태가 아니고 무엇이겠는가.

진짜 사랑은 그렇게 화려하거나 낭만적이지 않을 수 있다. 오히려 지극히 평범하고, 고요하며, 일상적인 모습으로 우리 곁에 존재한다. 잘 모르는 누군가에게 길을 친절히 알려주는 작은 '<u>배려</u>'. 힘들어하는 친구의 이야기를 밤새 들어주는 '<u>이해</u>'. 내 자식이 아니더라도, 고통받는 아이의 소식에 함께 아파하는 '공감'. 나보다 조금 부족한 이들을 위한 '나눔'. 이렇듯 바로 그 순간, 우리는 이미 '사랑'이라는 감정 속에 존재하는 것이다. 그러니 이제 사랑을 좁고 제한적인 시선으로 바라보지 마라. 사랑은 단지 뜨겁고 화려한 열정이 아니라, 나 자신을 넘어 타인을 이해하고 존중하며 배려하는 모든 행위와 감정의 총체다. 결국, 인간으로서 살아가는 우리가 궁극적으로 도달해야 할 진짜 목적지는 사회가 말하는 '성공'이 아니다. 내 안의 '두려움'을 몰아내고, 더 많은 순간에 이 '사랑'이라는 본질적 에너지를 느끼고 실천하며 살아가는 것. 그것이 『본질론』이 말하고자 하는 가장 고귀하고 의미 있는 삶의 모습이다.

좋아한다는 건 소유하는 것이고 사랑한다는 건, 사랑을 주는 것이다.

6-2
사랑은 교통사고로 시작해, 모닥불로 완성된다
(feat. 다정함)

진짜 사랑은 교통사고와 같다. 사람들은 사춘기를 지나 20대 30대 40대 이상이 되면서 시간이 지날수록 사랑이 점점 어렵다고 말한다. 사실이다. 나는 사랑이 '교통사고'와 같다고 생각한다. 우리는 모두 사춘기를 지나 20대 시절, 이마에 '초보운전' 딱지를 붙인 채 사랑이라는 도로에 나선다. 운전대를 잡는 것만으로도 모든 게 신기하고 재밌다. 그러다 보면 스쳐 지나가는 짧은 사랑을 하듯이 여기저기 긁히고, 부딪치고, 상처받고, 또 남에게 상처를 주기도 한다.

그러다 어느 날, 피할 수 없는 '교통사고'가 난다. 일방적인 과실이 아니라, 정신 차려보니 서로의 인생 한복판에 돌진해 있는 '쌍방과실' 사고. 그 격렬한 충돌의 순간부터, 우리는 비로소 진짜 사랑이라는 것을 하게 된다. 누가 먼저랄 것도 없이 표현하고 사랑을 속삭이고 그 사고 이후, 어떤 이들은 서로가 운명임을 깨닫고 평생을 약속하며 '결혼'이라는 차고지로 들어가지만, 또 다른 이들은 본능(V)의 불꽃이 꺼진 뒤, 환경적인 이유나 여러가지의 이유로 가슴 아픈 이별을 택한다. 진짜 사랑의 끝은 늘 아픈 것 같다. 후회로 미안함이나 어떤 형태로든 말이다. 그리고 그 기억은 우리 각자의 무의식 중에 남아있다.

그렇게 우리는 크고 작은 사고들을 겪으며 점점 운전에 능숙해진다. 쉽게 사고를 내지도 않고, 웬만한 접촉사고에는 눈 하나 깜빡하지 않는 베테랑 드라이버가 되어간다.

그런데 바로 여기서 문제가 생긴다. 크게 사고가 나본 사람일수록, 그 후유증으로 다시는 운전대를 잡지 못하기도 한다. 그리고 상처받기 싫어서 노력하는 과정은 생략하고 싶고 무조건 한 번에 완벽한 쌍방과실의 교통사고를 꿈꾸지만 정작 본인은 주차장에서 차를 빼지도 못하고 또 가끔 운전을 한다고 해도 완벽한 '안전운전'을 하고있다. 이 얼마나 모순적인가. 완벽한 사랑을 꿈꾸지만, 스스로는 완벽한 '안전운전'만을 하고 있으니 말이다. 이것이 바로 우리가 나이가 들수록 사랑하고 싶어도 사랑하지 못하게 되는 이유다.

세종대학교의 배정원 교수가 진행하는 '성과 문화'라는 강의가 있다. 수강 신청이 3초만에 마감될 정도로 인기가 많다고 한다. 그 강의의 핵심 내용 중 하나가 바로 이것이다. "진짜 마지막 사람을 결정할 때까지는, 스무 명이든 서른 명이든 최대한 많이 만나보고 경험해보라."라고 이야기한다. 나는 이 말이, "사랑을 배우기 위해서는 크고 작은 교통사고를 두려워하지 말라."라는 말과 똑같다고 생각한다. 나이가 들수록, 우리는 과거의 실패라는 데이터에 기반해 너무 많은 것을 계산하고 재기 시작한다. 하지만 '진짜 사랑'이라는 교통사고는, 결코 계획하거나 계산할 수 있는 영역이 아니다. 그래서 때로는 평소 내가 다니던 길, 늘 익숙한 장소나 상황이 아니라 전혀 다른 사람이 있는 곳, 한번도 가보지 못했던 낯선 길을 가볼 용기가 필요하다. 그래야 다시 초보운전 때처럼 제대로 된 '쌍방과실' 교통사고가 날 것 아닌가. 그러다 보면 언젠가 나이와 상관없이 그렇게 계속해서 도로 위를 달리다 보면, 언젠가 '운명'이라는 이름으로, 당신 인생의 마지막 '교통사고'가 날지도 모를 일이다.

나는 이처럼 예측 불가능한 사고로 시작된 관계가, 마침내 도달해야 할 가장 이상적인 사랑의 모습을 '모닥불' 같은 사랑이라고 말하고 싶다.

평생을 다른 곳에서, 다른 모양과 형태를 가진 '장작'으로 살아온 두 사람이 만난다. 처음에는 본능에 이끌려, 서로의 모든 것을 순식간에 불태울 것처럼 뜨겁고 강렬하게 타오른다. 누가 먼저라고 할 것도 없이 매일 사랑을 표현하고, 종일 서로의 안부를 묻는다. 무뚝뚝하던 사람도 세상 다정한 사람이 되고, 애교 없던 사람도 애인에게 잘 보이기 위해 평소 안 하던 짓을 한다. 나의 만족이 아닌 상대의 만족이 곧 나의 행복이 되는, 영원할 것처럼 느껴지는 그 열정적인 시간.

그렇게 뜨거운 불꽃의 시간이 지나면, 모닥불은 어느 정도 안정기에 접어들어 적당한 온기의 불길을 꾸준히 유지한다. 하지만 이 불은 저절로 타지 않는다. 두 사람은 이제, 그 불이 꺼지지 않도록 '삶의 희로애락'이라는 새로운 장작을 계속해서 넣어주어야 한다. 함께 떠나는 여행, 사소한 이벤트, 때로는 격렬한 다툼과 화해, 그리고 서로 합의하에 이 모닥불을 영원히 지켜 나가기 위한 '결혼'이나 '출산'이라는 가장 큰 장작을 넣으며, 두 사람의 관계는 유지되고 더 깊어진다.

그리고 마침내 시간이 흘러, 더 이상 타오를 화려한 불꽃도, 더 채워 넣을 새로운 장작도 없는 것처럼 보일 때. 그때 비로소 우리는 사랑의 진짜 본질을 보게 된다.

어느 백발 노부부가 되어서도 서로 표현하지 않아도 말이 없어도 묵묵히 지켜주듯이, 그동안 함께 태워온 오랜 시간과 수많은 장작 덕분에, 그 어떤 비바람에도 꺼지지 않을 만큼 깊고도 뜨거운 '숯불'이 남아있는 것을. 그것이야말로, 사랑이라는 이름의 교통사고가 도달할 수 있는, 남녀 간의 가장 이상적인 사랑의 본질이 아닐까 생각해본다.

결국, 우리는 선택해야 한다. 당신이 아무리 똑똑하고 이성적이며, 당신의 논리가 모두 맞다고 생각할수록, 진짜 사랑은 오히려 당신에게서 멀어져 갈 것이다. 만약 당신이 교통사고와 같은, 진짜 사랑을 원한다면, 계산을 멈추고 세상과 부딪치고 깨지기를 반복해야 한다. 그 과정에서 상처를 주기도 하고, 받기도 하는 그 모든 혼돈을 감당할 각오를 해야 한다. 하지만 상처받는 것이 두렵고, 그 모든 감정 소모를 피하고 싶은가? 그렇다면 차라리 솔직하게 '상호 거래'를 원한다고 인정하라. 당신의 현재 위치와 비슷한 수준의 상대를 찾아, 사랑이라는 껍데기를 씌운 정교한 거래를 하면 된다. 요즘 결혼정보회사에서 하는 방식이 바로 이것이다.

이것이 나쁜가? 천만의 말씀이다. 나는 오히려 이것이, 서로의 민낯을 가장 완전하게 드러내고 스스로 솔직해지는, 지극히 현실적인 방법일 수 있다고 생각한다.

그러니 당신이 원하는 것이 무엇인지, 이제는 스스로에게 물어야 할 것이다. 세상이 만들어 낸, 존재하지도 않는 완벽한 '유니콘'을 찾아 헤매지 마라. 설령 그 유니콘을 찾았다고 생각하더라도, 그 화려한 껍데기를 벗겨내면 그 안에는 오히려 볼품없이 초라한 '당나귀'가 서 있을 테니까.

혹여나 진짜 유니콘이 당신 앞에 나타난다고 해도 머리만 가지고 계산만 해서는 당신은 절대 그 유니콘을 알아볼 수 없다. 왜인지 아는가? 그 유니콘의 껍데기는 볼품없는 당나귀의 모습일 테니 말이다. 그러니 당신 앞에 나타난 인연이 진짜 나와 결이 맞고 좋은 사람인지 나에게 가장 잘 맞는 존재인지를 알아볼 수 있는 방법은 딱 한 가지다.

<u>당신의 본능(V)을 믿어라.</u>

머릿속의 계산기가 아니라, 당신의 심장이 말하는 본능적인 끌림. 그것이 이 모든 착각과 환상 속에서 우리가 붙잡을 수 있는 유일한 '진짜'다.

요즘 여성들의 이상형이 무엇인지 아는가? 아마 백 명 중 아흔 아홉은 '다정한 사람'이라고 답할 것이다. '다정'이라는 단어만으로도 따뜻하고 설레는 기분이 든다. 최근 드라마 「폭싹 속았수다」에서 배우 박보검이 연기한 '양관식'이 많은 여성의 이상형으로 떠오른 이유도 바로 그가 보여준 따뜻하고 다정한 모습 때문일 것이다. 그런데 여기서 우리는 한 걸음 더 깊이 생각해봐야 한다. 드라마 속 여주인공(아이유)은 스무 살에 시집와 아이 셋을 낳고, 시어머니와 무당 시할머니까지 모시며 해녀 일을 하면서 시장에 나가 해산물을 팔고, 아이들도 일일이 돌봐야 했다. 요즘 사람들은 상상조차 하기 어려운 극도로 고단한 삶을 살아냈다. 과연 요즘 여성들에게 물어보자. 위와 같이 살면서 양관식 같은 남자를 택할 수 있겠는가? 그런 삶을 사는 여성에게 '양관식' 같은 남자의 다정함과 배려는 어쩌면 당연한 최소한의 조건 아닐까? 사실 중요한 것은 표면적으로 드러난 남자의 다정함보다, 그 사람이 지닌 진짜 내면의 '책임감'일 수 있다.

'다정함'이라는 것은 얼마든지 겉으로 꾸밀 수 있다. 오히려 처음의 다정함에 속아 나중에 더 많은 문제를 야기할 가능성이 크다. 물론 모두에게 적용되는 말은 아니다. 일부 남성들은 자신의 약점을 감추기 위해 '다정함'이라는 포장지를 쓰고 있다는 점을 여성들은 잘 알아야 한다. TV나 SNS 속 이미지들은 언제나 의심해야 한다. 결국 관계의 본질은 겉으로 드러나는 다정함이 아니라, 서로에게 이끌리는 본능적 끌림과 그 사람의 내면에 자리한 진정한 책임감이다. 남자가 겉으로는 이성적이고 무뚝뚝하고 거칠어 보이는 사람도 진짜 여자가 사랑스럽고 내 사람이라고 생각되면 세상 그 누구보다 다정해지며 애교가 많아질 수 있다. 그건 서로가 진짜 사랑해보기 전까지는 알 수 없으니 겉모습에 속지 말아라. '다정함'이란 포장지를 늘 의심하라. 모두에게 다정한 것이 무슨 의미가 있는가. 나에게만 다정해야지. 그래야 그게 진짜 양관식이지. 그게 다정함의 '본질'이다.

모든 관계는 거래다
'기브 앤 테이크'의 본질

사랑이라는, 인간이 가장 거룩하고 숭고하다고 믿는 관계조차도 결국 본능과 계산, 그리고 '운(연애운, 결혼운)' 등의 합작품이었다. 그렇다면 친구, 직장 동료, 스승과 제자 심지어 부모와 자식 간 관계까지 우리가 맺는 모든 인간관계는 과연 순수할 수 있을까? 그 순수함이란 무엇일까? 내가 내린 결론은 이 세상에 '아무것도 바라지 않는 순수한 관계'처럼 달콤하고 위험한 거짓말은 없다.

다소 냉정하게 들릴 수 있겠지만, 이것은 나만의 개인적인 생각이 아니다. 이미 수많은 사회심리학자가 인간관계의 본질을 비슷하게 설명해왔다. 대표적인 이론으로 '사회 교환 이론(Social Exchange Theory)'이 있다. 이 이론은 인간관계를 '보상(Rewards)'과 '비용(Costs)'이라는 두 가지 요소의 상호작용으로 본다. 보상은 우리가 관계에서 얻는 이익이나 만족을 의미하고, 비용은 관계를 유지하기 위해 우리가 지불해야 하는 시간, 노력, 감정적 투자 등을 의미한다. 단순하게 '물질(돈)'만을 뜻하는 것은 아니니 오해하지 않길 바란다. 우리는 이익이 비용보다 크다고 판단될 때, 그 관계를 유지하거나 발전시키게 된다.

자, 가장 가까운 친구 관계부터 살펴보자. 우리는 친구를 위해 기꺼이 시간을 내어주고, 감정을 쏟아 부으며, 함께하는 시간 동안 밥도 먹고 술도 마시며 서로의 비밀을 지켜주고 함께 시간을 보내고 함께 기뻐하고 슬퍼한다. 이것은 명백히 우리가 치르는 '비용'이다. 그리고 그 대가로 우리는 위로와 지지, 소속감, 외로움의 해소라는 정서적 '보상'을 받는다. 그러나 그 시간 동안 어느 한쪽이 오직 주기만 하고 한쪽은 받기만 한다면, 이 저울은 깨지고 관계는 결국 파탄 나게 된다.

<u>최근, 30년이 넘은 내 오랜 친구들과의 관계에서 있었던 일화가 바로 이 본질을 정확히 보여준다.</u> 시골에 가면 늘 그 자리에 있는 친구들 말이다. 나는 일찍이 서울에 올라와 여러 가지 풍파를 겪다 보니 명절 때가 아니면 고향에 잘 내려가지 않았다. 하지만 최근 몇 년간 내 삶에 큰 변화가 생긴 뒤로는, 서울에서 새로운 사람들과 인연을 맺기보다는 고향에 자주 내려가 오래된 친구들과 시간을 보내는 편이다.

그런데 놀랍게도, 오래된 친구들 사이에서도 눈에 보이지 않는 정치와 균열이 있다는 걸 발견했다. 이유는 단순했다. 한쪽은 계속해서 베풀기만 하고, 다른 쪽은 받기만 하는 상황이 오랜 시간 지속되다 보니, 그 균열은 어느새 돌이킬 수 없을 만큼 커져 있었다. 그냥 방치하면 그 관계는 자연스럽게 끝이 날 수도 있었다.

하지만 나는 성격상 그런 불편한 상황을 그대로 두고 보지 못한다. 그래서 나는 모두가 알고도 외면하고 있던 문제를 직접 언급했다. 친구 관계에 일종의 '핵폭탄'을 터뜨린 셈이었다.

"니들 돈 좀 써라, 맨날 쓰는 사람만 쓰냐?"라고 말이다.

이유는 간단했다. 가벼운 관계라면 그저 끝내고 안 보면 그만이다. 하지만 우리는 오랜 친구이지 않은가? 나는 서로가 솔직하게 이야기하고 불편한 진실을 마주했을 때 비로소 관계는 더욱 단단하고 오래갈 수 있다고 믿는다. 이렇듯 관계에도 때로는 A/S가 필요하다. 이처럼 가장 가까운 관계일수록 '기브 앤 테이크'의 균형이 매우 중요하다. 이를 명확히 하고 투명하게 다룰 때, 비로소 인간관계는 진정한 신뢰와 견고함을 얻을 수 있다.

직장 동료나 스승과 제자의 관계는 이 '거래'의 원리가 더욱 명확히 드러난다. 우리는 직장과 상사에게 성과와 충성을 바치고, 그 대가로 급여와 인정과 승진, 연봉과 같은 보상을 기대한다. 스승과 제자 관계 또한 제자는 배움을 얻고, 스승은 제자를 통해 성취감과 존경이라는 보상을 얻는다. 이렇게 말하면 많은 이가 불편한 마음을 드러낸다. "나는 아무 대가 없이 순수한 마음으로 베풀고 있어요."라고 말하는 사람도 있다. 하지만 내가 수없이 많은 인간관계를 겪어본 결과, 한 가지 진실을 깨달았다. "나는 돈 욕심이 없어요." 하는 사람이 가장 돈 욕심이 많고, "나는 바라는 것이 없어요." 하는 놈들이 가장 바라는 것이 많은 사람들이었다.

나는 그런 사람들에게 사회심리학에서 이야기하는 '상호성의 원칙(Norm of Reciprocity)'을 떠올려 보라고 말하고 싶다. 상호성의 원칙이란 누군가에게 호의를 받으면, 언젠가는 그것을 갚아야 한다는 무의식적인 의무감을 느끼는 인간의 본능을 말한다. 그렇다면 당신이 베푸는 그 '순수한 마음'은, 과거에 누군가에게 받았던 호의에 대한 무의식적인 보답이거나, 언젠가 베풂을 받은 사람에게 내가 도움을 받을 수 있을 것이라는 잠재적 기대감이 전혀 없다고 자신할 수 있는가?

하지만 여기서 내가 말하는 '거래'를, 차가운 돈 계산으로만 오해하지는 말아 주길 바란다.

우리는 가끔 이 '거래'라는 말에 지나치게 차가운 느낌을 받을 수 있다. 하지만 거래라는 개념은 돈이나 물질만을 의미하지 않는다. 관계에서 이루어지는 감정적이고 따뜻한 교류 또한 이 범주 안에 포함된다.

누구나 한번쯤 경험해봤을 만한 이야기다. 어느 추운 겨울날, 성공과 욕망이 들끓는 강남의 빌딩 숲을 걷다가 길모퉁이에서 붕어빵을 파는 할머니를 본 적이 있다. 나는 몇 천 원을 내고 붕어빵을 샀다. 할머니는 쭈글쭈글

한 손으로, 덤이라며 따끈한 붕어빵 하나를 더 쥐어 주셨다.

자, 이것도 명백한 '거래'다. 나는 돈을 '주고(Give)', 붕어빵을 '받았다(Take)'. 하지만 내가 그 순간 진짜로 받은 것은 무엇이었을까? 그것은 단지 붕어빵 덤 한 개가 아니었다. 매서운 칼바람 속에서 느낀 따뜻한 온기, 덤으로 받은 정(情), 그리고 그 할머니의 모습에서 떠올린 우리 어머니에 대한 아련한 기억. 그 모든 것이 내가 받은, 값으로 매길 수 없는 진정한 '사랑'이었다.

그렇다면 할머니는 무엇을 받았을까? 그녀는 자신의 노동을 통해 누군가의 얼어붙은 몸과 마음을 녹여주었다는 '보람'과 '자기 만족감'이라는, 돈보다 더 큰 감정적 보상을 받았을지도 모른다. 이처럼 인간관계의 '거래'란, 이토록 따뜻하고 아름다울 수도 있다.

진짜 문제는 이 '거래'라는 본질 자체가 아니다. 거래는 지극히 자연스럽고 인간적인 현상이다. 문제는 오히려, 이 본질을 직시하지 않고 외면하며 서로의 욕망과 요구를 숨기는 '위선'에 있다. 상대에게서 무엇을 바라는지, 나 자신이 상대에게 무엇을 줄 수 있는지를 솔직하게 인정하지 않기 때문에 갈등과 오해가 발생하는 것이다.

가장 건강하고 오래가는 관계는, 이 '기브 앤 테이크'의 균형이 공정하다고 양쪽 모두가 느끼는 관계다. 심리학의 '공정성 이론(Equity Theory)'에 따르면, 사람들은 관계에서 자신이 투입한 것과 얻는 것의 비율이 상대방의 비율과 공정하게 균형을 이룰 때 가장 큰 만족감을 느낀다고 한다.

무조건적인 '이타심' 혹은 '이기심'이라는 환상을 버려라. 모든 인간관계는 각자의 이기적인 욕망을 솔직하게 인정하는 데서 시작해야 한다. 자신의 욕구를 부정하지 말고, 타인의 욕구 역시 기꺼이 인정하라. 그럼으로써 서로의 경계를 존중하고, 상호 간의 필요를 명확히 인지하는 건강한 관계를 맺을 수 있다. 세상에 당연한 것은 없다. 누군가에게 내가 무언가를 받았다면, 그것이 물질이든 마음이든 시간이든, 감사할 줄 알아야 한다. 내가 내 시간과 돈을 쓰는 것이 아깝다면, 상대방 또한 똑같이 아깝다는 것을 아는 것. 이것이 '관계'의 가장 기본적인 예의다. 다음 장에서 내가 수많은 인간관계의 파멸과 재건 속에서 깨달은, 진짜 건강하고 안정적인 인간관계를 맺는 너무나도 당연하지만 누구도 이야기하지 않는 비결을 이야기해 주겠다.

이 질문에 정직하게 답할 수 있을 때, 비로소 당신은 그 관계의 진정한 '주인'이 될 것이다.

본질이 거창하고 복잡하면 그것은 본질이 아니다. 인간관계도 마찬가지다. 그러니 마음이든 물질이든 받은 게 있다면 당연하다며 생각하지 말고 늘 감사하고 표현하고 살자.

6-4
진짜 귀한 인연은 '나'를 지키게 해주는 사람이다

우리는 왜 그토록 인연에 집착하고, 좋은 관계를 맺기 위해 애쓰는가? 그 모든 관계 맺기의 끝에는 무엇이 있어야 한다고 생각하는가? 많은 사람이 관계 속에서 '행복'이나 '안정감'을 찾으려 하지만, 나는 그것이 본질이 아니라고 생각한다.

4장에서 나는, 나를 나락으로 떨어뜨렸던 '악연'들과, 그 나락에서 나를 건져 올린 '귀인'들에 대해 이야기했다. 돌이켜보면 그 둘의 가장 큰 차이점은, 그들이 나에게 무엇을 주었는가(Give) 혹은 무엇을 빼앗아 갔는가(Take)가 아니었다. 진짜 차이점은, "그들과의 관계 속에서 '나'는 어떤 존재가 되었는가."에 있었다.

'악연'들과 함께했던 그 시간대의 나는 나의 '본성(E)'을 잃고, 세상의 기준에 흔들렸으며, 결국 '나' 자신을 파괴했다. 그들은 나의 불안과 욕망을 부추겼고 나를 내가 아닌 다른 사람으로 만들려 했다. 그 결과 나는 나의 '본성(E)'을 잃고 그 결과 나를 잊어버렸다.

하지만 '귀인(귀한 인연)'들은 달랐다. 내가 생각하는 진짜 귀인(貴人)이란, 나에게 돈을 벌어다 주거나 달콤한 위로를 건네는 사람이 아니다. 때로는 정신이 번쩍 들 만큼 아픈 회초리를 들더라도, 내가 나의 길에서 벗어났을 때 당신의 이익과는 상관없이 "그건 네가 아니다."라고 말해주고, 나의 본질을 지키도록 도와주는 사람. 그들이 바로 진짜 '귀한 인연'이다. 내가 앞서 이야기한 것처럼 최선을 다해 인생의 마지막 삶의 끝에 서 보면 알게 된다. 악연도 선연도 없다. 그저 그때, 그 시절에 나에게 필요했던 '시절인연(時節因緣)'만이 존재할 뿐이다. 나를 파멸시킨 사기꾼들조차, 결과적으로는 나에게 "너 자신을 믿어라."라는 가장 비싼 교훈을 준 '스승'이라고 이야기하지 않았나. 그래서 우리는 인연에 집착할 필요가 없다. 떠날 사람은 반드시 떠나고, 남을 사람은 어떻게든 남는다. 이 모든 관계 속에서 우리가 붙잡아야 할 인연에 단 하나의 기준은 이것이다.

"이 관계 속에서, 나는 나 자신으로 온전히 존재하고 있는가?" 그리고 이 사람이 정말 나를 위해 이러는 것인가 말이다. 우리는 어린시절 부모 혹은 선생들에게 '사랑의 매'라는 말 많이 들어보지 않았나? 그렇듯 꼭 다정하고 따뜻함이 필요할 때도 있지만 결국 우리를 깨닫게 하는 건 마음을 울리고 내가 정신이 번쩍 들 만큼의 쓴 소리를 해주는 인연이 진짜 '귀인'일 수도 있다. 내가 앞서 이야기한 "악마는 천사의 얼굴을 하고 있다." 그럼 이 말을 거꾸로 뒤집어보면 말이다, "천사는 악마의 얼굴을 하고 있다." 이런 공식이 성립한다. 그러니 우리는 늘 말보단 그 말 속에 있는 본질을 꿰뚫어 볼 수 있는 지혜를 기르는 것이 가장 중요하다.

인간관계 속에서 '나' 자신을 잃으면 모든 것을 잃는 것이다. 궁극적으로 최고의 관계란, 두 명의 독립된 각자 인생의 주인공(Plater)이 서로의 고유성을 침범하거나 바꾸려 하지 않으면서도, 긍정적인 에너지를 교환하고 함께 성장하는 관계. 물론 그런 인연은 평생 살면서 한 번 만날까 말까 하다. 그러니 그런 사람이 당신에게 온다면 감사하는 마음으로 그 인연을 귀하게 대하길 바란다. 말 그대로 귀인이지 않은가.

내가 앞에서, 당신 인생의 주인공은 오직 당신뿐이며 나를 제외한 모든 사람은 당신의 게임 혹은 드라마를 위해 존재하는 'NPC'와 같다. 여기서 오해하는 사람이 있을까 봐 명확히 짚고 넘어가겠다.

NPC란 'Non-Player Character'의 약자로, 게임에서 플레이어가 직접 조종할 수 없는 모든 캐릭터를 의미한다. 당신의 가족을 비롯, 친구, 직장동료, 마을주민, 상점주인, 퀘스트를 주는 인물 등, 당신의 삶 속에 당신을 제외한 모든 이들을 이야기하는 것이다. 그들은 게임 속 세상을 현실감 있게 만들고 스토리를 진행시키는 역할을 한다. 지금 이 글을 쓰고 있는 글쓴이 또한 당신의 인생에서는 NPC이며 TV에 나오는 연예인, 정치인, 저 멀리 미국의 대통령 또한 모두 오로지 당신만을 위해 존재하는 하나의 NPC이다. 물론 그의 중요도와 역할은 다 다르다. 당신이 1인 주인공이고 당신 인생에 주조연들은 늘 존재한다. 대표적인 게 가족이 될 수 있겠다.

내가 타인을 NPC에 비유한 것은, 그들이 의지나 감정이 없는 가짜 인간이라는 뜻이 결코 아니다. 이것은 시극히 '나'의 관섬에서 본, 관계의 본실에 대한 이야기다. 즉, 내 인생이라는 게임에서, 내가 직접 통제하고 바꿀 수 있는 존재는 오직 '나' 자신뿐이며, 타인은 내가 마음대로 조종할 수 없는, 각자의 역할과 시나리오를 가진 독립적인 존재라는 것을 설명하기 위한 비유다.

우리가 인간관계에서 고통받는 이유는, 바로 이 NPC들을 내 마음대로 바꾸고 조종하려 하기 때문이다. 하지만 플레이어는 NPC를 바꿀 수 없다. 우리가 할 수 있는 것은, 그들의 행동과 대사(나에게 닥쳐오는 시련, 조언, 혹은 상처)를 보고, 그에 맞춰 '나' 자신을 어떻게 변화시키고 성장시킬 것인지를 선택하는 것뿐이다.

그러니 더 이상 다른 NPC들의 평가에 흔들리지 마라. 당신은 당신의 게임을 플레이하는, 세상에 단 하나뿐인 'Non-Fungible Player(대체 불가능한 플레이어) 즉 'NFP'다. 이것을 깨닫는 순간, 당신은 비로소 자신만의 좌표로 항해하는, 인생의 진정한 주인이 될 것이다.

당신에게 하나 묻겠다. "삶이란 무엇인가?" 이 물음에 각자 어떤 것들을 정의하고 떠올렸을 것이다. 하지만, 궁극의 진리이자 답이 한 가지 있다.

사+람='삶'이다. 사람을 한 글자로 줄이면 삶이 된다.

이것이 무슨 말이냐고? 한번 상상해보라. 당신이 이 세상의 모든 부와 명예, 지식을 다 가졌다고 치자. 그런데 이 광활한 우주에, 이 푸른 지구 위에 오로지 당신 혼자만 존재한다. 그게 어떻게 '삶'이 될 수 있겠는가? 아무도 없는 세상에서 성공이 무슨 의미이며, 나의 존재는 무엇으로 증명하는가. 아니 '나'는 어떻게 나라고 할 수 있는가? '너'가 없는데 어떻게 '나'가 성립하는가? 이것은 그 어떤 누구도 부정할 수 없는 진실이다. 그렇다. '나'라는 존재는 결코 혼자서는 완성될 수 없다. '나'는 언제나 여기에 존재하지만, 내 주변의 '타인'들은 수없이 바뀌고, 나타나고, 사라진다. 바로 이 '나'와 '타인' 사이의 끊임없는 상호작용, 그 모든 관계의 총합이 바로 '삶'의 본질이다.

내가 앞에서, 당신 인생의 주인공은 오직 당신뿐이며 나를 제외한 모든 사람은 당신의 드라마를 위해 존재하는 'NPC'와 같다고 했다. 하지만 이것을 절대 오해하지 마라. 이것은 타인을 무시하거나, 그들이 감정 없는 존재라는 이기적인 뜻이 결코 아니다. 오히려, 그들이 당신의 성장에 얼마나 소중한 존재인지를 깨달으라는 것이다. 그들이 없다면, '플레이어'인 당신은 텅 빈 게임 서버에 홀로 서 있는 것과 같다. 당신이 싸워야 할 악당도, 당신을 도와줄 동료도, 당신에게 퀘스트를 줄 현자도 없이, 그저 텅 빈 세상에 당신 혼자 있을 뿐이다. 당신의 성장은, 당신의 이야기는, 바로 그 수많은 NPC와 부딪치고, 상처를 주고받고, 사랑하고, 배우는 과정 속에서만 이루어진다.

그리고 여기서 가장 중요한 본질을 잊어서는 안 된다.

당신에게 그들이 'NPC'인 것처럼, 그들의 인생이라는 게임에서는 당신 또한 수많은 'NPC' 중 하나일 뿐이다.

  모든 인간은 각자 자기 인생의 유일무이한 주인공, 즉 'NFP(대체 불가능한 플레이어)'다. 우리는 서로의 게임에 기꺼이 'NPC'로 등장하여, 각자의 성장을 위한 '시절인연'의 역할을 수행해 주는, 서로에게 더없이 소중한 존재들이다. 그러니 부디 모든 인연을 소중히 여길 줄 아는 당신이 되길 바란다.

  이것을 깨달을 때, 우리는 비로소 타인을 내 마음대로 조종하려는 오만에서 벗어나, 각자의 고유한 게임을 존중하며 건강한 관계를 맺을 수 있게 된다. 결국 삶이란, '나'라는 대체 불가능한 유일한 주인공이자 플레이어가, 수많은 '사람(NPC)'과 더불어 살아가는 한 편의 거대한 게임 혹은 장편 드라마다. 즉, 우리가 사는 이 세상은 80억 명의 'Player'들이, 각자 자신의 게임에서는 유일한 주인공(Player)이 되고, 서로의 게임에서는 기꺼이 조연(NPC)이 되어주며 함께 성장해 나가는, 거대하고도 아름다운 네트워크다.

  이것만이 내가 아는, 그 어느 누구도 부정할 수 없는 흔들리지 않는 유일한 삶의 본질이다. 그리고 이것이야말로, 이 책을 통해 당신에게 가장 전하고 싶은 이야기다.

> 불량식품과 같은 불량지식

속궁합의 분해

우리는 흔히 관계가 끝나고 나서 이렇게 말한다.
"아, 걔랑은 속궁합이 안 맞았어."
모든 책임을 정체 모를 '속궁합'이라는 유령에게 떠넘기고, 나는 아무 문제가 없는 비운의 주인공이 된다. 이제 그런 피해자 코스프레는 집어치우자. 오늘 내가 그 놈의 '속궁합'이라는 배를 갈라, 썩어빠진 고정관념과 위선을 전부 끄집어 내 주겠다. 이건 고상한 강의가 아니라, 속궁합의 본질 그 자체다.

❤ 속궁합, 그 잔인한 부품 명세서

'궁합'이라는 허울 좋은 포장지를 칼로 찢어보면, 지독하게 현실적인 네 개의 부품이 드러난다. 이건 운명의 영역이 아니라, 스펙과 취향, 그리고 버그(BUG)의 영역이다.

1. 물리적 조합: 사이즈와 강직도, 질의 길이와 질압(수축 정도), 이 비겁한 정신 승리

가장 뜨거운 감자부터 꺼내자. 일부 커뮤니티와 유튜브, 각종 SNS에서는 파트너의 성기 사이즈가 마치 속궁합의 전부인 것처럼 떠들어댄다.
자, 팩트를 말해줄까? 네가 만족하지 못한 게 정말 그 놈이 '작아서'일까? 아니면 넓고 긴 동굴같은 너 자신의 문제일까? 이렇듯 남자의 크기와 강직도가 제각각이듯, 여자의 질의 길이와 질압(수축력)도 천차만별이다. 이건 어느 한쪽이 불량이라서가 아니라, 그냥 열쇠와 자물쇠의 '규격'이 다른 것뿐이다. 서로를 향한 신체 비난은 아무 의미가 없다. 그 놈이 작았다면 네 것이 대서양처럼 넓다는 거고, 그 년이 넓었다면 네 것이 쥐의 것만 하다는 뜻이니까 말이다. 그러니 자기 얼굴에 침 뱉는 그런 멍청한 짓은 그만해라.

2. 에너지 총량: 에너자이저와 방전된 건전지

두 번째 부품은 성욕과 시간이다. 이건 연인이나 부부 사이에서 가장 뜨거운 논쟁거리가 되기도 한다. 한쪽은 하루에 세 번도 가능한 에너자이저인데, 다른 한쪽은 일주일에 한 번도 버거운, 방전 직전의 건전지일 수 있다. 이건 도덕이나 애정의 문제가 아니다. 그냥 서로 타고난 '내장 배터리 용량'이 다를 뿐이다.

그런데 문제는 여기서 끝나지 않는다. 배터리 용량은 시간이 흐르면서 변한다. 아닌 경우도 있지만 보편적으로 이야기하자면, 대개 남자는 10, 20대 때 성욕이 가장 강하고, 40대가 지나면 점점 약해진다. 여자는 그 반대다. 20대 때는 남자보다 약하지만, 40대에 접어들수록 오히려 성욕이 강해지는 경우가 많다. 다시 말해 서로의 '성욕의 시간이 반대로 흐르기' 때문에, 이 차이를 좁히려면 서로에 대한 이해와 존중, 그리고 현실적인 노력이 반드시 필요하다.

그래서 굳이 따지자면, 이 부분이 속궁합에서 가중치가 가장 높다.

3. 성향의 좌표: 변태와 성인군자, 그 아찔한 간극

이게 진짜 지뢰밭이다. 나는 묶고 때리는 SM 플레이에서 해방감을 느끼는 '변태'인데, 상대는 불 꺼놓고 정상위만 고수하는 '성인군자'다. 그렇다고 변태가 나쁜 거고 성인군자가 옳은 건가? 아니다. 그냥 성적 취향이라는 지도 위에서 서로의 좌표가 지구 반대편에 찍혀 있을 뿐이다. 이건 극단적인 예시를 든 것이지만, 본질은 서로의 취향을 얼마나 솔직하게 나누느냐는 태도다. 내가 좋아하는 것, 상대가 좋아하는 것, 내가 수용할 수 있는 범위, 절대 수용할 수 없는 것 등을 구체적으로 공유하는 게 핵심이다.

4. 최종 보스: 모든 법칙을 무시하는 본능적 끌림

지금까지 내가 지껄인 1, 2, 3번은 전부 당신의 '뇌'가 하는 짓이다. 하지만 이 모든 스펙과 조건을 한 방에 무력화시키는, 개발자도 모르는 버그 같은 게 존재한다.

그냥, '몸이 좋다'는 느낌… 그냥 좋은 사람. 이 정도면 그냥 운명이다.

헬스장에서 만든 근육질 몸매가 아니다. 나란히 앉아 있기만 해도, 팔이 스치기만 해도, 온몸의 신경이 편안해지면서 동시에 기분 좋은 긴장감이 도는 그런 느낌. 내 안에 잠자던 짐승이 그 사람을 먼저 알아보고 꼬리를 치는 현상이다. 이 '본능적 끌림'이 터지면, 앞서 말한 1, 2, 3번 부품의 스펙이 좀 구려도 모든 게 용서되는 기적이 일어난다.

그리고 어쩌면, 앞서 이야기한 교통사고 같은 '사랑'이라고 부르는 감정의 진짜 시작은 바로 이것일지도 모른다.

❤ 최종결론: 그래서 우리가 만들어야 할 문화

결론은 간단하다. 속궁합으로 인해 관계가 끝났다면, 어느 한쪽이 '불량품'이라서가 아니다. 그냥 호환도 안 되는 부품을 억지로 끼워 맞추려고 발악하다가 둘 다 망가진 것뿐이다.

그러니 제발, 서로의 신체를 두고 하는 그 저급한 비난 좀 멈춰라. 그 시간에 차라리 시작하기 전에, 혹은 감정이 더 더러워지기 전에, 솔직하게 까고 대화해라.

물론 어색하겠지. 하지만 평생 안 맞는 부품을 붙들고 불행하게 사느니, 하지만 시작 전에 솔직하고 진솔한 대화를 통해서 '스펙'을 확인하고 안 맞으면 쿨하게 돌아서는 게 백 배, 천 배 현명하다. 이건 착한 어른 되자는 캠페인이 아니다. 불필요한 상처와 멍청한 이별을 막기 위한, 가장 이기적이고 효율적인 생존 전략이다.

우리가 이런 이야기를 솔직하게 나눌 수 있는 문화를 만드는 것. 그것이야말로 위선자들의 멱살을 잡고, 우리 모두를 진짜 관계로 이끌, 이 시대에 가장 필요한 '성(性)스러운 혁명'이다.

STAGE 7

신(神)이라는 이름의 본질, 누가 신(神)의 이름을 파는가:

불안의 본질을 먹고 사는 시스템

7-1 신(神)이 돈이 필요하냐?

　지금부터 나는 이 세상에서 가장 위험하고도 가장 단순한 질문을 던지려 한다.

　"신(神)이 돈이 필요하냐?"

　말이 된다고 생각하는가? 전지전능하고 무한하며 완전한 존재라면서. 세상의 모든 종교가 공통으로 주장하는, 절대적이고 초월적인 신이라면서. 그런데 왜 그 신이라는 존재는 나약한 인간들에게 헌금을 받고, 굿 값을 받고, 보시를 강요하며, 대신 기도해준다며 기도비를 받아야만 하는가? 돈이 필요한 건 정말 신인가, 아니면 그 신을 팔아먹는 인간들의 배때기인가?

　나는 이 질문을 던질 때마다 너무나도 어이없고 분통이 터진다. 사람들은 너무 당연하다는 듯이 늘 으레 그래 왔듯이 그래야 내가 잘되고 내 가족이 잘되고 우리 모두가 잘될 거고 신이 우리를 지켜 주실 거라는 믿음으로 열심히 번 돈을 가져다 헌납하고 있다.

　솔직히 이야기해보자. 우리가 흔히 말하는 그 '전지전능한 신'이 정말 존재한다면, 과연 그 신이 당신이 낸 돈으로 무엇을 할 것 같은가? 돈을 쌓아 두고 재테크를 하겠는가, 아니면 하늘에 대저택이라도 짓겠는가? 신이 인간인가? 당신들은 신을 정말 인간과 같이 돈을 좋아할 거라고 생각하는 건가? 그래서 돈으로 신에게 잘 보이면 당신들이 죽고 난 뒤에 어디 천국에 그 돈으로 당신들이 머무를 헤븐팰리스라도 한 채 남겨 주시나? 그 놈의 불신 지옥은 ㅋㅋㅋ. 아 진짜 무슨 코미디도 이런 코미디가 없다. 천국이든 지옥이든 그 어느 누가 그것을 증명할 수 있는가? 어디 천국이든 지옥이든 스마트폰을 들고 가서 촬영이라도 해 온다면 믿겠다. 지옥이 있다면, 그것은 내가 도망치는 삶 속에 있고, 천국이 있다면, 그것은 내가 최선을 다하는 하루에 있다. 그 이상은 말할 수도 없고, 나도 너도 그 누구도 알 수 없는 것이다. 아무리 대단한 성자의 말이라도 그 어떤 증거도 없고 그가 하는 그냥 말뿐이니 본질일 수 없다.

자, 지금부터 신의 본질을 철저하게 부숴주겠다.

내가 볼 때, 신을 모시기 위해 돈을 필요로 한다는 것은 이 세상에서 가장 큰 모순이고, 가장 터무니없는 거짓말이며, 가장 대담한 사기다. 오죽하면 나는 무당집에 찾아가 짙은 화장과 화려하게 차려 입은 무당 그리고 그들의 뒤에 앉은 수많은 인간이 상상으로 만들어 낸 가짜 신상들을 가리키며, 나는 "저기 뒤에 있는 당신들의 신이 정말 돈이 필요하다고 하던가? 그 신이 돈을 달라고 하더냐?"라고 다짜고짜 물었다. 하지만 돌아온 대답이 무엇이었는지 아는가? 근본 없는 욕설과 분노였다. 뭐 하지만 내가 깽판치고 부수고 나왔으니 내가 이겼다. ㅋㅋ

왜? 그들의 반응이 그랬을까? 그것은 누구나 알고 있지만 누구도 앞에서 당당하게 묻지 못하는 그들이 감추고 있는 본질을 너무나도 적나라하게 들추어 냈기 때문이다. 그동안 그 누구도 적나라하게 신을 비판하고 욕을 할 수 없었을까? 왜? 그 이유는 딱 하나다. 혹시나 신을 욕했다가 자신이나 가족에게 안 좋은 일이 생길까 하는 알 수 없는 불안감 때문이다. "신? 욕 좀 하면 어때? X 같으면 신도 욕할 수 있는 거지? 안 그래? 욕 좀 먹었다고 벌을 내리면 그게 신이냐? 인간만큼도 못한 속 좁은 버러지지."

자, 여기서 아주 간단하게 '역지사지(易地思之)'의 입장에서 생각해 보자.

당신이 믿는 어떤 신이라도 좋다. 예수든, 부처든, 알라든, 하느님이든, 하나님이든, 천신이든, 옥황상제든 그 어떤 신이라면 무엇이든 상관없다.

이제부터 이 글을 읽는 <u>당신이 바로 그 '신'</u>이라고 상상해 보라.

그런데 어느 날, 당신이 모르는 곳에서 당신의 이름을 팔아 사람들에게 헌금 걷고, 보시를 강요하고 굿 값을 받고, 기도비를 챙기는 인간들이 우후죽순 나타난다. 당신을 믿는 사람들은 그 돈이 당신에게 바쳐진다고 믿는다. 그런데 그 돈이 어디로 가는지 살펴보니, 당신에게 오는 것은 한 푼도 없고 오직 그들의 뱃속으로만 흘러 들어가고 그 돈은 국가에 세금으로 1원도 내지 않으며 오로지 당신을 팔아서 자기들의 이익을 위해 호의호식하는 것에만 쓰인다. 아 물론 당신의 진짜 모습도 아닌, 사람들을 홀리기 쉬운 형태의 모습의 동상을 세우고 벽에 전시까지 해가며 더 많은 이를 끌어들이기 위해 더 비싼 부동산을 매입하고 그곳에 교회도 세우고 절간도 짓고 사당도 세운다. 1명 열외 없이 모두 같은 형태로 말이다.

자, 이제 '신'으로서 당신이 직접 대답해 봐라. 만약 진짜로 천국과 지옥이 있다면, 이렇게 당신을 팔아 본인의 배때기를 채운 이 인간들은 어디로 가야 하는가? 당신의 이름을 팔고 진짜 당신의 모습도 아닌 가짜 동상과 모형으로 자기 배를 불린 자들을 천국으로 보내겠는가, 아니면 지옥으로 보내겠는가?

자 그럼 이제 또 하나의 예를 들어보자. 이번에는 당신이라는 '신'에게는 아무런 관심이 없는 '철수'라는 사람이 있다. 그는 그저 자신의 가족을 위해, 최선을 다해 하루하루를 자신을 위해 성실히 살아가고 있다. 신앙 같은 것에는 관심이 없다. 아니 정확하게는 관심을 가질 여유도 시간도 없다. 하지만 철수는 누구보다 정직하고 성실하다. 가끔 시간이 날 때면 어렵게 번 돈 중 일부를 자기보다 더 힘든 사람들을 위해 늘 작은 나눔을 실천한다. 하지만 오직 당신을 믿지 않는다. 아니 정확하게는 '믿음'이라는 개념도 없으며 관심도 없다. 그러면 이런 이유로, 신을 믿지도 관심도 없는 사람들은, 철수는 지옥에 떨어져야 하는 것인가?

다시 한 번 '신'으로서 답해보라. 정말로 당신 "신"을 믿지 않았다는 이유 하나만으로 당신은 철수를 지옥으로 보낼 것 인가? 이것이야말로 '신'이라는 이름을 팔아 장사하는 자들이 만들어 낸 가장 어처구니없는 논리 아닌가?

사실 여기에는 내가 전에 경험한 그 어떤 논리로도 설명할 수 없는 깊은 고민과 경험이 들어있다. 기억하는가? 4장에서 내가 신병(神病)을 겪으며, 무당 집과 교회, 절을 찾아다니며 했던 질문과 그 대답들을. 그때 그 누구도 명확하게 대답하지 못했던 나의 질문이 있었다.

"당신들이 신이라 부르는 그 존재가 돈이 필요하냐?" 난 오로지 이것 밖에는 궁금한 것이 없었다. 사실 더 정확하게는 내가 그들에게 물은 것인지, 아니면 정말 나의 몸속에 그 어떤 '신'적인 존재가 들어와서 그들에게 물은 것인지 난 지금도 알 수 없다. 그때 당시 내가 얻은 그들에게 들은 답은 침묵 아니면 분노, 욕설뿐이었다. 그게 바로 그들이 진짜로 섬기는 신의 본질이었다.

나는 종교 자체를 부정하는 것이 아니다. 아니 오히려 신앙이나 종교는 오랜 세월 우리 인간이 살아가는 데 있어서 중추적인 역할을 해왔다. 그것 자체를 부정하려는 것이 절대로 아니다. 나 또한 분명, 이 우주를 초월한 거대한 존재를 믿는다. 나는 그것을 '하늘'이라 부른다. 내가 믿는 하늘은 돈이나 헌금, 굿 값 따위를 원하지 않는다. 하늘은 내 인생에 일어나는 모든 일에 의미를 부여하거나, 사사건건 간섭하지도 않으며 오로지 내가 스스로 성장하고 내가 나의 운전대를 잘 잡고 가는지만을 보고 스스로 깨닫기를 기다리며 그저 나를 지켜볼 뿐이다.

요즘 신을 팔아먹는 자들은 언제나 인간의 불안과 공포를 이용한다. 죽음, 지옥, 벌, 천국. 그들은 끊임없이 당신에게 두려움을 심어주고, 돈을 내라고 요구하며, 맹목적인 믿음과 복종을 강요한다.

이것이야말로 신을 이용한 가장 정교하고 사악한 공포 마케팅이다.

결국, 신의 이름을 팔아 돈을 요구하는 순간, 그 존재는 이미 신이 아니다. 그것은 인간의 욕망으로 전락한, 더 이상 신성하지 않은 장사치일 뿐이다.

진짜 신이라면, 인간의 지갑이 아니라 인간의 삶을 본다. 그 눈길은 기도의 횟수나 헌금 액수가 아니라, 각자가 삶 속에서 어떤 행동을 하며 살아왔는지를 오직 바라볼 것이다.

이것이 바로 7장에서 내가 이야기하고 싶은 모든 것의 시작이자 끝이다.

"신이 돈을 필요로 한다는 순간, 그 신은 이미 신성을 잃고 인간의 욕망으로 전락한 것이다."

이제 당신이 이 글을 읽고도 계속 헌금을 내고, 굿 값을 바치고, 기도비를 낼 것인지 다시 생각해 봐라. 진짜 신이라면 절대 돈을 원하지 않는다. 진짜 신이라면, 오직 당신의 삶을, 당신의 마음을, 당신의 진실한 행동만을 원할 것이다.

이 단순한 진실을 결코 잊지 마라. '신'은 절대로 돈이 필요 없다.

이것이 내가 말하는 '신'의 본질이다.

7-2
조상신, 장군신, 동자신…
그건 다 귀신이다

"나는 천신(天神)을 모신다.", "나는 장군신(將軍神)의 제자다."

지금도 수많은 무당이 이런 말을 지껄이며, 자신이 더 대단한 신을 모시는 것처럼 행세한다. 하지만 나는 이 책을 통해, 그들이 쓰는 단어의 본질부터 바로잡고 싶다. 내가 4장에서 신병을 앓으며 수많은 무당을 만났을 때, 그들에게 공통적으로 던졌던 질문이 있다.

첫 번째 "신이 돈이 필요한가?", 두 번째 "당신들이 모신다는 그 인격을 가진 장군신, 동자신, 할머니신, 조상신… 그들 모두, 살아있을 때는 '사람' 아니었는가?"

사람이 죽으면 '귀신(鬼神)'이 되는 것이지, 어떻게 '신(神)'이 되는가? 죽은 이순신 장군은 위대한 '영웅'이자 '위인'이지만, 그는 신이 아니다. '신'이라는 단어를 그렇게 함부로 가져다 붙이며, 죽은 자의 영혼을 당신들의 장사에 이용하지 마라. 위대한 장군의 인생을 살다간 인물이 쪽방의 신당에 앉아 무당들의 몸을 빌어 점을 친다는 게 상식적으로 말이 되냐? 당신들이 하는 '신점'은 신의 점괘가 아니라, 그저 '잡귀신점'일 뿐이다.

하지만 지금 우리 사회는 이 말장난을 넘어선, 더 큰 문제에 직면해 있다.

나는 이 세상 모든 직업을 존중한다. 가장 어두운 곳에 있는 성 노동자조차도, 그들의 삶과 선택은 존중한다. 하지만, 내가 결코 존중할 수 없는 단 하나의 존재가 있다. 바로 '무당'이다. 언제부터인가, TV와 유튜브, SNS, 심지어 영화와 드라마까지, 이 땅은 온통 무당과 무속을 기반으로 한 자극적인 콘텐츠로 넘쳐나고 있다. 유명 연예인이 무당이 되어 TV에 나와 점을 치고, 옆에 앉은 패널들은 그를 '신비로운 존재'인 양 존중하고 앉아있다.

이것이 과연 바른 모습인가? 불과 10~20년 전만 해도, '무당'은 스스로 '신들렸다'고 여기는, 저주에 가까운 직업이었다. 자신의 의지와는 상관없이 신을 모셔야만 하는 고통스러운 삶이었기에, 그 누구도 당당하게 내세우지 못했다. 하지만 지금은 어떤가? 노망난 늙은 만신부터 스스로를 'MZ 무당'이라 칭하는 것들까지, 개나 소나 신을 받았다고 떠들며 사람들의 불안을 먹고 산다. 이것은 정말로 심각한 사회 문제다.

최근 뉴스에서 심심치 않게 접하는 '무속인 사기'나 '가스라이팅' 사건들이 왜 벌어지는지 아는가? 그 원리와 그렇게 될 수밖에 없는 이유를, 내가 아주 정확하게 이야기해 주겠다.

자, 여기 젊어서 이혼하고 밤낮으로 힘들게 일하며 딸 하나만을 바라보고 사는 어머니가 있다. 요즘 들어 하는 일마다 꼬이고, 엎친 데 덮친 격으로 사랑하는 딸까지 교통사고로 병원에 입원하여 그녀의 마음은 지옥과 같다. 그러던 중, 잠 못 드는 밤에 뒤척이다 본 유튜브에서, 한 무당이 "올해 닭띠, 사고수 조심!"이라고 말하는 영상을 보게 된다. "어? 나 닭띠인데..." 그녀는 지푸라기라도 잡는 심정으로, 마지막 남은 돈을 털어 어렵게 그 무당을 찾아간다.

그 결과는 어땠을까? 무당은 그녀의 절박하고 불안한 눈빛을 정확히 꿰뚫어 보고는, 나지막이 말한다. "조상이 노했어. 당신 딸, 그냥 사고가 아니야. 이대로 두면 제 명에 못 살아. (씨부랄 그 놈의 조상귀신들은 왜 그렇게 맨날 노하는지 모르겠다.)"

그리고 여기서 끝이 아니다. 그들은 한 발 더 나아간다. "당신 '신가물'이야. 너 신 받아야 해 당신이 신을 받지 않으면, 그 모든 액운이 딸에게 갈 거야. 당신 딸이 대신 신을 받아야 할 수도 있어." 이건 그냥 마치 정해진 공식과도 같다.

자, 이제 이 어머니는 어떤 선택을 할 수 있을까? 세상 어떤 부모가 자기 자식이 무당이 되게 만들고 싶겠는가? 이것이 바로 그들이 쳐놓은, 빠져나갈 수 없는 잔인한 덫이다. 요즘 '무당 100만 시대'라고 한다. 심지어 요즘 무당 학원까지 있으니 말 다했다. 결국 이 어머니는, 그 덫에 걸려든 또 한 명의 사냥감이 될 뿐이다. 그녀는 그 무당을 따라 본인을 가르쳐 줄 '신어머니'라는 사람에게 이끌려가고, 수천만 원짜리 '신내림' 굿을 실행하며, 그 신엄마란 작자와 처음 찾아갔던 그 무당은 둘이 굿 값을 나눠 갖고 애동 하나 드려서 "신팔이 다단계"를 완성하게 된다. 그렇게 오로지 딸을 걱정하던 어머니는 팔자에도 없는 무당이 되어 '애동제자'가 된다.

바로 "네 딸이 죽는다."라는 그 한마디가, 그녀를 더 깊은 지옥으로 밀어 넣는 완벽한 주문이 된 것이다. 그 어떤 부모가, 내 자식이 죽는다는 저주 앞에서 이성적인 판단을 할 수 있겠는가? 그녀는 없는 살림에 빚까지 내어 온갖 굿을 하고 기도비를 바치며, 결국 신용불량자가 되어 딸과 함께 더 깊은 나락으로 떨어진다.

이것이 바로 요즘 '신의 장사꾼'들이 하는 짓이다. 그들은 인간의 가장 약한 부분, 특히 '가족'에 대한 사랑과 불안을 파고들어, 그들의 영혼까지 착취한다.

최근의 영화 '파묘'가 천만 관객을 넘고, '신들린 연애'처럼 무당들이 출연해 서로의 운명을 점쳐주는 예능이 인기를 끄는 이 기괴한 현상을 보라. 영화 드라마 할 것 없이 무속을 다루는 것이 하나의 트렌드가 되었다. 나는 이 콘텐츠들을 만드는 PD나 작가들에게 묻고 싶다. 당신들은 정말 이 '무속'이라는 것을 존중해야 할 우리의 문화라고 생각해서 이런 것들을 만드는가?

웃기지 마라. 당신들의 유일한 '신'은 '시청률'과 '돈'뿐이다. 당신들은 그저, 인간의 원초적인 불안과 호기심을 자극하면 돈이 된다는 사실을 그 누구보다 잘 아는 장사꾼일 뿐이다. '파묘'가 성공한 것은 그것이 '오컬트 영화'로 재미있었기 때문이지, 무속이 위대해서가 아니다.

진짜 문제는, 당신들이 만들어 낸 그 화려하고 자극적인 콘텐츠가, 지금 이 순간에도 절박하게 어딘가에 기대고 싶은 사람들에게 "무당을 찾아가는 것이 괜찮은, 심지어 힙하고 트렌디한 해결책일 수 있다."라는 환상을 심어 주고 있다는 점이다.

당신들은 '종교의 자유'라는 이름 뒤에 숨어, '귀신 장사꾼'들에게 날개를 달아주고 있다. 당신들이 만들어 낸 '신비로운 무당'의 이미지가, 오늘 또 다른 '달봉이'와 '딸을 둔 어머니'를 그들의 소굴로 이끄는 초대장이 되고 있다는 사실을 정녕 모르는가?

방송을 만드는 자들이여, 책임을 가져라. 당신들이 시청률이라는 탐욕에 눈이 멀어, 사람들의 불안을 팔아먹는 무당들의 마케팅 대행사 노릇을 하는 동안, 당신들의 그 탐욕으로 인해 수많은 사람의 삶이 나락으로 떨어지고 있다. 당신들의 그 '자극적인 콘텐츠'가, 누군가에게는 돌이킬 수 없는 '재앙'이 될 수 있다는 본질을 외면하지 마라.

혹자는 이렇게 말할지도 모른다. "모든 무당이 사기꾼은 아니다. 진심으로 사람들의 고통을 덜어주려는 선한 무당도 존재하지 않는가?" 나는 그 위선적인 질문에, 내 모든 것을 걸고 답하겠다. 아니다. 일부가 아니라, 100% 전부 사기꾼이다.

솔직히 말하면, 나 역시 마음 한구석으로는 "99.9%는 사기꾼이고, 어딘가에 정말 진실된 0.1%의 무당이 있을지도 모른다."라고 믿고 싶다. 하지만 내가 왜 그 0.1%의 여지조차 주지 않고 100%라고 단언하는지 아는가? 이 글을 읽는 수많은 가짜들이, "아, 나는 그 0.1%에 해당해."라며 스스로 합리화하고 안위할 그 꼴을, 나는 눈 뜨고 볼 수 없기 때문이다. 0.1% 당신이라면 내 앞으로 나타나라. 그러면 내가 정식으로 사과할 테니.

여기서 우리는 무당이라는 존재의 '본질'을 역사적으로 짚고 넘어갈 필요가 있다.

태초에, 과학이 발달하기 이전 시대의 무당은 '제사장'이었다. 나라에 가뭄이나 역병이 돌 때, 그들은 왕과 민초를 대신해 하늘에 제를 올리고 공동체의 안녕을 위해 간절히 기도했다. 신라의 왕호였던 '차차웅'이 '무당'을 뜻하는 말이었다는 사실은, 고대의 무당이 얼마나 높은 사회적 지위를 가졌는지를 보여준다. 그들의 역할은 사적인 이익이 아닌, 공익을 위한 숭고한 것이었다. 그런데 지금 당신들, 무당 나부랭이들이 도대체 무엇을 위해 존재한단 말인가. 당신들은 공수를 잘 내려달라고 기도 한다지. '공수'가 무엇인가? 신의 목소리? 신의 말? ㅋㅋㅋ, 장난하나?

그냥 "오늘 점 잘 치게 해주세요. 그래서 사람들이 나에게 홀려서 더 많은 복채와 굿 값을 갖다가 받치게 해주세요. 그래서 저 잘 먹고 잘 살게 해주세요." 정확하게 이거 아냐?

내가 본질에 대해 이야기했지 않은가. 무당은 애초에 개인의 길흉화복이나 점쳐주는 존재가 아니라니까? 단단히들 착각하고 있네. 나를 희생하여 하늘에 제를 올리는 '제사장', 그 이상도 이하도 아닌 존재라고.

혹자는 이렇게 이야기할 수 있다. "그래도 잘 맞추는 무당도 있는데요?"

맞다. 그래서 "귀신이 곡할 노릇"이라는 말도 있지 않은가? 말 그대로, 당신들이 상대하는 '귀신'은 죽은 사람의 영혼이기에, 때로는 산 사람의 과거를 기가 막히게 알아맞힐 수도 있다. 내가 진실을 이야기해 줄게. 용하다는 무당 나부랭이들, 즉 귀신은 네가 알고 있는 것을 알아. 그리고 네가 모르는 것은 그 귀신도 몰라. 이게 팩트야. 그러니 네가 아는 것을 맞췄다고 놀랄 필요 없어. 과거를 알았다고 미래를 그 귀신이 맞출 수는 없는 거야.

자 그러면 지금의 무당은 무엇을 위해 존재하는가? 개인의 불안을 파고들어 미래를 점쳐주고 돈을 번다. 대체 언제부터 '무당 = 점 보는 사람'이라는 공식이 생긴 것인가?

하지만 '미래'를 맞추거나 '예언'한다는 것은 전혀 다른 차원의 이야기다. 그것은 운이 좋아 찍어서 맞추는 것에 불과하다. 만약 그들에게 정말 미래를 보는 능력이 있다면, 왜 그 힘들게 앉아서 굿을 하고 점을 보며 돈을 벌겠는가? 로또 번호나 주식, 코인을 예측해서 혼자 부귀영화를 누리면 될 것을. 왜 마음이 아픈 사람들에게 두려움이라는 무기를 가지고 겁박해서 '삥'이나 뜯는, 삼류 양아치만도 못한 짓을 하는가? ㅋㅋ 근데 진짜로 개웃긴 건 내가 무당한테 그럼 주식, 코인, 로또 같은 거 좀 맞춰 주라고 하면 뭐라 하는지 아는가? 그것은 안 알려 주신단다. 신령님이 ㅋㅋㅋㅋ 아니 코미디도 이런 코미디가 없다. 진정 하늘이 무섭지 않은가?

만약 당신이 정말 그 0.1%에 해당하는 진짜라고 생각하는가? 좋다. 그렇다면 내 앞으로 나타나라. 나와 '영적 대결'을 하자. 당신들이 모신다는 그 신령이 미래를 본다고? 아주 간단하게 증명해 봐라. 이번 주 로또 번호 6개를 정확히 맞추면, 내가 당신을 '신'으로 인정해 주겠다. 아니 그게 어려우면 내일 코스피 지수를 정확하게 소수점까지 써내라.

아마 당신들은 "신은 전지전능하지 않다."라고 변명하겠지. 좋다. 그 말을 인정하는 순간, 당신들은 더 이상 신이 아니다. 그때부터 당신들은 그냥 '귀신'일 뿐이다. 한낱 잉크 자국으로 찍힌 로또 번호 따위도 못 맞추면서, 어떻게 감히 '신' 행세를 하는가.

자, 이제부터 당신들이 왜 '징역감'인지, 법을 근거로 이야기해 주겠다.

형법에서 '사기죄'는 다음 네 가지 요건이 충족될 때 성립한다. 첫째, 거짓말로 상대를 속이는 행위(기망행위). 둘째, 그 거짓말에 속아 피해자가 잘못된 판단을 하는 것(착오). 셋째, 속은 피해자가 돈이나 재산을 넘겨주는 행위(처분

행위). 넷째, 사기꾼이 이익을 얻고 피해자가 손해를 보는 것.

이제 당신들의 행위를 여기에 대입해보자. 내가 앞에서 증명했듯이, 당신들이 하는 것은 '신점'이 아니라 '귀신점'이다. 죽은 사람의 혼령을 가지고 노는 것뿐이다. 그런데도 당신들은 버젓이 '신'의 이름으로 점을 본다고 말한다. 이것이 바로 첫 번째, 상대를 속이는 '기망행위'다. '귀신'을 신으로 표현한 것부터가 이미 너희들은 사기를 치고 있단 말이다. 차라리 간판이든 어디든 모든 홍보 문구에 '귀신점' '귀신받음' '귀신내림'이라고 쳐쓰거라.

절박한 사람들은 당신들의 그 거짓말에 속아, 당신들이 정말 신의 대리인이라고 '착각'하게 된다. 그리고 그 착오 속에서, 자식의 목숨을 구하기 위해, 혹은 사업을 성공시키기 위해, 당신들에게 수백, 수천만 원의 굿 값과 복채를 뻥뜯는다. 그 결과는 어떤가? 당신들은 그 돈으로 배를 불리며 '재산상 이익'을 얻고, 피해자들은 빚더미에 앉아 '손해'를 본다. 사기죄의 모든 요건이 완벽하게 성립된다. <u>애초에 신이 아니고 귀신인데, 신이라고 말하는 그 순간부터 당신들의 사기 행각은 시작된 것이다.</u> 당신들은 스스로가 파 놓은 덫에, 이미 완벽하게 걸려들었다.

니들, 진짜 뒤지고 싶냐? 나는 당신들이야말로 이 사회의 악(惡) 중의 악이며, '성공선동꾼' 따위와는 비교도 안 되는, 100만 배는 더 사악한 존재라고 생각한다. 아니, 당신들은 악마 축에도 못 낀다. 그저 사람들의 불안에 기생하는 '귀신', '허접 잡신'일 뿐이다.

나는 귀신 잡는 해병대다. 그래서 니들 잡으러 온 사람이야. 계속해서 그 같잖은 '신'의 이름으로 사람들을 현혹하고, 그들의 불안을 팔아 당신들의 배를 채운다면, 그때는 정말로, 내가 니들과 똑같은 방식으로 내가 가진 모든 걸 총동원해서 '강림(降臨)'하는 수가 있다.

그때는, 내가 당신들을 이 땅에서 전부 없애 버릴 것이다. 그러니, 아가리 닥치고 조용히 살아라.

벌어 먹고 살 게 없으면, 차라리 나가서 몸을 팔든가. 그것도 싫으면 노가다 판에 가서 벽돌이라도 나르고, 식당에 가서 그릇이라도 닦아라.

개처럼 땅바닥을 기면서, 정직한 땀으로 돈 버는 법부터 다시 배워라.

개-돼지 마냥 분이나 처바르고, 어디 더럽게 우리나라의 신성한 한복을 곱게 차려 입고 앉아서, 사람들의 피눈물로 당신들의 배를 채우는 그 역겨운 짓거리는 그만두라는 말이다.

특히, 점집 간판에 스스로 '보살'이라고 자처하는 것들. 내가 당신들에게 묻겠다. 당신들은 정말 '보살(Bodhisattva)'이 무엇인지 알고 그 이름을 쓰는 건가? 보살은 당신들이 함부로 갖다 붙일 수 있는 그런 쌍스러운 단어가 아니다.

진짜 보살이란, 부처를 대신해 오로지 길 잃은 중생을 구제하기 위해, 스스로 인간 세상의 가장 낮고 어두운 곳으로 내려와 자신을 희생하고 모든 것을 내어주는 천사 같은 존재다. 그런데 니들은 무엇을 했는가? 돈 받고 점 보는 게 보살인가? 당신을 찾아온 절박한 사람들의 불안을 팔아 복채를 챙기는 것이, 과연 중생 구제인가?

'보살'이라는 그 위대한 이름을 더럽히지 마라. 당신들은 돈을 받는 그 순간부터, 이미 보살이 아니다. 당신들이 가진 것을 모두 나누어 줘도 부족할 판에, 오히려 그들의 것을 빼앗고 있지 않은가. 진심으로 경고한다. 당신들이 그렇게 남들에게 겁주며 팔아먹던 그 '살(煞)'을, 오히려 당신들이 쳐 맞고 집안 전체가 풍비박산 나고, 3대가 길바닥에서 객사하는 진짜 지옥을 맛보고 싶지 않다면, 이제 그만해라.

더 이상 귀신 가지고 사람들 홀리는 짓거리 그만두고, 조용히 사라지거라.

그리고 이 글을 읽는 모든 이들에게, 내가 반드시 전하고 싶은 말이 있다. 만약 당신이 스스로 무당을 찾아갔을 때, 그가 당신의 절박함을 무기 삼아 "당신의 사랑하는 누가 죽는다." 혹은 "당신이나 가족에게 큰 불행이 닥칠 것이다." 이처럼 저주에 가까운 부정을 쏟아낸다면, 그 순간 당신은 인생에서 가장 위험한 '정신적 바이러스'에 감염되는 것이다. 이것은 심리학에서 말하는 '부정 암시(Negative Suggestion)' 혹은 '노시보 효과(Nocebo Effect)'와 정확히 일치한다. 긍정적인 믿음이 신체에 긍정적인 효과를 내는 '플라시보 효과'와는 정반대로, 부정적인 예언이 실제 부정적인 결과를 불러오는 현상이다. 불편한 사실이지만 부정의 힘은 긍정의 힘보다 훨씬 더 강력하다.

무당이 던진 '너에게 불행이 닥칠 것이다.'라는 저주의 '씨앗'은, 당신의 가장 약한 마음, 즉 '불안'을 양분 삼아 자라난다. 그 순간부터 당신의 무의식은 그 저주를 증명할 증거만을 필사적으로 찾아 헤매기 시작한다. 길을 걷다 넘어지면 "그 무당 말이 맞았어.", 아이가 감기에 걸리면 "그 저주 때문이야."라며 모든 일상의 불운을 그 예언과 연결 짓는다. 이것이 바로 스스로 파멸로 이끄는 '자기 충족적 예언(Self-fulfilling prophecy)'의 완성이다.

결국 그 예언이 현실처럼 느껴지는 순간, 당신은 다시 그 무당을 찾아가게 되고, 더 큰 돈을 바치며 그의 말에 의존하는 '심리적 노예'가 되는 악순환에 빠지게 된다.

그러니 명심하라. 그런 저주에 가까운 부정의 소리를 듣자 마자 "응, 반사! 좆이나 까 잡숴."라고 외치며, 그 모든 부정의 씨앗을 단칼에 태워버리는 '정신적 방화벽'을 즉시 가동시킬 굳건한 마음가짐과 깡따구를 가지고 있지 않다면, 애초에 점집 근처에는 얼씬도 하지 마라.

무당 년놈들에게 경고한다. 난 니들보다 더 심한 신병을 겪어봤다. 그리고 지금 귀신 따위 안 모시고 남 등 안 쳐먹고도 잘살아. 그러니 주접들 고만 싸고 나가서 일해. 니깟년 것들 수십만 명이 나 뒤지라고 굿을 하고 지랄을 해도 나 못 이겨.

난 국가에서 인정한 '하늘님'의 주인이자 파트너야.

진짜 다 '살(煞)' 쳐맞고 뒤지기 전에 조용히들 숨어 살든가 사라져라.

믿음과 신성함, 그 본질을 묻다

우리는 7장의 앞에서, '가짜 신'들의 민낯을 보았다. 그렇다면 이제 진짜 중요한 질문을 던져야 한다. "우리는 왜, 그토록 쉽게, 저런 가짜들에게 '믿음'을 바치는가?"

이 질문에 답하기 위해서는, 먼저 '믿음'이라는 감정의 본질부터 해부해야 한다. 믿음이란 대체 무엇인가? 철학자들은 '믿음(Belief)'과 '신념(Faith)'을 구분하기도 한다. '믿음'이 증거에 기반한 이성적 판단에 가깝다면, '신념'은 증거를 뛰어넘는 헌신과 신뢰를 의미한다고 말이다.

하지만 나는 이 모든 것을 더 단순하게 보고 싶다. 인간의 역사를 돌아보면, '믿음'의 기원은 생존과 직결되어 있다. 우리가 아직 과학이라는 무기를 갖기 전, 인류는 이해할 수 없는 자연 현상(천둥, 가뭄, 질병)과 죽음이라는 거대한 공포 앞에서 속수무책이었다. 그들은 이 혼돈 속에서 질서를 찾고, 두려움 속에서 위안을 얻기 위해 '믿음'이라는 것을 발명해냈다. 보이지 않는 초월적인 존재(정령, 신)를 상정하고, 그 존재가 이 세상을 설명해 줄 것이라고 믿기 시작한 것이다.

즉, 믿음의 가장 원초적인 본질은, 진실에 대한 확신이 아니라, 나의 '불안'과 '두려움'을 잠재우고 싶은 생존 본능에서 출발한다. '신의 장사꾼'들은 바로 이 인간의 가장 오래 됐으며 약한 고리를 파고든다. 그들은 '가짜 신성함(화려한 건물, 신비로운 의식'을 만들어 우리의 감각을 압도하고, 그 앞에서 우리의 이성적 판단을 마비시킨다. 그리고 우리의 불안을 먹이 삼아, 그들의 가르침에 대한 '맹목적인 의존'을 '숭고한 믿음'인 것처럼 포장한다.

그렇다면 우리가 추구해야 할 '진짜 믿음'이란 무엇인가? 물론 종교나 외부의 지식이나 가르침 또한 중요하다. 하지만 절대로 '신성'하다는 이유로 맹목적이면 안 된다는 말이다.

진짜 믿음이란, "내가 언제든 틀릴 수 있다."라는 것을 인정하는 겸손함 위에서, 오직 자신의 '경험'과 '본능(V)', 그리고 치열한 '삶'을 통해 얻어 낸, '나 자신에 대한 절대적 신뢰'다.

이제 우리는 진짜 '신성함'에 대해 이야기할 준비가 되었다.

"신성(神聖)하다." 영어로는 'holy'라고 한다. 그 어원은 '전체', '완전함', '건강함'을 의미하는 고대 언어에서 왔다. 언어적으로만 봐도, 신성함이란 어떤 초월적인 존재가 아니라, 온전하고 건강한 상태 그 자체를 의미했다.

하지만 지금 이 시대에 "신성함이 무엇인가?"라고 물으면, 누구도 제대로 설명하지 않는다. 그들은 그저 "신성한 것은 그냥 신성한 것."이라는, 텅 빈 순환 논리만 반복할 뿐이다. 나는 늘 의문이었다. 왜 우리는 그 오만한 대답 앞에서 순응하고 있는가?

우리는 흔히 화려한 예배당이나 웅장한 절, 혹은 무당의 신비로운 의식 속에서 '신성함'을 찾으려 한다. 비싼 옷을 입고 머리 위에 거룩한 모자를 쓴 종교 지도자들이 마치 신성의 화신처럼 여겨진다. 그러나 진정한 신성함이 그런 외적인 형식에 깃들어 있을까? 나는 결코 그렇게 생각하지 않는다. 하지만 진짜 신성함은, 오히려 우리가 무심코 지나치는 가장 평범한 일상 속에 있다.

태초에, 우리의 먼 조상들이 살던 부족 사회에서 '신성함'은 지금과는 전혀 다른 의미였다. 그들에게 신성함은, 공동체의 생존과 직결된 '실용성' 그 자체였다. 사냥이 잘되어 모두가 배불리 먹을 수 있을 때, 그 풍요로움이 신성함이었고, 아이가 건강하게 태어났을 때, 그 새로운 생명이 바로 신성함이었다. 농경 사회로 넘어와서는, 한 해의 농사를 좌우하는 비와 햇빛, 수확의 기쁨을 안겨주는 곡식과 자연에 대한 '경외심'이 신성함이 되었다.

하지만 어느 순간부터, 이 땅의 모든 평범한 것들 안에 깃들어 있던 신성함은, 인간 스스로 만들어 낸 화려한 건물과 의식 속에 갇혀버렸다. 물론, 어떤 사람들은 이렇게 반박할지 모른다.

"그래도 사람들은 왜 화려한 성당이나 웅장한 절, 거룩한 의식을 통해 신성함을 느끼지 않는가?"

그것은 진짜 신성함이 아니다. 그것은 거대한 공간과 장엄한 음악, 수많은 군중이 만들어 내는 '감각적 압도감'일 뿐이다. 인간은 거대하고 화려한 것 앞에서 자연스럽게 경외감을 느끼도록 설계되었다. '신의 장사꾼'들은 바로 이 인간의 본능을 이용하여, '감각적 압도감'을 '신성함'인 것처럼 포장하고 판매하는 것이다.

내가 생각하는 진짜 신성함은, 그런 번지르르한 껍데기 속에 존재하지 않는다. 오히려 우리가 무심코 지나치는 가장 평범하고도 치열한 삶의 순간에 깃들어 있다. 나를 삶의 나락에서 구했던 것은 화려한 종교 의식이나 거룩한 지도자의 축복이 아니었다. 그것은 내 어머니의 따뜻한 품속에서 느꼈던 절대적인 사랑, 나 자신보다 나를 더 걱정하고 사랑해 준 내 사람들의 헌신적인 마음이었다.

지금 우리가 살아가는 세상 속에는 누가 알아 주지도 않고, 칭찬하지도 않는 길을 묵묵히 걸어가는 수많은 '달봉이'가 있다. 삶의 무게를 견디며 흘리는 그들의 땀방울이야말로 진정 거룩하고 아름다운 것이 아닐까?

추운 겨울, 거리에서 손을 호호 불며 붕어빵을 구워 파는 할머니의 거친 손길에서조차 나는 그런 따뜻함과 거룩함을 느낀다. 그녀가 건네는 따끈한 붕어빵 속에는 그 어떤 성물(聖物)보다 깊고 숭고한 마음이 깃들어 있었다. 이뿐만이 아니다. 이름도 얼굴도 모르는 환자를 위해 밤을 지새우는 <u>간호사의 헌신</u>, 모두가 잠든 새벽 거리를 묵묵히 청소하는 <u>환경미화원의 책임감</u>, 그리고 재난 현장에서 자신의 목숨을 걸고 타인을 구하는 <u>구조대원의 희생정신</u>에서도 나는 진짜 신성함을 본다.

결국 진정한 신성함은 외부의 '신'에게 빌려오는 것이 아니라, 우리 내면에 이미 자리 잡고 있는 가장 인간적인 감정과 행동 속에서 찾을 수 있다.

- 아이에게 젖을 물리는 어머니의 품속.
- 사회의 어두운 곳에서, 자신보다 가족을 위해 묵묵히 일하는 아버지의 땀방울.
- 일상의 무게를 묵묵히 짊어지고 살아가는 모든 평범한 사람들의 순간들.

이것이야말로 진짜 신성함이다.

우리는 더 이상 '신성함'을 저 높은 곳의 신전이나 화려한 의식에서 찾으려 해서는 안 된다. 진정한 신성함은 바로 우리 안에, 가장 인간적인 그 마음속에 이미 존재하고 있다.

신은 멀리 있지 않다. 우리가 바로 그 신성함의 주인이고, 우리가 살아가는 이 일상의 순간들이 바로 신성함 그 자체다.

7-4 신(神)과 종교는 죄가 없다, 신을 팔아먹은 인간이 죄인이다

나는 절대 신이나 종교가 잘못됐다고 생각하지 않는다. 하늘님, 천신, 하느님, 하나님, 예수님, 부처님도 그 가르침의 본질은 모두 위대하다고 생각한다. 그것들은 인간의 삶을 더 나은 방향으로 이끌기 위해 오랜 세월 동안 축적되어 온 지혜이며, 우리 모두가 마음 깊이 존중해야 할 인류의 위대한 유산이다.

내가 지금까지 비판하고, 분노하며, 해체하려고 했던 대상은 결코 종교나 신, 그 자체가 아니다. 오히려 나는 종교의 본질과 신성의 가치를 진심으로 믿기에, 그 순수한 가르침을 왜곡하고 오염시키는 자들에 대해 용서할 수 없는 분노를 느끼는 것이다.

진짜 문제는 '신'이라는 위대한 이름을 빌려 자신의 탐욕을 채우는, '신을 팔아먹는 인간'이다.

그들의 창시자가 과연 그렇게 가르쳤는가? 예수는 말했다. "너희가 거저 받았으니 거저 주어라." (마태복음 10:8) 또한, 자신의 아버지, 즉 이스라엘의 신 '야훼'의 성전에서 장사하는 자들을 향해 채찍을 휘두르며 "내 아버지의 집으로 장사하는 집을 만들지 말라."라고 분노했다. (요한복음 2:16) 예수는 가난한 과부의 두 렙돈(가장 작은 동전) 헌금을 가장 칭찬하며, 그 어떤 부자의 헌금보다 귀하다고 말했다. 그는 단 한 번도 우리에게 돈을 요구하지 않았다.

부처는 또 어떠했는가? 법구경에는 이런 말이 나온다. "탐욕보다 더 무서운 불은 없다." 그는 평생을 무소유의 삶을 실천하며, 제자들에게도 오직 의복과 음식을 담을 발우 하나만을 가지고 다니며 진리를 구하라고 가르쳤다. 부처는 자기 불상으로 만들어 금칠하고 보시라는 이름으로 돈을 걷고 그 돈으로 비싼 의복을 쳐 입고 다니며 값비싼 향과 촛불로 자신을 모시라고 말하지 않았다.

그 모든 거짓된 거래와 욕망, 그리고 탐욕스러운 계산은 오직 인간들만의 창조물일 뿐이다.

역사를 돌아보자. 종교가 생겨난 근본적 이유는, 인간이 감당할 수 없는 삶의 무게와 두려움 앞에서 서로를 지탱하고 위로하기 위해서였다. 하지만 어느 순간부터 그 숭고한 '사랑'을 추구하는 본질은 사라지고, 그 자리를 탐욕으로 가득 찬 인간들이 차지해버렸다.

사람들은 삶이 고통스러울 때, 그 절박한 마음으로 종교와 신을 찾는다. 그리고 '신을 파는 자들'에게 그 순수한 신뢰는 가장 좋은 먹잇감이 된다. 그들은 사람들의 절박함을 파고들어, "돈을 내면 구원받을 수 있다."라는 달콤한 거짓말로 그들을 유혹한다. 이것은 인류가 수천 년 동안 쌓아온 가장 위대한 가치 중 하나인 '믿음'과 '신뢰'를 악의적으로 파괴하는 범죄다.

여기에 내가 전에 이야기한 사랑과 두려움, 그것을 신앙의 관점에서 바라보면 신앙심과 공포심으로 나눌 수 있다. 많은 심리학자들과 철학자들은 오랜 세월 동안 인간의 모든 감정을 궁극적으로 두 가지 본질로 압축해 왔다. 바로 '사랑'과 '두려움'이다. 미국의 저명한 정신의학자이자 심리학자인 엘리자베스 퀴블러 로스(Elisabeth Kübler-Ross)는 "모든 인간 감정의 근본은 사랑과 두려움이다. 모든 긍정적인 감정과 행동은 사랑에서 비롯되며, 모든 부정적인 감정과 행동은 두려움에서 비롯된다."라고 명확하게 정의했다. 영성 서적의 고전인 『기적수업(A Course in Miracles)』에서도 같은 메시지를 강조한다.

"인간이 행동하는 근본적 동기는 단 두 가지뿐이며, 그것은 사랑이거나 두려움이다."

이러한 개념을 종교와 신앙의 영역에 적용해 본다면 어떨까? 사랑은 우리가 흔히 말하는 순수한 '신앙심'으로 나타난다. 신앙심이란 무조건적이고 순수한 마음으로 신과 종교를 신뢰하는 것이다. 그것은 어떤 대가도 바라지 않으며, 그저 내가 믿는 신의 가르침을 따르고자 하는 마음이다. 신앙심의 본질은 결국 사랑이다. 신과의 관계에서 사랑은 따뜻하고 안전하며, 평화롭고 충만한 감정이다. 그것은 삶의 모든 상황을 포용하며, 다른 사람에게 관대하고 자비로운 태도를 갖게 만든다.

반면 두려움은 신앙에서 '공포심'으로 나타난다. 이것은 신앙의 껍데기를 쓴 가장 교묘하고 위험한 형태의 감정이다. 신을 진심으로 사랑하고 헌신하는 것이 아니라, 신의 처벌이나 벌을 받을지도 모른다는 불안에서 시작되는 믿음이다. 공포심은 강박적인 종교 행위를 부추긴다. 매일같이 습관적이고 기계적인 예배와 기도, 헌금, 헌물을 요구하며, 이런 행동을 하지 않으면 나에게 혹독한 벌이 내려질 거라는 불안감에 시달리게 만든다. 결국, 이것은 신을 믿고 사랑하는 것이 아니라, 신에게 벌받지 않기 위해 두려움에 떠는 것이다.

지금 이 글을 읽고 있는 당신들이 가진 신앙은 어떤 모습인가? 당신이 지금 종교를 믿고 행하는 이유가 무엇인가? 그것은 사랑에서 나온 순수한 신앙심인가, 아니면 처벌과 벌에 대한 공포심인가? 자신의 내면을 솔직히 마주하고 깊이 물어야 한다. "내가 믿는 신을 진심으로 사랑하고 있는가, 아니면 신에게 나와 내 가족이 벌을 받지 않기 위해 두려움 속에서 신앙이라는 허울 좋은 껍데기를 쓰고 있는가?"

당신의 신앙생활이 평화와 사랑, 충만함을 가져오는 것이 아니라, 혹시나 벌을 받거나 나와 사랑하는 나의 가족이 잘못될까 두려워 사랑으로 충만한 척 포장한다면 당신은 이미 사랑이 아닌 두려움의 덫에 걸린 것이다. 그것은 당신이 진심으로 원하는 신앙생활이 아니다. 또한, 그것은 신이나 종교가 진정으로 원하는 모습도 아니다.

우리의 마음속에 두려움이라는 공포심이 뿌리내리면, 종교는 더 이상 위안과 평화를 주는 존재가 아니라 우리를 괴롭히고 억압하는 존재가 되어버린다. 그 공포심에 사로잡힌 사람들은 신의 이름을 파는 인간들에게 쉽게 휘둘리고 이용당하게 된다. 그들은 당신의 공포를 먹이로 삼아 당신의 믿음을 왜곡하고, 결국 당신의 삶과 영혼까지 파괴한다. 힘들고 고달플 때 가는 곳이 교회당이나 절간 이라면 좋다. 하지만 의무적으로 학교를 가듯이 주말이면 가고, 초하루이면 가고 그러지 말란 말이다. 그것이 당신과 당신의 가정을 절대로 구원하는 길이 아니고 그 교회와 절간에 곡식창고만 배불리는 일이다.

이제 다시 한번 묻는다. 지금 당신이 가진 신앙의 본질은 무엇인가? 진정한 사랑과 신뢰에서 비롯된 순수한 신앙심인가, 아니면 신을 두려워하며 벌에 떨고 있는 공포심인가?

스스로에게 정직하게 물어봐야 한다. 이 질문의 답이 당신의 신앙생활, 더 나아가 당신의 삶 전체를 바꿀 수 있다. 진정한 사랑과 신앙심으로 회복할 것인가, 아니면 두려움과 공포심 속에서 계속 허우적거릴 것인가? 이제 선택의 순간이다. 모든 결정과 책임은 당신에게 달렸다.

이 글을 읽고 있을, 모든 '종교인'이라는 타이틀을 단 자들이여. 스스로 양심에, 그리고 당신들이 믿는다는 그 신 앞에, 얼마나 당당하고 양심적인지 다시 한번 물어라.

도대체 어느 성경 구절에, 어느 법구경에, 세상 '비싼 땅'에 교회를 세우고 멀쩡한 자연을 훼손해가며 산을 깎아서 절간을 지으라고 쓰여 있는가? 그러기 위해 온갖 그럴듯한 명목으로 사람들에게서 돈을 갈취하고, '이것은 신을 위한 것'이라며 마치 천국행 티켓을 팔듯이 돈을 받아서 이 핑계로 당신들의 욕심을 채우라고, 당신들의 신이 그렇게 가르쳤는가?

　종교는 신성하다는 이유로 세금 한 푼 내지 않으면서, 그렇게 모은 돈으로 당신들은 호의 호식 하고 있다. 정말로 당당하다면, 당신들 종교의 모든 운영 자금을, 재무제표를, 해마다 모든 신도들에게 투명하게 공개하라. 그러면 당신들이 모시는 그 신성한 신에게도, 당신들 스스로, 그리고 당신들에게 돈을 바치는 그 순진한 교인들에게도 당당하지 않겠는가?

　물론, 어떤 이들은 이렇게 반문할지도 모른다. "우리도 사람인지라 먹고 살아야 하지 않겠는가?"

　좋다. 그렇다면 내가 그에 대한 답을 주겠다. 그럼 당장 그 '종교인'이라는 타이틀을 떼어내라.

　당신들의 양심에 묻는다. 뭐 하러 그 짓을 계속하는가? 적어도 '종교인'이라는 이름을 달고 살고 싶다면, 당신들이 입으로만 떠드는 부처와 예수가 강조한 그 숭고한 희생과 사랑, 그 가르침만 전하며 살아라. 아주 최소한의, 먹고 자고 싸는 생존 외에는 그 어떤 것도 탐하지 마라. 곳간이 쌓이면 나눠라. 나누는 척만 하지 말고 진짜 나눠라. 만약, 신을 팔아 세속의 부와 명예, 그 모든 것을 다 누리고 싶다면, 당장 그 거룩한 옷을 벗고 세상으로 나와 다른 일을 찾아라. 그것은 너의 길이 아니니 말이다.

　니들이야말로 해야 할 것과 하고 싶은 것 하지 말아야 하는 것조차 명확하게 구분하지도 못하는 어리석은 자들이다. 그런데 니들이 뭔 자격으로 위대하고도 숭고한 예수와 부처의 가르침을 설파할 자격이 있는가 말이다.

　진짜 바르고 차도 다니지 않는 시골에서, 복지의 사각지대 산골짜기에서, 세상 가장 낮고 어두운 곳에서 본인을 희생해가며 사람들을 보듬고 살피는 진정한 종교인들까지 욕 먹이지 말란 말이다.

　계속 그렇게 Full소유의 종교인으로 살면 너희는 진짜로 지옥에 간다. 이건 진리이며 거짓말이 아니다. 나는 안다. 너희들이야말로 지옥 갈 대상 1순위라는 것을. 나는 분명히 이야기했다.

우리는 더 이상 이 중요한 차이를 외면해서는 안 된다. 다음 장에선 누군가 장사하고 왜곡한 신의 허상이 아니라, 우리의 역사에서 지워버리고 삶의 나락에서 나를 일으켜 세우고 나를 변화시킨 진짜 하늘에 대한 이야기를 할 것이다. 신과 종교는 결코 죄가 없다. 문제는 믿음이 아니라, 그 믿음을 거래로 전락시킨 인간이다. 오직 신을 팔아먹은 인간만이 가장 추악한 죄인일 뿐이다. 그들의 가면을 벗기고, 이제 진정한 신성함과 본질을 마주할 때가 왔다.

불량식품과 같은 불량지식

언더도그마(Underdogma)
약자는 항상 선하다는 착각

사람들은 이상하게도 가난한 사람은 착할 것이라고 믿는다. 돈이 없으면 순수하고, 가진 게 없으면 정의로우며, 힘없는 사람은 더 도덕적일 것이라 생각한다. 그래서 어떤 불합리한 일이 터지면 세상은 즉시 두 편으로 갈라진다.

"저 가난한 사람을 보라, 얼마나 불쌍한가.", "반대로 저 가진 놈은 분명 뭔가 잘못했을 것이다."

이렇게 '가진 자 = 악당', '못 가진 자 = 선인'이라는 게으른 공식이 자동으로 씌워진다.

과연 현실도 그럴까? 천만에. 욕망은 소유가 아닌 결핍에서 시작된다. 오히려 극한의 배고픔과 결핍은 더 잔인한 이기심을 자극할 때가 많다. 가난한 사람도 도둑질을 하고, 가진 게 없는 사람도 타인을 착취한다. 선과 악은 지갑의 두께로 나뉘는 성질의 것이 아니다.

그렇다면 우리는 왜 '약자는 선하다'는 착각에 이토록 쉽게 빠지는가? 이는 우리가 수많은 영화, 드라마, 뉴스를 통해 '언더도그마(Underdogma)'라는 서사에 깊이 중독되었기 때문이다. 언더도그마란 약자(underdog)는 무조건 선하며, 그들의 모든 행동에는 정당한 이유가 있을 것이라는 맹목적인 신념 체계다.

이 신념이 인간의 연민이라는 도덕 감정과 맞물리면, '강자는 악하고 약자는 선하다'는 명제는 단단한 진리처럼 굳어진다. 하지만 이것은 '현실'이 아니라, 무기력한 자신을 정당화하기 위한 '서사적 위로'에 불과하다. 우리는 세상을 있는 그대로 보지 않고, 믿고 싶은 대로 재단하는 것이다. 그리고 그렇게 생각하고 사고하게끔 만드는 사람들, 그리고 그로 인해 본인 주머니를 채우는 자들, 그래서 우리는 늘 껍데기보다는 의도, 즉 본질을 보아야 한다.

 그렇다면 우리는 무엇을 기준으로 판단해야 하는가?

 정의는 자산이나 계급, SNS의 '좋아요' 개수로 결정되지 않는다. 부자도 악인일 수 있고, 가난한 사람도 악인일 수 있다. 그 반대 역시 마찬가지다. 우리는 오직 '행동'과 그에 따르는 '책임감'을 기준으로 상대를 바라봐야 한다. 그가 어떤 상황에서 무엇을 선택했으며, 그 결과에 어떻게 책임을 지는가.

 결국 중요한 것은 누가 무엇을 '가지고 있느냐'가 아니라, 각자의 자리에서 어떤 방식으로 '살아내고 있느냐'이다. 이것이야 말로 『본질론』이 말하는 한 인간의 진짜 '존재의 무게'를 가늠하는 유일한 척도다.

STAGE 8

하늘과의 동업

(Feat. 하늘님)

누가 우리의 '하늘님'을 죽였나

지금부터 내가 하려는 이야기는 '살천사건(殺天事件)'이다.
살천(殺天): 하늘을 죽이다.
희생자는 역사 이전부터, 혹은 그보다 훨씬 오래 전부터 우리 민족이 숭배해 온 '하늘님'이다.
『삼국유사』에서 우리는 '하늘님'의 존재를 분명히 확인할 수 있다.
고구려의 '천제(天帝)' 신앙, 부여의 '영고', 고조선의 '단군신화'까지,
우리 조상들은 특정한 종교나 사상이 아니라, 저 푸른 하늘 자체를 최고신으로 숭배했다.
실제로 『조선왕조실록』이나 『승정원일기』를 찾아봐도,
민간에서 일상적으로 사용되던 신앙의 대상으로 '하늘님'이 분명히 등장한다.
그러나 지금의 현실을 보자.

- ❗ 『표준국어대사전』에서 '하늘님'을 찾아보면,
  '하느님'을 보라는 화살표(→)가 찍혀 있을 뿐이다.

- ❗ 교육과정에서도 '하늘님'은 방언이나 옛말로 처리되어
  '하느님'이나 '하나님'이라는 특정 종교의 신격으로 편입되고 있다.

- ❗ 역사책, 국어 교과서, 심지어 포털 사이트에서도
  '하늘님'이라는 말은 철저히 주변화되고 소외되었다.

이것은 우연히 잊힌 것이 아니다.
의도적으로 배제되고 삭제된 것이다.
마치 원래 이 땅의 주인이었던 '하늘님'이
후에 들어온 세입자들(유교의 天, 기독교의 하느님, 불교의 제석천 등)에 의해
밀려나고 지워져 이제는 집안의 어두운 벽장 속에 갇혀 있는 형국이다.
그러나 우리의 기억과 DNA 속에는 여전히
'하늘님'이라는 이름이 분명히 새겨져 있다.
이 책에서 내가 다시 주워 든 이름은
기독교의 하나님도, 천주교의 하느님도, 불교의 부처도 아니다.
그 어떤 종교도 독점할 수 없었던,
우리 민족 고유의 가장 원초적이고 근원적인 믿음, 인격 형태의 신이 아닌 그냥 근원 그 자체,
오직 우리의 머리 위 저 푸른 하늘, 바로 '하늘님'이다.

8-1 하느님, 하나님, 천신(天神)과 '하늘님' 그 단어의 본질

7장에서 나는 이 시대의 '신의 장사꾼들'이 어떻게 사람들의 불안을 먹고 사는지 이야기했다. 이제 나는 그들이 사용하는 가장 신성한 이름, '신(神)'이라는 단어의 본질적 껍데기부터 벗겨내려고 한다. 지금부터 내가 끊임없이 비판했던 무당들이 섬기는 '천신(天神)', 그리고 가톨릭과 개신교에서 각각 '하느님'과 '하나님'이라 부르는 신, 이 단어들의 어원의 본질부터 파헤쳐보자.

먼저 '천신(天神)'이라는 말부터 해체해 보자. 천신은 중국어 한자로 한글이 창제되기 전, 동아시아를 비롯 한민족에서도 흔히 널리 쓰이는 개념이었다. '하늘 천(天)'과 '귀신 신(神)'이 합쳐진 말로, 문자 그대로 해석하면 '하늘의 귀신'을 뜻한다. 이는 인간이 죽어서 하늘에 올라간 영혼이나 신령을 뜻하는 단어이다. 그러나 그의 역사와 전통은 점점 변질되어 우리나라에서 위엄 있고 뭔가 권위가 있는 무당들이 스스로를 천신줄 혹은 천신제자라고 정의하면서 '천신'은 특정한 인격을 가진 존재, 즉 인간과 거래할 수 있고 인간의 소원을 들어주는 존재로 말한다. 그래서 무당들은 '천신'이라는 이름을 걸고 하늘의 노여움을 달래야 한다거나, 복을 얻으려면 굿을 해야 한다며 사람들과 끊임없이 거래를 시도한다. 자, 그럼 우리 '천신(天神)'이라는 한자어를, 우리말로 그대로 풀어보자. '하늘 천(天)'에 '귀신 신(神)'이다. 이것은 명명백백 한문이고 중국어이다. 그럼 이제 우리는 한글로 이것을 정확하게 직역해 보자. 하늘의 귀신인가? 아닐 것이다.

우리 조상들이 예로부터 경외해 온, 이 땅의 진짜 '하늘'을 높여 부르는 우리 고유어는 오직 하나뿐이다. 옛사람들이 해와 달을 '해님', '달님'이라 부르고, 나라의 가장 높은 어른인 임금을 '임금님'이라 불렀듯, '하늘님'은 살아 숨쉬는 거대한 자연 그 자체이자, 우리가 발 딛고 선 이 세상의 근원적인 '시스템'을 의미한다. 개미가 인간을 알 수 없지만 존재를 느끼듯 인간은 절대 알 수 없는, 그냥 존재하는 '하늘' 그 자체이고 그것을 경외하는 마음으로 부르는 표현이 '하늘님'인 것이다.

'하늘님'은 그런 죽은 영혼이나 인간적인 신령과는 전혀 다른 존재이다. '하늘님'은 한국인이 오래 전부터 하늘과 자연의 섭리를 존중하고 경외하는 마음으로 부른 고유한 한글이다. 하늘님은 특정한 인격체가 아니며, 인간과의 거래나 요구를 하지 않는다. 오히려 하늘님은 모든 존재를 품고 관통하는 살아있는 자연의 법칙이자 우주의 거대한 흐름 그 자체로 존재할 뿐이다. 인간의 삶에 직접 개입하거나 거래하는 것이 아니라, 모든 존재가 각자의 자리에서 스스로 길을 찾고 살아갈 수 있도록 스스로 원칙과 질서를 지켜볼 뿐이다.

자, 여기서 '하느님'과 '하나님'의 이름은 어떻게 탄생했는지 역사적으로 짚고 넘어갈 필요가 있다.

1800년대 초, 천주교가 이 땅에 전파될 때 서구의 유일신(God, 야훼)을 한국인의 정신세계에 소개해야 하는 어려움이 있었다. 당시 조선인에게 '하늘'은 단순히 파란 창공이 아니라, 인간의 운명과 삶의 법칙을 주관하는 절대적이고 신성한 존재였다. '하늘님'을 섬기고 기도하는 민족이었다. 역사적 문헌을 다 뒤져보아도 '하느님' 이라는 단어는 '하늘님'에서 'ㄹ'이 탈락된 결과라고 명시하고 있다. 애국가에서 나오는 '하느님이 보우하사 우리나라

만세'의 하느님은 천주교의 하느님이 아니고 그 본질은 '하늘님'이다.

이를 알고 있던 천주(하늘의 주인이라는 뜻)교 선교사들은 조선인의 정신과 문화를 존중하는 전략으로 우리의 고유한 '하늘님' 개념을 차용해 '하느님'이라는 이름으로 신을 소개한 것이다. 그 결과, 한국인은 서구 종교를 비교적 친숙하게 받아들일 수 있었다.

그리고 한발 늦게 1800년대 후반에 들어온 개신교는 이미 천주교가 사용하는 '하느님'이라는 이름과 구별하기 위한 목적이 있었다. 같은 신을 믿으면서도 신학적 차이와 교파의 정체성을 명확히 하기 위해, 같은 의미에서 비롯된 이름이지만 '하나님'이라는 이름을 새롭게 만들어 낸 것이다. 결국, 같은 신을 두고 '하느님'과 '하나님'이라는 두 이름이 탄생하게 된 이유는 순수한 신앙적 필요가 아니라 각 정치적 목적에 의해 교단의 정체성을 강조하고 차별화를 두기 위한 현실적이고 전략적인 선택의 결과였다.

더욱 흥미로운 것은, 중국어 한자권에서 널리 쓰였던 '천신(天神)' 역시 그 뿌리를 깊이 파고들면 하늘을 절대적 존재로 여기는 동아시아 고유의 전통적인 관념에 닿아 있다는 점이다. 그러나 이 역시 무속인 년놈들이 인간의 소원과 두려움을 매개로 거래의 대상으로 여기면서 '하늘님'의 본래 의미와는 크게 달라졌다.

이제 우리는 이 다양한 이름들이 궁극적으로 어떤 본질에서 시작되었는지 명확히 깨달아야 한다. 이 모든 이름은 시대와 문화, 종교적 환경에 따라 다르게 표현되었지만, 본질적으로 한국인의 정신세계 깊숙이 존재하던 '하늘님'이라는 존재에서 출발했다는 사실이다.

우리 민족은 본래 하늘을 초월적이고 거대한 자연의 법칙이자 존재 그 자체로 경외하며 받아들였다. 하늘님은 종교가 아니므로 교주도 창시자도 없다. 오로지 존재하는 하늘이었다. 고구려나 부여, 신라의 제천의식이나, 농사가 잘 되고 풍요로워지기를 바라는 각종 전통적 의식들이 모두 하늘에 대한 경외와 감사에서 출발한 것이다. 예로부터 어머니가 과거 시험을 치르러 간 아들의 합격을 기원하기 위해 장독대에 정한수 한 사발 떠놓고 하늘에 기도하였고, 전쟁에 나간 남편이 무사귀환하길 바라는 마음으로 빌었던 그런 존재, 그것이 우리 민족의 삶 속에 깊숙이 뿌리내린 '하늘님'의 본질이다.

이제 우리는 더 근본적이고 중요한 질문을 던질 필요가 있다. 그토록 다양한 이름으로 신을 부르는 것이 중요한가? 아니면 그 이름들이 가리키는 단 하나의 본질, 즉 하늘이라는 거대한 존재와 그 흐름을 이해하고 받아들이는 것이 중요한가?

무당들이 섬기는 '천신'처럼 인간에게 재물을 바치며 소원을 비는 것도, 가톨릭과 개신교가 '하느님'과 '하나님'처럼 같은 신을 두고 다른 이름을 부르는 것도, 그 본질을 들여다보면 모두 인간의 필요와 욕심이 만들어 낸 결과물일 뿐이다.

나는 이게 진짜 너무 궁금했다. 우리는 어릴 때부터 '이름은 고유명사'라고 배웠다. 근데 이상하지 않은가? 왜 '신'이라는 존재의 이름은 멋대로 바뀌는가?

예를 들어보자. 이스라엘의 신, 야훼(Yahweh). 이게 서양으로 넘어가선 갓(God)이 되고, 다시 한국으로 들어오면서 '하나님', '하느님'으로 둔갑해 버린다. '신'이라는 존재는 그대로인데, 이름은 대륙 건너면서 막 바뀐다. 만약 진짜 '신'의 입장에서 보면, "야 이 XX들아, 왜 내 이름을 니들 맘대로 바꿔!" 하고 짜증낼 일 아닌가.

이쯤 되면 진짜 물어야지. '신'의 이름은 고유명인가, 아니면 그냥 인간들이 만들어 붙인 브랜드명인가?

이 어처구니없는 이름 장난은 특정 종교만의 문제가 아니다. 불교를 보자. 한 인간이었던 '고타마 싯다르타'가 깨달음을 얻었으니, 그의 상태를 나타내는 '깨달은 자(부처)'라고 부르는 것까지는 좋다. 그건 그의 이름이 아니라, 그가 도달한 경지에 대한 설명이니까.

하지만 '샤카 부족의 성자(석가모니)'라는, 그의 출신을 나타내는 칭호가 어느새 그의 진짜 이름을 집어삼키고 고유명사 행세를 하는 코미디는 어떻게 설명할 것인가? 역사를 보면 과정은 명확하다. 한 개인이, 한 가문과 사상의 상징으로 바뀌었고, 마침내 신으로 '승격'된 것이다. 여기서도 본질(고유한 이름)은 교묘하게 지워지고, 껍데기(칭호)만 남아 신격화되는 똑같은 코미디가 반복된다.

결국, 우리가 신성하다고 믿었던 그 모든 이름들은 인간이 만든 '브랜드명'에 불과했다. 우리는 그저 '야훼'라는 이스라엘산 브랜드를 수입해 '하나님'이라는 이름으로 팔거나, '싯다르타'라는 인도산 브랜드를 중국을 통해서 다시 이 땅으로 '석가모니'라는 이름으로 소비해왔을 뿐이다.

그렇다면, 이 모든 외산 브랜드들이 이 땅에 들어오기 전, 우리의 조상들이 느꼈던 원초적인 경외감의 대상, 그 '본질'은 무엇이었을까?

그 답은 우리의 고유한 정신 속에 이미 자리 잡아온 '하늘'이라는 살아있는 흐름을 본래의 의미대로 이해하고 받아들이는 것이 중요하다. 하늘은 인간과 돈으로 원하는 것을 거래하는 귀신같은 존재가 아니다. 하늘은 스스로 법칙과 질서 아래에서 모든 생명이 살아가고 흘러가도록 하는 근본적인 흐름이자 원리이다. 그냥 우리가 사는 이 세상 자체가 하늘 인 것이다.

이러한 관점은 17세기 철학자 스피노자(Baruch Spinoza)의 사유와 깊은 맥락에서 연결된다. 스피노자는 전통적 유대교의 인격신 개념을 거부하고, 신을 '자연' 그 자체로 정의했다. 그는 "Deus sive Natura(신 또는 자연)"라는 명제를 통해, 신은 초월적 존재가 아니라 존재하는 모든 것의 내재적 원리이자, 스스로 작동하는 질서 그 자체라고 보았다.

그에게 신은 인간의 기도를 듣고 간섭하는 대상이 아니라, 모든 사물과 생명의 존재 원인으로서 필연적 구조였다. 스피노자의 철학은, 신이 곧 우주의 흐름이고 법칙이며, 인간 역시 그 일부라는 점에서 우리 전통에서 말하는 '하늘님'의 본래적 의미와 통한다.

결국, 하늘님은 '부르는 이름'이 문제가 아니라 <u>존재를 구성하는 근본 리듬이자 조화의 법칙</u>이다. 그리고 우리가 진정으로 회복해야 할 신성함은, 신의 이름과 교리의 문제가 아니고 이 흐름을 이해하고 조율하며 살아가는 <u>깊은 감응과 통찰</u>이다. 스피노자가 말한 지성적 신의 이해, 우리가 말하는 하늘의 흐름, 그 둘은 각기 다른 언어로 같은 본질을 가리키고 있다. 우리가 진정으로 존중하고 경외해야 하는 것은 이름이나 호칭이 아니라, 바로 이 근본적이고 초월적인 존재 그 자체이다. 이것이야말로 우리가 잃어버린 본질이며, 회복해야 할 진정한 신성함이다.

물론, 누군가는 나의 이런 주장이 특정 종교를 비난하기 위한 억지라고 말할지도 모르겠다. 하지만 분명히 말하건대, 나는 그 어떤 종교도, 자랑스러운 우리 민족의 정신을 내세우려는 국수주의도 이야기하는 것이 아니다.

사람들은 "역사를 잊은 민족에게 미래는 없다."라고 입버릇처럼 말한다. 그렇다면 묻고 싶다. 왜 우리는 거대한 사상과 종교가 흘러온 역사에 대해서는 그토록 관대하며, 그 이름이 어떻게 변질되고 본질이 어떻게 지워졌는지에 대한 '역사'는 이토록 쉽게 잊고 무시하는가?

내가 말하고자 하는 본질은 단 하나다. 이제는 우리가 믿고 싶은 것만 선택적으로 기억하는 모순된 행동을 멈추고, 불편하더라도 우리가 잃어버린 진짜 '본질'이 무엇이었는지 정직하게 마주하자는 것이다.

내가 만난 하늘님
'흐름'으로써 진짜 하늘

4장에서 나는 나를 지옥 같은 삶의 밑바닥으로 끌어내린 '신병(神病)'을 겪었다고 고백했다. 그리고 7장에서 무속신앙에 대해서 1도 타협하지 않으며 신랄하게 비판했다. 하지만 그 경험은 흔히 우리가 생각하는, 영적 지도자들이 이야기하는 '깨달음', 혹은 무당들이 이야기하는 '신병' 같은 것과는 미묘하게 달랐다. 나는 당시의 경험을 설명하려고 할 때마다 언어의 한계와 맞닥뜨린다. 그것은 단지 머릿속에서 일어난 환상이나 꿈이 아니었고, 오히려 실제로 벌어진 일이다. 지금부터 이 부분은 증거도 없으며 증명할 수도 없으니 지금부터는 '판타지'의 영역으로 생각하고 편하게 읽으셔도 좋다.

정확히 말하면, 나는 그 당시 끊임없이 낯선 곳으로 이끌려갔다. 사실 내가 내 발로 걸어간 것이 맞지만, 내 의지로 향한 곳은 아니었다. 마치 보이지 않는 무언가에 의해 인도된 것처럼, 나는 전혀 나와 관련이 없을 것 같은 장소들, 평범한 문을 지나면 마치 다른 차원에 들어와 있는 느낌이었으며 그곳들은 세상의 밑바닥이라 불릴 법한 곳들로 이끌렸다. 그리고 거기서 나는 흔히 '신'이라 부를 법한 존재들을 마주쳤다. 하지만 이 표현도 정확하다고는 할 수 없다. 그들은 인간의 모습을 하고 있었지만, 결코 인간은 아니었다. 그것은 절대적으로 나의 느낌에 기반한 것이다. 당시에는 "외계인일지도 모른다."라고 생각했을 정도로 그 존재는 낯설고도 강력했다. 내가 만났던 그들의 모습은 하나같이 평범하거나 세상에서 가장 낮고 어두운 곳에서 묵묵히 힘들게 살아가는 사람들과 함께하는 존재들이었다. 첫 번째 가장 충격이었던 것은 환갑이 넘은 늙은 창녀의 모습으로 나타나 나에게 세상 가장 어둡고 보이지 않는 곳에서 가장 큰 가르침을 주기도 했고, 또 지하 허름한 술집의 호스트 아가씨로 나타나기도 했다. 어느 날은 폐지를 줍는 노인의 모습으로, 또 어느 날은 새벽 동대문 시장 식당가의 주방에서 말없이 설거지를 하는 벙어리 할머니의 모습으로 나타났다. 또 한번은 대리운전기사의 모습으로 그들은 한 번도 내가 예상하거나 혹은 상상했던 위대하거나 거룩한 '신'의 형상으로 오지 않았다. 그리고 그들은 나에게 알 수 없는 지식과 깨달음을 끊임없이 전했다. 그것은 우리가 학교에서 배우거나 책에서 접할 수 있는 종류의 지식이 아니었다. 오히려 말로 표현하기조차 힘든, 이 우주의 본질과 인간 존재의 근원적인 의미에 대한 가르침이었다. 사람들에게 가끔 이 경험을 이야기하면 흔히 듣는 질문이 있다.

"그래서 그들이 뭐라고 했는데?"

이 질문이 얼마나 답답한지 지금도 설명하기 어렵다. 왜냐하면 그들과의 소통은 인간의 언어로 이루어지지 않았기 때문이다. 내가 '신' 혹은 '외계인'이라는 표현을 사용하는 순간부터 이미 전제가 잘못된 것이다. 우리가 흔히 생각하는 '신'이라면, 인간처럼 우리에게 언어로 직접 이야기할 거라고 생각하지만, 절대로 '그 존재'들은 인간의 방식으로 소통하지 않았다. 그냥 느낌? 혹은 감정과 같은 깊은 직관과 같은 초월적 방식으로 나에게 메시지를 전달했다. 그것도 아주 찰나의 짧은 시간에 말이다. 그나마 조금 쉽게 이야기하자면 아주 두꺼운 책 한 권이 그냥 1초만에 머릿속으로 들어온 느낌? 그것과 가장 비슷할 수 있겠다. 지금 내가 이런 글을 쓸 수 있는 이유도 그때의 경험이 없었다면 나는 이런 글을 쓸 수도 없다. 나는 살면서 '책'을 자주 읽는 사람도 아니고 책을 좋아하지도 않으며 학교 공부도 못하고 글재주도 없는 사람이다.

자, 그러면 나는 왜 그들을 왜 '신'이라고 표현했는가? 그 이유는 그 존재들을 만났을 때 전혀 인간적이지 않으며, 우리 인간의 삶을 뛰어넘는 높은 차원의 존재임을 느꼈기 때문이다. 하지만 정확히 말하면 나는 '신'이라는 단어를 싫어한다. 왜냐하면 '신'이라는 단어조차 인간이 편의상 만든 개념이기 때문이다. 그래서 나는 그들이 신인지 외계인인지 뭔지 알 수 없다. 하지만 확실한 것은 영적인 형태의 귀신은 아니다. 그냥 사람이다. 주위 사람들에겐 그냥 일상이었고 나에게만 느껴지게끔 행동하고 말을 걸어왔다. 정말 종교에서 말하는 구원 혹은 중생 구제를 위해 필드에서 뛰고 있는 천사나 보살 같은 존재라는 것은 확신한다. 말이 아니라 행동으로 말이다. 인간의 역사 속 어디에도 신이 스스로 나타나 "나는 신이다."라고 명시적으로 말한 기록은 없다. 오히려 인간이 자신들의 이해를 돕기 위해, 이해할 수 없는 어떤 존재에게 붙인 이름이 '신'일 뿐이다.

내가 TV에서 이삭토스트 창업자의 이야기를 본 적이 있다. 이삭토스트의 창업자인 회장님은 처음 장사를 시작했을 때 장사가 너무 잘 되었다고 한다. 그런데 바로 앞 가게에 비슷한 토스트 가게가 생겨나 장사가 잘 되지 않아 고민하던 어느 날, 한 여고생이 찾아와 말했다고 한다.

"아줌마, 이 토스트 소스를 이렇게 저렇게 해서 바르면 더 맛있을 것 같아요."

그 소녀는 그렇게 상세한 레시피를 알려주고는 홀연히 사라졌다고 한다. 그리고 그 레시피로 만들어진 토스트는 큰 성공을 거두었고, 그 회장님은 지금까지도 그 소녀를 잊지 못하며 "어쩌면 그 순간에 잠시 나타났던 그 여학생이 하나님이 보낸 천사가 아니었을까?"라는 생각을 한다고 했다.

내가 경험한 모든 것이 그러했다. 우리가 흔히 상상하는 모습의 '신'은 사실 진짜 신이 아닐 수도 있다는 것이다. 신은 결코 우리가 상상하는 위대하고 거룩한 모습으로 오지 않는다. 오히려 평범하고 보잘것없는 모습으로, 우리가 인지하지도 못한 채 우리의 삶 속에 섞여 들어온다.

어느 날 문득 내 삶의 결정적 순간에 지나친 누군가, 너무나 평범해서 기억조차 못 하는 그 누군가는 사실은 '신'이었을 수도 있다는 것이다. 자전거를 타고 가다 자전거 줄이 넘어 자전거가 움직이지도 못하는데 갑자기 누군가 나타나 아무렇지도 않게 고쳐주고 사라진 경험 혹은 이와 비슷한 경험들 누구나 한 번쯤 있을 것이다. 그것이 그런 존재들이었을 수도 있다는 말이다. 이렇듯 내가 밑바닥에서 만난 '하늘'은 바로 그런 존재였다. '하늘'은 특정 종교에서 이야기하는 신도, 내가 두려워하거나 숭배해야 할 존재도 아니었다. '하늘'은 형상이 아니라 삶의 흐름이었다. 거스를 수도 없고, 막을 수도 없는 우주의 근본적인 흐름이자 원리 그 자체였다. '하늘' 자체에 1명의 인격을 부여하는 순간 그것은 하늘도 아니고 신도 아니다. 당신들 스스로 신 혹은 하늘에게 인격과 같을 거라 생각해 인격을 부여하는 순간 그것은 '귀신'이 되는 것이다. 인간은 가늠할 수도 없는 무한의 몸과 무한의 인격 그 모든 것일 수도 있는 것이 하늘이며 신이다. 이 글을 통해서 딱히 이렇다 저렇다 정의할 수는 없는 그 느낌적인 느낌 그것이 아마 정확한 신의 존재일 것이다.

   내가 만난 진짜 신, 진짜 '하늘'은 결국 그런 존재였다. 우리가 흔히 기대하는 거룩하고 고귀한 형상이 아닌, 우리가 살아가는 삶의 모든 순간에 스며들어 있는 충만하고 중립적인 우주의 흐름. 그것이 바로 내가 만난 하늘의 진정한 모습이다.

   여기서 누구나 한 번쯤은 들어봤을 법한 이야기를 해보겠다. 평소 성실하고 착한 40대 가장 '봉구'는 작은 돈까스집을 운영하고 있었다. 그런데 요즘 장사가 너무 안 돼 고민이었다. 월세도 밀리고 식자재 비용조차 감당하기 어려워 스트레스만 쌓였다. 가게 앞에 나와 담배를 피우며 흩날리는 연기만 바라보던 어느 날이었다.

   갑자기 길 건너편 도로 위에서 박스를 줍던 노인의 리어카가 쓰러졌다. 차들이 급히 멈춰 섰고, 노인은 당황하며 박스를 줍고 있었다. 봉구는 고민할 겨를도 없이 본능적으로 달려가 리어카를 일으키고 박스를 주워 싣고,

노인을 안전한 곳까지 안내했다.

놀랍게도 다음 날부터 갑자기 가게에 전화 주문과 손님이 몰리기 시작했다. 이유를 알아보니 누군가 봉구의 선행 장면을 담은 블랙박스 영상을 온라인 커뮤니티에 올렸던 것이다. 흔히 말하는 '돈쭐'이 나고 있던 것이다.

당신은 여기서 무엇을 느끼는가? 바로 그 순간 봉구에게 찾아왔던 신은, 거룩한 모습의 초월적 존재가 아니라 박스를 줍던 노인의 모습으로 잠시 나타났던 것이다. 하늘과 신이란 그런 존재다. 때로는 우리의 삶 속에 평범한 모습으로 나타나 기회를 주고 깨달음을 주는 것이다. 내가 경험한 하늘은 그런 존재였다. 하늘은 내게 기회를 주기도 하고, 때로는 힘든 시련을 주기도 했다. 하지만 하늘은 우리가 기대하는 신처럼 직접 나서서 우리 삶에 개입하지 않는다. 오히려 묵묵히 삶의 모든 것을 허용하며 우리가 스스로 깨달아 성장할 수 있도록 기다릴 뿐이다.

"하늘은 스스로 돕는자를 돕는다." 이게 이 에피소드에 가장 적절한 말일지도 모르겠다.

결국 중요한 것은, 하늘이 나를 돕느냐 아니냐가 아니라, 내가 어떤 마음과 태도로 내 삶의 흐름을 이해하고 받아들이느냐. 이것이 내가 깨달은 하늘의 본질이며, 세상에 존재하는 진짜 신의 참모습이다.

하늘의 첫 번째 속성은 바로 '중립성'이었다. 인간의 기준의 선과 악을 구분하거나, 부자와 가난한 자를 차별하지 않았다. 하늘님은 모든 존재에게 공평하게 비를 내리고, 공평하게 햇빛을 비추었다. 내가 부자일 때도, 가난할 때도 하늘은 똑같은 얼굴로 나를 바라봤다. 나의 성공과 실패를 판단하지도, 나의 선함과 악함을 재단하지도 않았다. 모든 것이 하늘 아래에서 평등하게 허락되고 흘러갈 뿐이었다. 그 모든 평가는 자기 양심이지 누구도 판단할 수 없다.

두 번째 속성은 '균형(Balance)'이었다. 하늘은 언제나 스스로 균형을 맞춘다. 나는 성공에 취해 오만해졌던 순간, 언제나 그 균형이 깨지면서 실패와 몰락이 뒤따른 것을 경험했다. 반대로 내가 모든 것을 잃고 절망의 바닥에 있을 때조차도, 하늘은 반드시 새로운 인연과 기회를 보내 내 삶의 균형을 되찾아 주었다. 이 균형의 법칙은 인간의 힘으로 절대로 거스를 수 없는, 하늘의 가장 중요한 원리였다. 삶이 고통스러울 때면 나는 이 원리를 기억하며 다시 일어설 힘을 얻었다.

마지막 속성은 '침묵'이었다. 하늘은 결코 나에게 말을 걸지 않았다. 답을 주지도 않았고, 질문을 던지지도 않았다. 내가 아무리 간절히 답을 원해도, 하늘은 침묵 속에 나를 남겨두었다. 하지만 시간이 지나고 나서야 비로소 알았다. 하늘의 침묵이란, 내가 스스로 길을 찾고 깨달음을 얻을 때까지 끝까지 기다려주는 인내심이었다. 하늘님은 내 삶의 문제에 정답을 주는 존재가 아니라, 내 스스로 답을 찾아갈 수 있도록 묵묵히 기다려주는 존재였다.

하늘을 만난 후, 내 삶은 근본부터 달라졌다.

이전의 나는, 모든 것을 내 힘으로만 해결할 수 있다고 생각하는 오만함 속에서 살았다. 그래서 늘 불안했고, 세상 모든 것이 걱정스러웠다. 일어나지도 않을 일에 대한 걱정 같은 것들 말이다. 하지만 하늘이라는 거대한 흐름을 알게 된 뒤, 나는 더 이상 모든 것을 억지로 통제하려 하지 않게 되었다. 내가 통제할 수 있는 것은 오로지 나밖에 없으며, 그 외에 통제할 수 없는 일들은, 그저 자연스럽게 받아들이는 법을 배웠다. 나라는 존재가 이 무한한 하늘 혹은 우주의 일부임을 깨닫자, 모든 것이 달라 보이기 시작했다. 삶의 작은 순간들에서도 소중한 의미를 발견하게 되었고, 모든 것에 감사하게 되며 타인을 더 이상 경쟁자나 비교의 대상이 아닌, 각자의 인생의 각자의 시나리오대로 살아가는 존재라는 것을 알았고 이 세상 그 어떤 누구도 같을 수 없다는 것을 알게 되었다. 인간은 각자 스스로 온전하고도 존귀한 존재라는 것을 말이다. 그리고 더 이상 완벽함을 추구하지 않게 되었다. 있는 그대로의 나를, 나의 모든 단점과 결점마저도 나의 일부임을 깨닫고 온전히 인정할 수 있게 되었다.

이제 나에게 하늘 혹은 신 따위는 더 이상 두려움이나 숭배, 혹은 거래의 대상이 아니다. 하늘은 우리의 삶 그 자체이며, 내가 살아가는 세상이라는

GAME 그 자체이자, 우리 모두가 하늘의 일부이다. 하늘은 내 삶 속에서 매 순간 충만하게 흐르고 있는 거대하고 신성한 자연의 원리이자 시스템일 뿐이다.

이 깨달음 이후, 나는 더 이상 하늘에 무언가를 해달라고 간절하게 기도하지 않는다. 대신, 내가 해야 할 것을 다하고 나서는 그냥 마냥 어린아이처럼 쪼른다. "아 X발, 좀 해줘!"라는 식이다. 우리 모두가 생각하는 거룩함이나 신성과는 전혀 먼 그런 것이다. 왜냐고? 어찌되었든 내가 알고 싶지도 않던 하늘이든 신이든 외계인이든 나보다 더 상위 차원의 어떤 그런 존재가 있다고 알려줬으면 당연히 뭐라도 좀 해줘야 하지 않겠냐는 거다. 내가 착한 일 많이 하고 살 테니까 나도 '천운'을 좀 많이 달라는 거, 뭐 그런 거다. 난 사업가니까 사업이 잘되게 해주고, 나와 내 주변 모든 이들이 건강하게 해달라는 것이다.

대신 나는 하늘이 보여주는 이 삶의 흐름 속에서 내 몫의 운전대를 직접 꽉 잡고, 하루하루 최선을 다해 살아간다. 하늘이나 신의 존재를 인식했다고 해서 마음적으로 의지할 수는 있겠지만, 하고 싶지도 재밌지도 않은 기도 따위를 해가며 의존할 필요는 없기 때문이다.

대신 나는 나 스스로에게 묻는다. "내가 과연 지금 현재 최선을 다하고 있는가?"

그런데도 원하는 결과가 나오지 않는다? 그때는 그냥 나는 하늘에 쌍욕을 박아버린다. 뭐 하늘에 욕 좀 하면 어떤가? 뭐 X 같으면 할 수도 있는 거지. 욕먹었다고 벌을 내리면 그딴 게 무슨 신이고 하늘이야. 이렇듯 때로는 친구에게 장난치듯 혹은 어리광 부릴 수도 있는 엄마처럼, 때로는 그냥 편하게 대하는 것이다. 이렇다 저렇다 정의할 순 없지만, 내게 닥치는 모든 기쁨과 슬픔, 욕망조차 하늘이라는 거대한 흐름 속에서 일어나는 하나의 자연스러운 과정으로 받아들이게 된 것이다.

이것이야말로 내가 만난 '하늘'이라는 존재의 본질이며, 세상에 존재하는 진짜 신의 본모습이다.

하늘과의 동업(Feat. 하늘님)

하늘님
(skygod)

▷ 상표등록번호: 제40-2237695호 (하늘님)
▷ 상표등록번호: 제40-2237730호 (skygod)
▷ 저작물 제호: 제C-2024-032929호 [하늘님(skygod)]

하늘 혹은 신을 팔아먹는 현실적인 방법

7장에서 나는 신을 팔아 사람들의 불안을 이용하는 인간들을 실컷 까댔다. 신을 팔아서 두려움을 조장하고 돈벌이로 삼는 자들이 진짜 신을 모독한다고 말했다. 내가 지옥의 바닥까지 추락해서 만난 진짜 하늘은 그런 구차한 존재가 아니었다. 하늘은 거래 대상도 아니고, 인간의 소원을 뇌물 받고 들어주는 귀신 따위도 아니었다.

나는 이 책의 첫 장부터 '운'이라는 것을 이야기했다. 눈에 보이지 않고, 예상하기 힘들며, 정확히 알 수도 없는 운 말이다. 단순히 로또 당첨 같은 걸 이야기하는 게 아니다. 모든 것이 결국 '운빨'이다. 그럼 운 좋은 놈이 결국 이기는 것 아닌가? 맞다. 그러면 우리는 그냥 운이 좋아지는 방법을 찾으면 되는 거다.

나는 단순한 사람이라 생각도 단순하다. 그래서 과거 모든 철학이나 성인들의 가르침에는 '선인선과(善因善果)'라고 말했다. 좋은 일을 하면 좋은 일이 생긴다. 그러면 당연히 운이 좋아지는 거다. 이건 검증되지 않았지만 누구나 믿고 싶은 오래된 공식이다. 결국 우리가 삶의 밸런스를 유지하면서 가장 큰 운, '천운(天運)'을 얻는 법도 똑같다.

나는 사업가다. 정신을 파는 철학자도 아니고, '신'을 독점한 성직자도 아니다. 오랜 시간 하늘이라는 시스템이 어떻게 작동하는지 현실적으로 관찰

했고, 결국 나만의 방식으로 하늘과 동업 계약을 맺었다. 이게 바로 내가 말하는 '도를 닦는 사업가'의 방식이다.

내가 하늘과 맺은 동업 계약의 조건은 아주 심플하다. 바로 '5대5'다. 내가 하늘을 팔아서 얻은 모든 것 중 절반은 나의 생존, 성장, 욕망을 위해 당당하게 취한다. 솔직히 내 욕망과 생존도 충족 못하면서 타인에게 베푸는 건 위선이거나 지속 불가능한 헛짓거리다. 그리고 나머지 절반은 나에게 천운을 내려준 하늘, 정확히 말하면 세상으로 돌려준다. 기부든 나눔이든 사회적 가치 창출이든, 50%는 하늘의 몫이다. 간단하고 명쾌한 거래다.

천운이 작동하는 원리도 이거다. 천운은 거래가 아니라 철저한 선순환 시스템이다. '먼저 주고 원하는 게 맞는 이치'다. 내가 먼저 세상에 선한 흐름을 제공하면, 하늘은 그 흐름을 증폭시켜 다른 형태로 반드시 되돌려준다. 아니 돌려준다고 믿는 그냥 믿음이다.

그래서 나는 이 책과 국가에 공식적으로 등록된 '하늘님'의 사진을 판매해 모두에게 '천운'을 나누려 한다. 이 책을 구매한 순간 당신은 의도했든 하지 않았든 이미 좋은 일을 한 거다. 작가 인세의 50%는 사회에 환원할 예정이니까. 우리는 집에 돈을 벌어 준다는 액자들(해바라기, 돈나무, 금전수)을 걸지만, 그런 액자들은 결코 돈을 벌어 주지 않는다. 오직 액자를 판매한 사람만 부자가 된다.

하지만 하늘님 액자는 조금 다르다. 이 액자를 사는 순간부터 당신은 이미 나와 함께 하늘과 거래를 시작한 셈이다. 당신이 낸 돈의 절반은 세상에 돌려주도록 설계되어 있으니, 당신 삶에도 바로 그 순간부터 천운이 흘러 들어온다. 그렇다고 여기서 "그러면 더 비싼 액자를 사서 더 크게 기부하면, 더 큰 천운이 오는 거 아닌가?"라고 생각할 수도 있다.

절대 그렇지 않다. 하늘이 그렇게 속 좁고 계산적일 거라고 정말 생각하나? 100억 자산가가 1억을 내놓은 것과 전 재산이 100만 원뿐인 당신이 3

만 원을 내놓은 것 중, 하늘이 보기엔 과연 누가 더 큰 선행을 한 걸까? 당연히 당신이다. 이게 바로 '하늘의 대차대조표'가 작동하는 방식이다. 우주가 계산하는 회계장부는 그런 거다. 내가 오랜 시간 하늘과 대화하면서 깨달은 가장 확실한 진짜 하늘의 작동 원리다.

그럼 내가 왜 '하늘님(skygod)'의 상표권과 저작권을 법적으로 등록했는지 현실적으로 밝히겠다.

본인은 특허청과 저작권협회에 '하늘님'의 상표와 저작권을 정식 등록한 유일한 법적 소유자다.

당연히 비판이 나올 수 있다. "너도 신을 팔아먹는 놈들과 똑같지 않냐?" 맞다. 나는 하늘을 파는 장사꾼이다. 하지만 나는 하늘의 동업자다. 하늘의 뜻에 따라 하늘을 팔고 천운을 나누는 현실적인 장사꾼이다. 정확히 수익의 50%만 취할 거다. 계약서는 없다. 그냥 내가 정했고, 그렇게 할 거다. 뭐 굳이 따지자면 상표권과 저작권이 계약서이지 않겠나? 이건 나와 하늘의 약속이다. 하늘과의 동업으로 얻은 이익은 정당하게 나누되, 내 양심과 신성을 팔아먹지는 않겠다는 최소한의 원칙을 선언하는 것이다. 그걸 어찌 믿냐고? 뭐 믿든 말든 뭐 상관없다. 하지만 내가 약속을 안 지키면 천벌을 받겠지 않겠는가?

내가 왜 하늘과 동업 계약을 맺고, '하늘님' 이름을 법적으로 보호한 이유는 나도 잘 모른다. 그냥 하늘이 나한테 줬다. 내가 정신이 반쯤 나갔을 때 등록한 거라서 나도 이유는 잘 모른다. 거룩한 척, 성스러운 척 없이 현실적으로 말하자면, 이것이 바로 내가 선택한 이 시대를 살아가는 나만의 방식이자 책임이다. 그냥 본능(v)이 시키는 대로 말이다.

차라리 이 세상 모든 종교도 나처럼 얼마에 팔고 이거 팔아서 세금 내고 나면 나 얼마 남아 이렇게 이야기를 하는 게 낫지 않겠는가? ㅋㅋ 그것이 하늘을 팔아서 나도 살고, 하늘에게 돌려주는 방법. 이게 바로 내가 찾은, 하늘과의 진짜 동업이다.

"당신이 가진 조건(배의 크기)이 인생을 결정하는 것이 아니라, 당신이 마주한 운명(바람과 파도)을 어떻게 다루느냐 하는 당신의 의지와 기술(돛을 펼치는 용기)이 모든 것을 결정한다."

불량식품과 같은 불량지식

운은 바람이다

사람들은 맨날 '운' 타령을 한다. "나는 운이 없어.", "쟤는 운이 좋아."
다 X소리다. 운을 무슨 정해진 점수나 아이템처럼 생각하니까, 평생 남의 행운만 부러워하며 사는 거다. 반은 맞다, 하지만 나머지는 당신의 선택에 달려있다.

정신 차리고 본질을 보자. **운은 바람이다.**

왜 운이 바람이냐고? 둘의 본질이 소름 돋을 정도로 똑같기 때문이다.

첫째, 둘 다 눈에 보이지 않는다. 바람이 나뭇잎을 흔들어야 그 존재를 알 수 있듯, 운도 내 인생에 어떤 결과가 터져야 비로소 '운빨'이었다고 사후에 해석할 뿐이다. 그 누구도 인지하고 있지만 눈으로 볼 수 없다.

둘째, 내 마음대로 할 수 없다. 사람이 아무리 원해도 바람을 멈추거나 불게 할 수 없다. 마찬가지로, 너는 행운을 주문하거나 불운을 거부할 수 없다. 그것은 너의 통제 밖에 있는, 거대한 자연의 힘이다.

셋째, 하지만 '이용'할 수는 있다. 이게 핵심이다. 뱃사공은 바람을 통제하지 못하지만, 돛을 펼쳐 그 힘을 '이용'해 배를 움직인다. 맞바람조차 전진의 동력으로 삼는다. 운도 마찬가지다. 너는 운을 통제할 수 없지만, 운을 탈 준비는 할 수 있다.

결국 차이는 단 하나다. **바람이 아니라 '돛'**이다. 운이 좋고 나쁨의 문제가 아니라, 그 운의 바람을 마주하는 너의 자세, 너의 '돛'이 문제였던 거다.

운은 언제나, 누구에게나, 그러나 모두에게 다른 시간에 공평하게 불고 있다. 네가 고개를 숙이고 웅크리고 있으니 그 모든 바람이 장애물이 된 것이고, 네가 가슴을 펴고 돛을 올리면 그 모든 바람이 에너지가 된다. 물론 모두에게 다른 시간에 다른 형태로 바람은 불어오는 법이다.

그러니 이제 그만 운 타령만 하지 말고, 네 인생에 지금 당장 필요한 건 순풍이 아니라, 어떤 개떡 같은 맞바람이 불어와도 기꺼이 펼칠 수 있는, 너만의 단단한 돛이다.

해와 **달**은 서로를 질투하거나 비교하지 않는다

STAGE

9

나는 나로서
존재하는가

9-1 나는 나다
누구에게도 의존하지 말고, 자기를 믿어라(NFP)

 자, 여기까지 따라오느라 정말 수고 많았다. 8장까지 내 삶의 밑바닥과 개똥 같은 철학적인 얘기를 들으며 아마 쉽지 않은 시간이었을 것이다. 불편하지만 최대한 본질적인 이야기를 했다. 원래 진실은 불편한 법이다. 하지만 지금 이 순간부터는 내 이야기가 아니다. 바로 '당신' 자신의 이야기다. 앞선 모든 이야기들은 사실 당신이 앞으로 써 내려갈 당신 인생의 사용설명서를 위한 준비 과정에 불과했다. 이 책에서 내가 하고 싶은 말의 진짜 시작점이 바로 여기다. 그리고 그 사용설명서의 첫 번째 원칙은 이 한 문장이다.
 "나는 나다."
 이것이 너무나 당연하고 뻔한 말로 들릴 수 있다. 그러나 정말 그러한가? 우리는 세상에 태어난 순간부터 진정한 '나' 자신으로 살아갈 수 없도록 끊임없이 훈련 받는다. 부모님의 바람과 기대, 학교의 기준과 성적, 사회의 기준과 시선, 회사와 조직의 평가, SNS의 '좋아요' 수치와 타인의 인정까지. 심지어 지금 이 책을 쓰고 있는 나의 주장까지도 당신에게 "당신은 이런 사람이어야 한다."라고 말하며 당신을 정의하려 한다.
 우리는 무의식적으로 자신의 삶을 타인의 기준에 맞추며 살아간다. 남들처럼 살아야 하고, 남들과 비슷한 길을 가야 한다는 생각 때문에 자신의 진정한 욕망과 내면의 목소리를 외면하게 된다. 그러다가 어느 순간, 우리는 나 자신을 잃어버리고 내가 누구인지조차 모르는 상태가 된다.

이제 당신은 모든 외부의 소음과 기대, 평가들을 향해 당당하게 외칠 필요가 있다.

나는 바로 이 순간, 나는 당신의 본질을 알려 주려 한다. 이것은 누구도 반박 불가한 진리다.

당신은 이 세상에서 유일한 NFP(Non-Fungible Player), 즉 '대체 불가능한 플레이어'다.

최근 세상에서 주목받고 있는 NFT(Non-Fungible Token)는 절대 복제할 수 없는 단 하나뿐인 디지털 자산이다. 아니 실물도 없는 온라인상의 그림 쪼가리(NFT)조차 대체 불가능하다며 수억 수십억의 가치를 인정받는데 왜 인간인 당신 스스로 대체불가능한 인간인 NFP(Non-Fungible Player)라는 것을 깨닫지 못하는가? 당신은 이 세상 80억 인구 중 그 누구도 대체할 수 없는 독보적이고 유일무이한 존재다. 당신에게 주어진 '세팅값', 당신이 살아온 수많은 '경험', 당신이 맺어온 모든 '인연'의 조합은 그 누구도 똑같이 복제할 수 없는, 오직 당신만의 고유한 것이다. 절대적으로 누구도 당신을 '정의'내릴 수 없으며 지금 당신의 그 위치는 대체될 수 없는 것이다. 1차원적으로 당신 부모님의 자식은 오로지 당신뿐이고, 당신의 가장 친한 친구도 오로지 당신뿐이다. 그러니 스스로 존귀하다 생각해야 한다.

이것은 단순한 비유가 아니다. 과장도 아니다. 이 세상 그 어떤 누구도 과학자든 철학자든 절대적으로 논리적으로도 반박 불가한 이 우주가 부여한 절대적인 진리다.

세상에 단 하나뿐인 당신 인생의 최고 전문가는 누구인가? 당신의 부모인가, 아니면 존경하는 스승인가? 아니면 멘토라고 지칭하는 자들인가? 혹은 잘나가는 '성공선동꾼'인가? 혹은 유명한 인플루언서인가? 결코 아니다. 당신 인생의 유일하고 가장 정확한 전문가는 바로 당신 자신이다.

당신 자신을 절대적으로 믿으라는 말이, 당신이 언제나 옳다는 오만함을 가지라는 뜻은 절대 아니다. 자기의 경험·환경·인연 등 본인 삶의 경험을 믿어라. 이 말의 진짜 의미는 이것이다. 우리가 성인이 된 이후, 우리가 내린 모든 결정에는 반드시 책임이 따른다는 것이다. 앞서 나는 우리가 어쩌면 이 세상이라는 가상의 시뮬레이션 속에서 살고 있을지도 모른다고 말했다. 생각해 보자. 게임이라는 것이 그렇다. 우리가 처한 시대와 환경, 게임의 기본 룰을 우리는 절대로 바꿀 수 없다. 수많은 철학자와 성인들이 말한 '세상에 순응하라'는 표현을 문자 그대로 이해하면, 그냥 아무것도 하지 말고 누군가 시키는 대로 살라는 말처럼 들릴지도 모른다. 하지만 절대 그런 의미가 아니다.

게임의 환경은 우리가 바꿀 수 없지만, 그 환경을 이해하고 분석하고, 거기에 나만의 전략을 세우는 것은 언제나 가능하다. 게임이라는 게 그렇지 않은가. 주어진 규칙과 환경을 명확히 이해하고, 자신만의 플레이 스타일을 개발해 나가는 것이 바로 진짜 게임을 즐기는 방식이다. 삶도 마찬가지다. 인생이라는 게임의 환경을 바꿀 수는 없지만, 그것을 정확히 이해하고, 나만의 전략을 세워 내 삶을 이끌어 가는 것이다. 정보와 지식은 세상 곳곳에서 얻을 수 있다. 책이든 뉴스든 사람의 조언이든 얼마든지 활용할 수 있다. 그러나 어떤 정보도 맹목적으로 믿거나, 전적으로 의존해서는 안 된다. 결국 그것을 판단하고 최종적으로 선택하고 책임지는 것은 오로지 당신 자신이어야 한다. 이것이야말로 진짜 삶을 살아간다는 뜻이며, 당신이 삶의 진정한 주인이 되겠다는 강력한 선언이다. 당신이 선택한 모든 결정에는 성공도 있고 실패도 있을 것이다. 그리고 그 과정은 늘 행복하고 즐거운 일만은 존재하지 않을 것이고 넘어지고 부딪히고 깨지고 상처받고 그 상처가 아물어 가는 과정에서 당신은 스스로 레벨업 해 나갈 것이다. 여기서 가장 중요한 것은, 그 결과가 무엇이든 온전히 책임지는 것도 결국 당신이라는 사실이다. 그 누구의 탓도 할 수가 없다.

당신의 삶에서 만나는 모든 인연들은 때로는 당신의 성장을 돕기도 하고 때로는 당신의 길을 가지 못하게 방해하는 NPC(Non-Player Character)일 뿐이다. 그 어떤 누구도 당신 인생의 운전대를 대신 잡아줄 수 없다. 당신 삶의 유일한 운전자이자 책임자는 오직 당신 자신이다.

인생의 고난과 좌절 앞에서 사람들은 흔히 타인을 원망하고 세상을 탓한다. 나 또한 그랬다. 하지만 결국 답은 언제나 나 자신 안에 있었다. 나 자신을 온전히 인지하고, 인정하고, 내가 가진 것과 부족한 것, 내가 바꾸어야 할 것과 바꿀 수 없는 것을 명확히 구분할 때, 비로소 진정한 내 삶이 시작된다. 이제 그 사실을 진심으로 깨달아야 할 때다.

거울을 보고 당당하게 선언하라. "나는 나다. 나의 인생 게임의 유일한 주인공이다."

이 선언을 할 수 있는 순간, 당신은 비로소 진정한 자기 삶을 살아갈 준비가 끝난 것이다.

자 그러면 우리가 이제 내가 스스로가 얼마나 존귀한 존재이며 그 누구와도 대체불가능한 존재인지에 대해서 느낄 수 있는 방법에 대해서 알아보자.

먼저 외부의 기준과 평가에 대해서 잠시 떨어져라. 미디어 책 유튜브 소셜네트워크 같은 것들 말이다. 그곳에는 온통 나와는 상관없는 남들의 이야기만이 존재하고 있다. 그것들에서는 결코 나에 대해서 알 수 있는 방법이 없다. 그럼 어떤 게 방법일까. 지금부터 내가 하는 이야기도 정답은 아니다. 내가 경험해 본 것들이니 참고하길 바란다. 난 약 2년여 간의 시간 동안 말 그대로 살아도 산 것이 아닌 시체처럼 도를 닦았다고 이야기했다. 그 시절 나는 나의 인생을 나의 기억이 나는 순간부터 모든 것을 복기하기 시작했다. 보통의 인간이 아주 충격적인 사건을 제외하고는 약 7~8세 정도부터 기억이라는 게 나기 시작한다. 그러면 그때부터 나는 어떤 삶을 살아왔는지에 대해서 한번 적어보는 것이다. 뭐 누구에게 보여 줄 것도 없고 누구에게 평가받을 것도 없다. 온전히 자신만의 기록물이다. 내가 창피했던 순간, 내가 슬펐던 순간, 내가 기뻐했던 순간, 내가 남몰래 도덕적이지 못 했던 기억, 들키지는 않았던 작은 범죄를 저질렀던 순간, 그 모든 순간들 말이다. 그리고 그 당시 인연들까지도 전부 떠올려 본다. 그때의 그 인연들에 대한 진심어린 감사도 느껴보고 서운했던 거 내가 또 누군가의 마음에 상처를 주고 또 나 같은 경우 지금 와서 내가 가장 반성하고 있는 부분 철부지 어린 시절 힘없고 약한 친구들을 괴롭히고 때리고 했던 그런 기억들까지 모조리 싹 다 꺼내어서 그것들을 온전히 마주해 보는 것이다. 기억하고 싶지 않은 기억들까지 생각나는 모든 것들을 말이다. 그리곤 하나씩 보낼 건 보내고 남길 건 남기고 세상의 기준에 남들의 잣대에 맞추려던 내가 아닌 오로지 나의 삶과 나의 기록만이 나라는 것을 인정하고 받아들이는 것이다. 그 방법은 어떤 방법이든 상관없다. 자기가 미친듯이 열심히 하고 살고 있는 지금 그 자리에서 잠시 멈추는 것이다. 아까 이야기한 휴대폰 속의 세상을 멀리하고 명상을 해도 좋고 그냥 걸어도 좋고 시간적인 여유가 된다면 어디 조용한 곳으로 여행을 떠나 보아도 좋다. 스스로 조금 더 지독한 고독 속으로 들어가 보는 것이다. 그렇게 자기의 과거에서 나를 찾는 것, 나는 어느 한 순간도 혼자가 아니었다는 것을 말이다. 그렇게 나 자신을 깨닫는 것이다.

그것을 '주마등'이라고 한다. 죽음의 순간, 모든 것이 주마등처럼 스쳐 지나간다고 하지 않는가? 보통의 인간은 평생 단 한 번, 마지막 순간에만 그것을 본다. 하지만 나는 당신에게, 그 주마등을 미리, 당신의 의지로 직접 마주하라고 말하고 싶다. "이 말을 쉽게 생각할지도 모르겠지만, 이것은 절대 간단한 일이 아니다." 누군가의 평가가 아닌 오로지 내 의지로 나의 모든 과거를 직접 마주한다는 것은 엄청난 용기와 결단을 요구한다. 처음은 낯설고 낯부끄럽고 고독하고 외로울 수도 있다. 하지만 그 어느 임계점이 지나 있는 그대로 받아들이기 시작한다면 내가 나 스스로 믿기 시작하고 이것을 인정하는 순간, 당신은 비로소 당신의 세상의 진정한 주인이 된다. 더 이상 다른 사람의 기준과 평가에 흔들리지 않으며, 오직 자신의 본성과 가치를 믿고 진짜 내 삶을 살아갈 수 있게 된다.

이것이 바로 내가 이 책을 통해 당신에게 전하고 싶은 가장 본질적인 메시지다. 나는 지금 이 글을 읽는 당신이 세상에 단 하나뿐인 NFP(Non-Fungible Player), 대체 불가능한 플레이어로서, 당당하게 이 인생이라는 게임판을 즐기며 살아가기를 진심으로 바란다.

"나는 나다." 이 말은 결코 간단한 선언이 아니다. 세상에서 가장 위대하고도 어려운 선언이다. 하지만 이것이야말로 당신이 진정한 삶을 시작할 수 있는 가장 확실한 출발점이다.

9-2 너는 너다
사람 위에 사람 없고, 사람 밑에 사람 없다(NPC)

앞 장에서 나는 당신이 세상에 단 하나뿐인 존재, NFP(대체 불가능한 플레이어)라는 사실을 강조했다. 그런데 이쯤 되면 오해하는 사람이 있을지도 모른다. "그럼 나는 특별한 존재고, 다른 사람보다 더 우월하다는 뜻인가?" 하지만 절대 그렇지 않다. 내가 말하는 NFP(Non-Fungible Player), 대체 불가능한 플레이어는 우월함이나 열등함과는 전혀 상관이 없다. 진짜 본질은 '고유함', 즉 당신만의 차이점에 있다. 우월함과 고유함을 절대 착각하지 말길 바란다.

이 세상이라는 거대한 게임 판이 어떻게 굴러가는지 한번 상상해 보자.

당신이 잠든 새벽, 환경미화원이 당신이 내놓은 쓰레기를 치우기에 아침의 거리는 깨끗하다. 당신이 사는 집은 건축가가 설계하고, 목수와 배관공, 전기기사가 지었으며, 겨울의 온기는 보일러 기사의 손길 덕분이다. 아침 식탁에 오른 쌀은 농부의 땀방울이고, 당신이 출근길에 오르는 버스는 버스기사가 운전한다. 당신이 회사원으로 일하는 그 건물에서는, 변호사와 회계사가 회사의 법과 재무를 다루고, 사무원과 경리, 비서가 그 실무를 돕는다. 당신이 아플 때 진찰하는 의사와 보살피는 간호사가 있고, 갑작스러운 사고 현장에는 소방관과 경찰관이 달려간다. 퇴근 후 당신은 미용사에게 머리를 맡기고, 요리사가 만든 저녁을 먹으며, 가수의 노래를 듣거나 영화배우가 출연하는 감독의 영화를 본다. 때로는 유튜버나 스트리머의 방송을 보며 웃고, 작가가 쓴 책을 읽으며 위로를 받는다.

이것들 외에도 수많은 다양한 직업과 역할들이 서로 얽혀 이 세상이라는 거대한 게임 판을 움직이고 있다. 우리는 흔히 특정 직업을 다른 직업보다 더 우월하거나 열등하다고 생각하는 경향이 있다. 하지만 이 거대한 톱니바퀴 속에서, 판사가 지금 당신이 살고있는 집을 지어준 목수보다 위대하다고 말할 수 있는가? 의사가, 매일 당신의 발이 되어주는 버스기사보다 우월하다고 할 수 있는가? 만약 그런 생각을 한다면 그런 생각이야말로 세상을 가장 편협하게 보는, 오만방자한 착각일 뿐이다. 이 세상 모든 직업들 중 하나라도 빠지면 이 사회가 제대로 작동하지 않는다. 모든 직업과 모든 사람은 각자의 자리에서 자기 몫의 역할을 다하며 이 세상을 움직이는 톱니바퀴와 같다. 그 무엇도, 그 누구도 결코 더 높거나 낮은 존재가 아니다.

누군가는 세상을 구하는 영웅 같고, 누군가는 그저 평범하고 초라한 인생을 사는 것처럼 보일지도 모른다. 하지만 절대로 그렇지 않다. 그것은 진리이다.

"사람 위에 사람 없고, 사람 밑에 사람 없다."

이 말은 정말 진부하게 들릴 수도 있지만, 이것이야말로 가장 단순하고 확실한 진리다. 진정한 NFP(Non-Fungible Player)가 된다는 것은, 바로 나와 타인 NPC(Non-Player Character)의 차이를 인정하고 존중하는 것에서 시작된다. 나는 나이고, 상대방은 상대방이다. 각자의 역할과 직업은 다르지만 그 가치와 존귀함은 결코 다르지 않다. 중요한 것은 자신만의 고유한 가치를 발견하고, 그 고유성을 존중하며 살아가는 것이다.

한번 생각해 보자. 의사가 환자의 생명을 살리는 건 분명히 위대한 일이지만, 그 의사가 수술을 하러 갈 때 병원 청소부가 제대로 청소를 하지 않았다면 어떤 일이 벌어질까? 전기가 고장 났을 때 전기 기사가 없다면, 교통사고 현장에서 사람을 빠르게 구해주는 렉카 기사와 응급구조사가 없다면, 우리가 살아가는 사회는 어떻게 될까?

결국 이렇듯 우리는 서로는 모두 연결된 존재다. 우리는 서로를 돕고 보완하며 살아가고, 그것이 바로 사+람=삶 이라는 공식이 완성된다. 학생이 있어 학교가 있고 학교가 있기에 선생님도 있는 것이다. 사람 위에 사람 없고, 사람 밑에 사람 없다. 각자의 자리에서 최선을 다하는 모든 사람은, 이 사회라는 게임 판을 완성하는 가장 중요한 역할을 맡고 있다. 그러니 스스로 결코 낮추지 말고, 또한 타인을 함부로 낮추지도 말자. 타인을 있는 그대로 인정하고 존중할 때, 우리 스스로 이 사회 속에서 가장 온전히 존재할 수 있다. 이것이 바로 진정한 NFP로 살아가는 삶의 방식이다.

우리는 살아가면서 TV에 나오는 유명 연예인, 큰 회사의 기업가, 영향력 있는 정치인 등 "우와!"라는 감탄이 나올 정도로 화려한 외모와 재력, 능력을 갖춘 사람들을 본다. 그리고 그들을 부러워하기도 한다. 이것이 어쩌면 인간의 본성일 것이다. 하지만 나는 솔직히 살면서 누군가를 진심으로 부러워한 적은 없다. 단지 "돈 많아 좋겠네." 하는 정도지, 그들의 삶을 부러워하며 내 삶을 비관해 본 적은 없다. 왜냐하면 그럴 시간에 내가 해야 할 일을 하는 게 더 중요했기 때문이다.

그렇다면 왜 세상에는 이렇게 다양한 NPC(너)들이 존재하는 것일까? 왜 나는 지금 이 모습이고, 누군가는 더 행복하고 우월한 모습으로 태어난 걸까? 이런 의문이 들 수 있다. 그런데 그거 아는가? 그런 비교를 위를 향해 하지 말아라. 당신이 지금 힘든 시기를 보내고 있다면, 차라리 아래를 보고 비교하라. 혹 누구는 지금 '사람 위에 사람 없고 사람 밑에 사람 없다더니, 이제 와서 아래를 보고 비교하라고? 이 새끼도 위선자 아니야?'라고 생각할 것이다. 맞다. 그런데 틀리다. 당신이 아무리 죽을 만큼 힘들다고 해도, 세상에는 당신보다 10배, 100배, 아니 1000배 힘들게 살아가는 사람들이 분명히 존재한다. 억측이라고 느낄 수 있지만, 이건 엄연한 사실이다.

오해하지 마라. 내가 말하는 '아래를 향한 비교'는, 그들을 짓밟고 우월감을 느끼라는 저열한 짓이 결코 아니다. 이것은 당신이 얼마나 '운 좋은 판' 위에 서 있는지를 객관적으로 인지하라는, 가장 현실적인 당신에게 주어진 모든 것에 '감사하는 훈련'이다.

당신이 얼마나 운이 좋은 사람인지 아는가? 내가 처음부터 태어나는 것 자체가 '운'이라고 했다. 당신이 '대한민국'이라는 나라에서 지금 이 시대에 태어나 살아가고 있는 것만으로, 지구라는 이 거대한 세계 전체의 관점에서 보면 경제적으로 사회보장제도로도 국가 시스템적으로도 인간이 살아가는데 있어서 필요한 기본인 의료 치안 등 이미 상위 10%의 선택을 받은 존재다. 이것은 단지 감정적 위로가 아니라 통계적으로 나와 있는 명명백백한 사실이다. 아무리 힘들어도 나가서 1시간만 일을 하면 최소 1만 원은 벌 수 있고, 1만 원이면 최소한 하루는 먹고 살 수 있다. 그렇지 않은가? 비싼 걸 먹고 맛있는 걸 먹고 이런 이야기가 아니다. 그냥 최소한의 생존의 법칙을 이야기하는 것이다. 만약 당신을 점지해 준 삼신할머니가 깜빡 졸아 당신이 태어날 곳을 '대한민국'이 아니라 잘못 다른 점을 찍어 지금 당신이 '북한'에서 태어났다면 어떻겠는가? 그럼 상상조차 하기 어려운 현실을 마주하고 있었을지도 모른다. 이렇게 생각해 보자. 지금 당신의 게임 혹은 영화 시나리오에 등장하는, 당신을 제외한 모든 사람들은 NPC라고 생각하라. 그러면 진심으로 부러워할 것도 없고, 우월함을 느낄 필요도 없다. 그냥 "아, 저 사람은 저런 존재구나." 하고 받아들이면 된다. 지금 당신이 이 책을 읽을 수 있을 정도의 여유와 교육, 지식 수준을 갖추고 있다는 것만으로도 이미 당신은 수많은 사람보다 훨씬 나은 환경과 운을 가지고 있다. 그러니 타인을 부러워하며 스스로 비관할 시간에, 당신이 이미 가진 것들에 감사하라는 말이다. 자책을 멈추고, 당신이 얼마나 운 좋은 게임 판 위에 서 있는지를 깨달아라. 당신을 둘러싼 모든 NPC들은 당신을 괴롭히기 위해 존재하는 것이 아니라, 당신의 현재 위치를 객관적으로 보게 만드는 '거울'일 뿐이다.

 당신이 이 사실을 깨닫는다면, 그 순간부터 당신은 더 이상 세상이 만들어 놓은 함정과 기준에 흔들리지 않고, 자신의 고유한 삶을 당당히 살아갈 준비가 된 것이다. 진정한 자기 자신으로 존재하는 길은, 모든 사람의 고유성을 존중하며 '사람 위에 사람 없고, 사람 밑에 사람 없다'는 이 단순하고도 깊은 진리를 받아들이는 데서 시작된다.

나(NFP)와 너(NPC)가 함께 살아가는 법
(feat. 3의(義)의 법칙)

이제 당신은 스스로가 세상에 단 하나뿐인 존재, 즉 대체 불가능한 플레이어(NFP)라는 사실을 분명히 깨달았다. 하지만 현실에서 우리는 결코 혼자 살아갈 수 없다. 삶이라는 게임 판 위에는 나(NFP)와 너(NPC)가 반드시 함께 존재해야만 한다. 여기서 중요한 것은 이 공존을 어떻게 가장 건강하고 현명하게 유지할 수 있는가 하는 점이다.

자 우리는 6장에서, 모든 인간관계의 본질이 일종의 '거래'라는 불편한 진실을 마주했다. 그렇다면 이 게임 판 위에서, 우리는 어떻게 서로를 착취하는 약탈적인 거래가 아닌, 서로의 영혼을 살찌우는 건강한 거래를 할 수 있을까? 그 유일한 해답이 바로 '3의(義)의 법칙'이다. 누군가 나에게 '선의(善意)'를 베풀었을 때, 나 또한 마땅히 '도의(道義)'를 지켜 최소한의 '성의(誠意)'를 표하는 것. 이 간단한 원칙이, 모든 건강한 관계의 시작이자 끝이다.

우리는 종종 다른 이의 작은 배려와 호의를 당연하게 여긴다. 예컨대 직장 동료가 매일 아침 당신을 위해 커피 한 잔을 사다 준다고 생각해 보자. 처음에는 고마운 마음이 들겠지만, 점점 시간이 흐르면서 우리는 무의식중에 이것을 당연한 것으로 여기게 된다. 당신은 "뭐, 별거 아닌데?"라고 생각할지 모르겠지만, 작은 선의라도 결코 당연한 것은 없다. 내가 상대의 선의를 당연하게 여기는 순간부터 관계의 균형은 깨지기 시작한다.

실제 내 주변의 사례를 하나 들어보겠다. 내 지인 중 한 명은 오랜 기간 친했던 친구와 어느 날부터 급격히 관계가 나빠졌다. 그 이유는 사소했다. 그는 친구가 늘 당연하게 자신의 집 근처로 데리러 와주거나, 자주 밥을 사주는 걸 점점 당연하게 생각했다. 어느 날 친구가 사정이 있어 더 이상 그 배려를 못 하겠다고 하자, 그는 "너 왜 갑자기 변했냐?"라며 친구를 탓했다. 선의를 당연하게 여기고, 최소한의 성의를 보이지 않았던 그의 태도는 결국 좋은 관계를 잃게 만들었다.

「3의(義)의 법칙」에서 가장 중요한 원칙 중 하나가 바로 이것이다.

"그 어떤 선의도 결코 당연한 것은 없다."

또 하나, 사람들이 자주 하는 큰 실수가 있다. 관계를 너무 거래적으로 접근하는 것이다. 많은 사람이 상대에게 자신이 얼마나 많이 주었는지 계산하고, 그것을 그대로 되받지 못하면 마음의 장부에 부채처럼 기록한다. 예를 들어, "나는 너에게 생일 선물을 10만 원짜리 사줬는데, 너는 왜 나에게 고작 2만 원짜리밖에 안 주냐?" 그때부터 네가 베푼 10만 원짜리는 베푼 것이라고 여길 수 없다. 그것은 모종의 거래이자 무언의 약속을 했던 것이지, 이런 식으로 따지는 이것은 가장 피곤하고 소모적인 태도다.

애초에 선의(善意)라는 개념 자체가, 먼저(先) 베푸는 착한(善) 마음을 뜻한다. 상대에게 무언가를 주고 나서 보상을 기대하는 순간, 그것은 이미 선의가 아니다. 그냥 거래다. 그러니 인간관계를 거래 명세서로 만들지 마라. 내가 베푼 선의는 그 즉시 잊어버리고, 오직 상대방이 나에게 베푼 선의만을 기억하고 말이든 마음이든 물질이든 '도의'적으로 '성의' 표시를 하는 것이다.

이처럼 '3의 법칙'은 관계 속에서 우리가 지켜야 할 최소한의 행동 강령이다. 하지만 행동은 언제나 마음에서 비롯되는 법이다. 겉으로 '성의'를 표하는 것만이 전부가 아니다. 그 행동에 진심 어린 '마음'이 담겨 있지 않다면,

그것 역시 또 다른 형태의 계산일 뿐이다. 그렇다면 관계 속에서 우리가 가져야 할 가장 본질적인 마음의 태도는 무엇일까?

나는 그것이 바로 '진짜 기도'에 담겨 있다고 생각한다. 사람들은 보통 종교를 믿든 안 믿든, 각자의 방식으로 어떤 대상에게 기도를 한다. 하늘에, 우주에, 자신이 믿는 종교의 신에게, 심지어 무당들이 섬기는 귀신들에게까지 말이다. 그런데 솔직히 말해보자. 그런 기도가 잘 이루어지던가? 정말 간절하게 바라면 이루어진다고들 하지만, 실제로는 대부분 그렇지 않다는 걸 모두 한 번쯤 경험했을 것이다. 도대체 왜 간절히 바라는 그 마음, 그 기도가 현실에서는 잘 이루어지지 않는 걸까? 나는 이제 그 이유를 분명히 설명하겠다. 그리고 당신의 기도가 진짜로 이루어질 수 있는 현실적이고도 확실한 방법까지 알려주겠다.

우리는 흔히 '두 손 모아 기도한다'고 표현한다. 이 말 자체는 아름답다. 하지만 모두가 정확히 그 '두 손'의 의미를 오해하고 있다. 보통 사람들은 그 두 손이 나 자신의 두 손이라고 생각한다. 나의 두 손을 모아 내 욕망과 소원을 빌면, 간절함이 하늘이나 우주, 혹은 신에게 닿는다고 믿는다. 하지만 천만의 말씀이다. 그 '두 손'은 나의 두 손이 아니다. 한 손은 나(NFP)의 손이며, 다른 한 손은 바로 너(NPC)의 손이다. 즉, 나와 너, 서로가 서로를 위한 순수한 기도를 올릴 때 비로소 그 기도가 우주, 신, 하늘, 그 어떤 대상에게도 온전히 전달되는 것이다.

진짜 기도의 본질은 성당이나 절에 가서 십자가와 불상 앞에 무릎 꿇고 비는 것이 아니다. 돈을 내고 무언가를 바라는 조건부의 마음 역시 기도가 이루어지는 충분 조건이 아니다. 오직 아무 조건 없는 순수한 마음, 너(NPC)를 위한 간절하고 진심 어린 응원의 마음 그 자체가 기도의 본질이다. 가장 가까운 사이인 부모와 자식 간의 마음을 생각해보자. 자식이 중요한 시험이나 면접을 앞두었을 때, 부모가 두 손 모아 기도하는 장면을 떠올려 봐

라. 그 기도 속에는 어떤 계산이나 조건도 없다. 자식을 위해 무언가를 바라고 대가를 기대하는 마음은 전혀 없다. 오직 내 자식이 조금이라도 덜 힘들기를, 좋은 결과가 있기를, 행복해지기를 바라는 간절하고 순수한 마음만이 존재한다. 또한 자식 역시 부모님이 건강하고 평온하길 바라는 진심 어린 마음을 늘 갖고 산다. 그리고 마음은 부모와 자식 사이에 자연스럽게 순환하며, 서로에게 가장 강력한 응원과 힘이 된다. 바로 이것이 진짜 기도의 힘이며, 기도의 본질이다.

우리의 삶 역시 마찬가지다. NFP인 내가 NPC인 너를 위해 기도하고, 너 역시 나를 위해 진심을 담아 기도할 때 비로소 우리가 바라는 기적과 같은 일들이 현실로 나타난다. 우리는 본질적으로 혼자 존재할 수 없다. 서로의 삶을 연결하고 지지하는 관계 안에서만 진정으로 빛나는 것이다. 그렇기 때문에 NFP와 NPC는 결코 분리될 수 없는 존재들이다.

결국, 너를 위한 나의 기도가 나를 위한 가장 빠른 길이다. 서로를 위한 순수한 마음이 모여 우주와 하늘에 전달될 때, 비로소 진정한 기도의 응답이 이루어지기 시작한다.

이제부터는 현실적으로 인간관계를 관리하는 간단한 방법을 알려주겠다.

당신이 매일 밤 잠자리에 들기 전, 자기 자신에게 이렇게 질문하라.

"나는 오늘, 내가 받은 타인의 선의(善意)를 당연하게 여기지 않고, 나 또한 마땅히 '도의(道義)'를 지켜 최소한의 '성의(誠意)'를 다하려고 했는가?"

그리고 더 나아가 한 번 더 질문을 던져라.

"나는 오늘, 나 자신만을 위한 기도를 했는가, 아니면 너를 위한 기도를 했는가?"

이 두 가지 질문에 정직하게 답할 수 있을 때, 나와 너가 함께 공존하는 세상에서 가장 멋진 NFP로 살아갈 준비가 된 것이다.

나 자신이 아무리 특별하고 고유한 NFP라 해도, 주변의 NPC 없이는 결코 존재할 수 없다. 결국 우리 삶의 본질은, 서로의 존재를 인정하고 존중하며 함께 살아가는 것이다. 「3의(義)의 법칙」과 '두 손 모아 기도'를 항상 기억하라. 그것이야말로 우리가 이 세상이라는 게임 판 위에서 서로에게 가장 훌륭한 동료이자 플레이어로 살아가는 최고의 전략이다.

관계의 주인이 되고 싶다면, 당신에게 주어진 선의(善意)를 결코 당연하게 여기지 말고, 언제나 도의(道義)적으로 최소한의 성의(誠意)를 다하라. 그렇게 할 때 비로소 당신은 자신과 타인을 함께 살리는 진정한 NFP로 거듭나게 될 것이다.

불량식품과 같은 불량지식

네 안의 고인물 캐릭터 상위자아(Higher Self)

요즘 영성(靈性) 분야에서는 종종 '상위자아(Higher Self)'라는 개념을 이야기한다. 시공간을 초월한, 신성하고 완벽한 형태의 '진짜 나'가 존재하며, 그 존재와 연결될 때 인생의 모든 해답을 얻을 수 있다는 것이다.

매우 매력적인 개념이지만, 우리는 이 개념이 전달되는 방식의 문제를 지적해야 한다. 일부 명상가나 영적 지도자들은 상위자아와의 만남을 신비주의적인 체험으로 포장하고, 그것이 특별한 재능이나 고가의 수련을 통해서만 가능한 것처럼 이야기하며 상업적으로 이용한다.

이 글의 목적은 '상위자아'라는 개념을 부정하는 것이 아니라, 그것을 신비주의와 상업주의의 껍데기에서 꺼내 『본질론』의 세계관 안에서 현실적이고 주체적인 개념으로 재정의하는 것이다.

『본질론』에서 상위자아는 시공간을 초월한 별개의 영적 존재가 아니다. 그것은 수많은 퀘스트와 실패를 통해 얻은 경험치로 최고 레벨(만렙)에 도달한 '미래의 당신(The Future Self)'이며, 당신의 인생이라는 게임을 이미 클리어한 '고인물 플레이어'다.

그 '고인물'이 된 당신은, 현재 '쪼렙'인 당신이 겪게 될 모든 시련의 패턴과, 모든 보스 몬스터의 공략법을 이미 알고 있다. 그래서 현재의 당신이 잘못된 선택을 하려 할 때마다, 당신 내면의 '관제탑'을 통해 '직관' 혹은 '영감'이라는 이름으로 신호를 보낸다. "그 길은 막다른 길이다." 혹은 "그 선택은 위험하다."라는 형태의 강력한 내적 경고가 바로 그것이다.

그렇다면 이 내 안의 '고인물', 즉 상위자아를 어떻게 만날 수 있는가?

그릇된 방법은 외부에서 스승을 찾거나, 신비로운 체험에 의존하는 것이다. 이는 결국 또 다른 형태의 '의존'을 낳을 뿐이다.

가장 확실하고 유일한 방법은, 지금 당신의 세상 안에서 다양한 경험치를 쌓아 '레벨업'하는 것이다. 당신 앞에 놓인 퀘스트를 외면하지 않고, 실패를 두려워하지 않으며, 모든 경험을 '나'라는 캐릭터를 성장시키는 데이터로 삼아야 한다.

결국 '상위자아와의 연결'이란, 신비로운 체험이 아니라, 수많은 경험과 성찰을 통해 '미래의 나'와 '현재의 나' 사이의 간극을 좁혀 나가는 지극히 현실적인 '성장'의 과정이다.

그러니 더 이상 외부에서 답을 찾으려 시간과 돈을 낭비하지 마라. 당신의 모든 해답을 알고 있는 가장 위대한 스승은 당신이며 지금 이 순간에도 당신 안에서 당신이 경험치를 쌓아 자신에게 도달하기를 기다리고 있는 '미래의 당신'뿐이다.

STAGE 10

삶을 GAME처럼 즐겨라

(feat. 감사하는 또라이)

10-1
삶은 단기 퀘스트와 장기 퀘스트의 연속이다
(feat. 도전)

자, 이제부터 당신 인생 GAME의 진짜 '사용설명서'를 시작한다. 9장에서 당신은 스스로 세상에 단 하나뿐인 NFP(대체 불가능한 플레이어)임을 선언했다. 그렇다면 이 NFP로서, 당신은 인생이라는 게임을 어떻게 플레이해야 하는가?

세상의 모든 자기계발서와 미디어는 항상 '도전하라!'라고 외친다. 마치 도전만이 인생의 유일한 정답인 것처럼 말이다. 하지만 그 말을 듣는 순간 우리는 주눅이 든다. '도전'이라는 단어가 주는 거창하고 비장한 무게감 때문이다. 에베레스트를 등반하거나, 회사를 때려치우고 창업하는 것만이 도전이라고 착각하게 된다.

자, 지금부터 그 낡고 위험한 '도전'의 개념을 다시 이야기해 보자.

인생은 RPG 게임처럼 수많은 '단기 퀘스트'와 몇 개의 '장기 퀘스트'가 모여 완성된다. 그리고 내가 말하는 '도전'이란, 바로 이 사소한 '퀘스트'를 하나씩 클리어해 나가는 과정일 뿐이다. 거창한 것이 아니다. 그저 여태 네가 해보지 않은 것을 시도해 보는 것, 그것이 도전의 전부다.

이것이 무슨 의미인지, 나의 일화를 통해 이야기를 통해 이야기해보자. 우리는 유년기 학창시절을 지내며 보통 운동이라는 것이 달리기, 축구가 거의 전부였던 시기가 있다. 하다못해 술래잡기를 하더라도 달리기가 빨라야 잘하지 않는가? 그 유년시절의 나는 유독 달리기를 못해도 너무 못했다. 그러다 보니 뛰는 운동이 기본인 축구도 잘 못하는 흔히 말하는 '개발'이었다. 그렇게 나는 20살이 될 때까지 주위 친구들도, 그리고 나 스스로 운동신경이 전혀 없는 사람이라고 믿고 살았다. 그런데 군대에 가서 우연히 '족구'라는 새로운 퀘스트를 만났다. 근데 이상하게 축구는 못하는데 족구는 기가 막히게 잘했다. 그때 처음으로 '아 운동이 재밌네?' 했고 스스로 '아, 나는 달리기와 축구를 못하는 사람이지, 발을 못 쓰는 사람은 아니었구나.'

그리고 전역 후에는 친구들과 우연히 스키장을 갔다가 스노보드를 접했다. 그런데 세상 이렇게 재미있을 수가 있나? 같이 다니던 친구들에 비해 월등히 빠르게 실력도 늘고 트릭도 하고 그러면서 동호회도 들게 되고 거기서 만난 인연 덕분에 웨이크보드라는 운동을 접하게 되었고 그렇게 나는 그냥 재미있어서 즐겼을 뿐이다. 근데 여기서 문제가 하나 발생한다. 당시 20여 년 전에도 스노우보드나 웨이크보드는 꽤 나름 고급 스포츠였다. 당시 지게차 운전을 하던 내 월급이 150만 원 정도였던 걸 생각해 보면 엄청난 부담이었다. 방법은 하나였다. 일도 하고 돈을 최대한 안 쓰면서 내가 하고싶은 걸 할 수 있는 방법으로 평일에는 열심히 일을 하고, 주말엔 렌탈샵 일을 도우며 일당은 없고 렌탈샵에 딸린 숙소에서 직원들 따라 숙식을 해결하고 스키장에서 보냈다. 여름엔 빠지(수상스키장)에서 알바를 했다 여름에 빠지에서 주말 알바를 하면 당시 일당 5만 원에 하루에 웨이크보드를 2번 공짜로 태워줬다. 이틀 일한 걸로 빠지까지 왔다갔다하는 기름값과 경비로 썼다. 그렇게 나는 20대에 젊은 에너지를 바탕으로 거의 1년 365일을 일과 알바 그리고 취미생활이라는 것을 즐겼다. 물론 몸은 죽을 만큼 힘들었다. 월요일 아침에 출근하려고 하면 세수하다가 쌍 코피가 터지는 것은 부지기수였으니 말이다. 하지만 할 수 있었다. 왜? 재미있으니까, 그리고 젊었으니까 나는 그 운동들을 남들보다 훨씬 빠르게 습득했다. 아니 정확하게 당시에는 그걸 운동이라고 생각도 하지 못했다. 그제야 나는 내 진짜 '세팅값'을 발견했다. 나는 구기 종목에는 재능이 없었지만, '밸런스' 운동에는 최적화된 운동신경을 가지고 태어난 사람이었던 것이다. 여기서부터 진짜 재미있는 일이 벌어진다. 세월이 지나 20여 년이 흘렀다.

나는 내가 잘하는 것을 '그냥 즐겼을' 뿐인데, 그 즐거움 속에서 새로운 아이디어가 떠올랐다.

"이 밸런스 감각을 이용해 재미있는 운동기구를 만들 수 있겠다."

그 생각은 꼬리에 꼬리를 물고 확장되어, 현재 나는 '밸런스 보드 핏(Balance Board Fit)'이라는 이름의 상표와 함께, '밸런스 보드 기반 운동 및 게임 컨텐츠 제공 방법 및 시스템'이라는 특허까지 출원했다. 거기서 더 나아가, 지금은 스마트폰을 이용한 가정용 피트니스 기구 시스템, 'M-Fit(모바일피트니스)'이라는 새로운 특허까지 구상하고 있다.

이것이 바로 내가 말하는 '인생 게임'의 본질이다. 난 20년 전 그냥 내가 즐거운 걸 최선을 다해서 즐겼다. 그리고 지금 그 오랜 시간 동안의 결과가 드러나기 시작했다. 당연히 나는 "피트니스 사업으로 연결하겠다."라는 거창한 '장기 퀘스트'를 세운 적이 없다. 그저 "이거 재밌겠는데?"라는 아주 사소한 '단기 퀘스트'들을 하나씩 클리어해 나갔을 뿐이다. 그 과정에서 나도 몰랐던 나의 진짜 재능을 발견했고, 그 재능이 자연스럽게 새로운 기회(운)로 연결된 것이다.

<u>당신은 못하는 것이 아니다. 그저 해보지 않은 것뿐이다.</u> 가끔 우리 머릿속엔 누구나 "할까? 말까?" 하는 생각이 든다. 예를 들어 요즘 러닝이 유행인데 망설이고 있다면 그냥 한번 해보는 것이다. 해봤는데 나와 맞지 않아? 괜찮다. 과감히 그만두고 다른 걸 찾아도 상관없다. 꼭 운동이 아니어도 좋다. 꽃꽂이, 그림 그리기, 노래 부르기 등 당신에게 맞는 재미있는 것, 그리고

잘하는 것이 반드시 존재한다. 이제부터 스스로에게 이렇게 선언하라. "나는 나에게 맞는 '히든 퀘스트'를 찾는 작업을 한다."라고 말이다. 그렇다면 이쯤에서, 당신의 첫 번째 퀘스트는 어떻게 시작하면 좋을까?

나는 앞서 말했듯, 운동과는 영 거리가 먼 '세팅값'을 가지고 있다 생각했었다. 하지만 족구라는 예상치 못한 단기 퀘스트 덕분에 나는 운동을 못하는 사람이라는 것에 부담이 없어졌다. 만약 내가 그 작은 기회를 잡지 않았다면, 나는 스노우보드에도 도전하지 못 했을 것이고 아마 지금의 나는 완전히 다른 인생을 살고 있을 것이다. 내가 뭘 잘하는지도 모르는 채 말이다. 인생은 이렇게 사소한 퀘스트 하나로부터 전혀 예측하지 못한 방향으로 흘러간다. 그런 작은 퀘스트로 인한 작은 변화 하나가 인생 전체를 뒤바꾸기도 한다. 거기에 덧붙여 새로운 인연들은 덤으로 따라오는 것이다. 그리고 그 인연들로 인해서 당신의 삶은 또 다른 방향으로 바뀌기도 하는 것이다.

그러니 두려워하지 말고, 지금 당장 당신의 첫 번째 퀘스트를 시작하라. 그 퀘스트는 거창하거나 대단할 필요가 없다. 한 번도 안 가본 곳을 방문하기, 한 번도 해보지 않은 취미를 시도해 보기, 혹은 나는 내성적이라 새로운 사람들과 사귀는 것을 불편해하던 사람이라면 동네에 소모임 같은 것들 나가 보기처럼 자신만의 퀘스트를 만들고 하나씩 클리어해 나가 보는 것이다. 늘 좋은 결과만을 바라는 것은 인생 게임을 즐기는 게 아니다. 세상은 당신을 위해 뭐든지 열려있다. 그러니 그냥 뭐든 해 보는 것이다. 그러면 그것이 1년 뒤 혹은 나처럼 20년 뒤에도 어느 결과가 되어서 돌아올지 알 수가 없다.

중요한 것은, "이거 재밌겠는데?" 하는 그 작은 호기심을 실행하는 용기다. 사소해 보이는 이 작은 호기심과 용기가 결국 나를 새로운 나로 이끌고, 내 안에 숨겨진 잠재력을 깨워준다. 바로 그 순간, 새로운 세팅값을 발견하게 되고, 그것은 다시 또 다른 퀘스트로 연결된다.

아직도 퀘스트에 대한 '도전'이나 '성장'이라는 단어가 너무 크게 느껴지는가? 자, 누구나 겪어봤을 법한 일상을 한번 이야기해 보자. 이 글을 쓰고 있는 오늘 점심에 나는 직원들과 부대찌개를 먹으러 갔다. 그런데 우리가 가려던 부대찌개집 앞에는 이미 만석에, 심지어 줄까지 서 있는 상황이었다. 이런 경우 보통 두 가지 선택지가 있다. 원래 먹으려던 부대찌개를 먹기 위해 기다리거나, 아니면 다른 대안을 찾는 것이다. 우리 팀은 기다리는 대신 근처 처음 보는 가게로 들어가 백반을 먹기로 했다. 최근 회사 근처에 자주 가던 백반집이 없어져서 근처 어디 괜찮은 백반집 없나 하고 고민하고 있었는데, 그렇게 우연히 들어간 가게에서 우리는 가격도 합리적이고 맛도 좋은, 그토록 원하던 백반집을 발견하게 됐다.

이 일화에서 무엇이 느껴지는가? 우리는 원래 가기로 한 부대찌개집 대신 새로운 '도전'을 했고, 그 과정에서 원하는 맛집을 찾는 '성장'을 경험했다. 억지스럽게 들리는가? 절대 아니다. 당신의 생활 속에서 작든 크든 늘 도전하고 성장하고 있다는 사실을, 단지 당신 스스로 깨닫지 못했을 뿐이다. 그러니 도전과 성장을 그렇게 거창하게만 받아들이지 말라는 말이다.

이것이 내가 당신에게 제안하는 NFP로서 삶을 플레이하는 방법이다.

잊지 마라, 당신은 여전히 이 게임 판에서 수많은 퀘스트를 기다리고 있는 플레이어라는 사실을. 그리고 그 퀘스트를 통해 당신은 누구보다 재미있게, 누구보다 행복하게 인생이라는 게임을 즐길 수 있다는 사실을.

당신의 인생 GAME의 목적은 '성공'이 아니라 '성장' 즉, 'level up'이어야 한다.

오늘의 작은 실패는, 내일의 더 큰 성장을 위한 데이터일 뿐이다. 오늘의 작은 성공은, 앞으로 나아갈 길에 대한 확신을 더해주는 보너스일 뿐이다. 목표 달성에 실패했다고 좌절할 필요도 없고, 성공했다고 교만할 필요도 없다. 인생 GAME의 목적은 "어제의 나보다 오늘의 내가 단 1cm라도 성장했는가?"가 되어야 한다. 다시 한번 강조하지만 성장도 도전도 거창한 것이 아니다. 당신이 늘 다니던 골목길이 아닌 다른 골목길로 한번 걸어가 보는 것으로도 이미 당신은 성장을 경험한 것이다. 자, 이제 당신만의 작은 퀘스트를 시작하라. 바로 거기서부터 당신의 진짜 '장기퀘스트'가 시작될 테니 말이다.

10-2
재미와 행복, 그리고 쾌락과 중독

10-1절에서 나는 당신에게 '인생은 퀘스트(도전)'이며, '도전'을 통해 성장하는 재미를 찾아야 한다고 말했다. 하지만 여기서 우리는 더 근본적인 질문을 마주해야 한다. 대체 '삶을 즐긴다'는 것의 진짜 의미는 무엇인가? 우리는 이 질문 앞에서 너무나 쉽게 길을 잃는다. 매일 밤 마시는 술, 주말의 골프, 여행, 쇼핑으로 푸는 스트레스, 자극적인 음식. 우리는 이 모든 것을 '나를 위한 선물'이자 '삶의 행복'이며 진리라고 착각한다.

하지만 그것은 진정한 의미에서의 재미가 아니라 '쾌락(Pleasure)'이다. 쾌락은 외부의 자극을 통해 얻는 짧고 강렬한 감각이다. 한 번으로 충분히 만족스럽고, 그 쾌락을 바탕으로 다시 일상에 창조적인 에너지가 채워진다면 그것은 '행복한 기억'이 될 수 있다. 하지만 끊임없이 반복적으로 쾌락을 갈구하고 끝없는 갈증을 느낀다면, 그 행위는 내 영혼을 채우는 것이 아니라, 잠시 고통을 잊게 하는 '마취제'에 가깝다. 마취에서 깨어나면 더 큰 공허함과 갈증에 시달릴 뿐이다.

사람들이 흔히 이런 말을 한다.

"스트레스 받아서 술 마셔."

"스트레스 받아서 여행 가."

"스트레스 받아서 골프 쳐."

"스트레스 받아서 쇼핑해."

이 이야기가 어떻게 들리는가? 너무 당연하게 느껴지는가? 물론 자기의 수입이나 소비 성향, 본인의 환경에 맞게 스스로 균형을 지키는 사람도 있다. 하지만 삶의 창조적 에너지를 써야 할 시간까지 소비해 가면서, 스스로의 영혼을 갉아먹고 있는지도 모르는 채 살아가는 사람들이 문제다.

쉽게 이야기하면 지금 내 팔이 부러졌다면 당장의 고통과 인고의 시간을 감수하고라도 철심을 박고 수술을 받아야 한다. 그런데 당장의 그 문제를 외면한 채, 그 자리에 '쾌락'이라는 마취제만 끊임없이 바르는 것이 바로 문제라는 이야기다. 현재 당신이 스트레스를 받는 이유가 경제문제이든, 인간관계이든, 개인 정신이든 간에 그것을 직접 마주하고 해결해야 한다는 것이다. 그 상황을 피하기 위한 도피처로 쾌락을 찾는 것이 문제다. 그 결과 그 마취제도 효과를 듣지 않게 된다. 자, 그렇다면 우리는 어떻게 진짜 재미와 행복을 찾아야 하는가?

내가 말하는 진짜 '재미(Flow & Happiness)'는 그 본질이 다르다. 그것은 '소비'가 아닌 '창조'의 행위다. '창조'라는 단어가 너무 거창하게 느껴지는가? 아니다. 앞서 장에서 이야기했듯, 지금 내가 태어나 처음 이 책이라는 것을 쓰는 것처럼, 당신이 당신의 일에 몰두하는 것처럼, 작은 시도라도 누구도 알아주지 않아도 스스로 충만하게 느껴지는 일들을 말한다. 티가 나지도 않는 새로운 것을 배우고 도전하며 어제의 나보다 단 1cm라도 성장하는 과정에서 느끼는 희열. 그 과정은 때로는 고통스러울 수 있지만 충만하며, 외부가 아닌 내 안에서부터 차오르는 지속 가능하게 만드는 그런 에너지 말이다.

그렇다면 '쾌락(Pleasure)'은 무조건 나쁜 것인가? 천만의 말씀이다. 쾌락도 반드시 필요하다. 치열하게 싸운 전사가 달콤한 술 한 잔을 마시며 긴장을 풀듯, 일주일 내내 최선을 다해 일한 사람이 주말에 여행을 떠나고, 하루의 피로를 맥주 한 캔에 날려버리듯 우리에겐 에너지를 충전하고 스스로 보상하는 쾌락의 시간이 분명히 필요하다. 쾌락과 행복은 동전의 앞·뒷면과도 같다.

진짜 문제는 바로 '균형'이다. 그리고 이것이 바로 사람들이 앵무새처럼 떠드는 '워라밸'의 진짜 본질이다. '워라밸'은 단순히 일과 삶의 시간을 나누는 기계적인 분배가 아니다. 그것은 창조적인 '재미'와 감각적인 '쾌락' 사이에서 균형을 잡는 고도의 정신적 기술이다.

여기서 가장 위험한 함정이 나타난다. 만약 당신이 창조적인 '재미'에만 미친 듯이 몰두한다면 어떻게 될까? 밤을 새워 일하고, 쉬지 않고 자신을 채찍질하며 무언가를 성취해 나간다면?

그것은 더 이상 '재미'가 아니다. 그것은 '중독(Addiction)'이다.

행복과 성취감이 주는 희열에 중독되어, '쉼'이라는 브레이크를 잃어버리는 순간, 그 창조적인 행위마저도 또 다른 형태의 '쾌락'으로 변질된다. 과정의 즐거움은 사라지고, 오직 '결과'와 '성취'라는 더 강한 자극만을 갈구하게 되는 것이다. 일 중독, 성공 중독. 이것이야말로 가장 교묘하고 위험한 자기 파괴적인 중독이다.

사실 이 이야기는 지금 이 글을 쓰고 있는 나 자신의 이야기이기도 하다. 지금의 나는 무엇에도 크게 재미를 느끼지 못한다. 아니 사실 내가 뭘 엄청나게 하고싶은지, 또 특출나게 무엇을 잘하는지도 잘 모르겠다. 오로지 창조와 성장 그리고 성취에 집착하고 있을 뿐이다. 누가 이렇게 묻는다. "그게 돈이 돼?" 그러면 나는 이렇게 대답한다. "음… 몰라, 그냥 하고 싶어서 하는 거야." 그래서 가끔 의도적으로 새로운 사람도 만나려 노력하고, 새로운 일을 시도도 해보지만 사실 무엇에도 큰 재미는 잘 느끼지 못한다. 그럼에도 불구하고 나 역시 워라밸을 맞추기 위해 나름 최선의 노력을 하고 있다. 그러니 우리 같이 노력해 보자는 것이다.

결국 NFP로서 삶을 완벽하게 즐긴다는 것은 이 세 가지의 아슬아슬한 경계 위에서 현명하게 줄타기를 하는 것과 같다. 창조의 '재미'를 통해 나를 성장시키되 그것이 '중독'이 되지 않도록 경계하고, 때로는 감각적인 '쾌락'을 통해 자신에게 보상하되 그것에 지배당하지 않도록 스스로 다스려야 할 것이다.

이 균형을 잡는 지혜. "내가 생각하는 행복이란 균형을 찾는 기술이다." 그것이 바로 당신이 당신 삶의 진정한 주인이 되어가고 있다는 가장 확실한 증거다.

10-3
긍정의 본질과 낙천이라는 필살기
(feat. 태양과 달의 시간)

10-2절에서 우리는 '진짜 재미'가 무엇인지 이야기했다. 하지만 '재미'를 찾아 떠나는 이 게임 판 위에서, 우리는 '실패'와 '불운'이라는 이름의 수많은 공격을 피할 수 없다. 세상의 모든 자기계발서와 숏츠나 자기계발 영상에서는 항상 이 공격을 "긍정의 힘으로 이겨내라!"라고 외친다.

나는 그 말이 세상에서 가장 무책임하고 위험한 주문이라고 생각한다.

그들이 말하는 '긍정'이란 무엇인가? 앞장에서 이야기한 팔이 부러져 뼈가 튀어나왔는데, 그 위에 파스를 뿌리며 "괜찮아질 거야, 다 잘될 거야."라고 외치는 것. 혹은 쾌락이라는 진통제를 쫓거나, 무조건 '끌어당김' 같은 근거 없는 무한긍정을 믿으라고 말하는 것이다. 이것이 그들이 말하는 긍정이다. 이것은 진정한 긍정이 아니라 현실을 외면하는 '정신 승리'이자 고통을 잠시 잊게 하는 '마취제'일 뿐이다.

특히 요즘 가장 위험한 것은 바로 '숏츠 영상'이다. 사실 그 영상 속 인물들이 하는 이야기는 전부 맞는 말이다. 문제는 영상에서 전달하려는 그 메시지의 본질을 제대로 이해하지 못한 채, 영상의 겉모습과 자극적인 '껍데기'만 소비하게 되는 방식이다. 이런 형태의 숏츠 중독에 빠지면, 내가 원하든 원하지 않든 무의식적으로 스스로를 정확하게 바라보지 못하고 '무한 긍정'의 루프에 갇혀버리게 된다.

내가 말하는 '진짜 긍정'은, 그 순서가 세상의 통념과 정반대다.

진짜 긍정의 첫 번째 단계는, '내 팔은 부러졌다'는 냉정하고 고통스러운 현실을 있는 그대로 인정하고 직시하고 그것을 좋은 방향으로 이끌겠다는 마음가짐인 것이다.

굳이 더 현실적인 예시를 들어보자. 당신은 지금 결혼을 하고 싶은데, 나이만 먹어가고 좋은 사람은 나타나지 않는다고 고민하고 있다. "내가 원하는 사람은 나를 좋아하지 않고, 나를 좋아하는 사람에게는 마음이 가지 않는다."라는 지긋지긋한 딜레마에 빠져 있다.

이때 당신이 마주해야 할 '부러진 팔'은 무엇인가? 그 원인의 99%가 바로 '나 자신'에게 있다는 불편한 진실이다. 내가 지금의 모습으로는, 내가 꿈꾸는 그 멋진 사람의 파트너가 될 수 없다는 냉정한 현실을 먼저 인정해야만 한다. 그것이 첫 번째 단계다. 그리고 그 현실을 온전히 받아들인 후에야, 비로소 진짜 긍정의 두 번째 단계로 나아갈 수 있다. 바로 "좋아, 이제부터 나를 바꾸겠다."라는, 근거 있는 희망과 의지를 갖는 것이다. 여기서 '나를 바꾼다'는 것은, 외모를 바꾸고 껍데기에 치중하라는 이야기가 절대 아니다. 내가 원하는 그 이상적인 파트너를 구체적으로 그려보고, "과연 저런 사람이라면, 어떤 사람을 만나고 싶어 할까?"라고 스스로 묻는 것이다. 그리고 그 사람이 원할 법한 '나', 즉 더 성숙하고, 더 깊이 있으며, 더 매력적인 '나'로 성장하기 위해 '마인드셋'부터 바꾸는 것이다. 세상에서 가장 현실적이고도 어려운 것이 나를 바꾸는 것이다. 이것이 힘들어서 사람들은 자꾸 환경 탓과 남 탓을 하는 것이다. 그래야 자기의 모습을 합리화할 수 있으니 말이다.

이것이 진짜 긍정이다. 결코 쉬운 일은 아니다. 현실을 직시하고, 나를 변화시켜, 마침내 원하는 것을 얻어내는, 지극히 현실적이고 주체적인 과정 말이다.

그리고 이 '진짜 긍정'을 삶의 모든 순간에 적용하는 기술, 그것이 바로 내가 말하는 '낙천(樂天)이라는 필살기'다.

우리는 '낙천적인 사람'을 그저 성격 좋은 사람으로 생각한다. 물론 그것도 맞는 이야기다. 나는 '낙천'을 NFP가 반드시 연마해야 할 단연코, 최고의 '기술'이라고 생각한다. 한자를 뜯어보자. 즐거울 락(樂), 하늘 천(天). 낙천이란, 말 그대로 '하늘을 즐기는 기술'이다.

여기서 '하늘'이란 무엇인가? 바로 8장에서 말했던, 우리가 바꿀 수 없는 거대한 '운의 흐름'이자 이 '인생 게임의 판' 그 자체다. 즉, 낙천이란 실패와 불운이라는, 하늘이 던져주는 모든 엿 같은 상황마저도, "아, 이번 챕터는 이런 이벤트가 발생하는구나."라며 게임의 일부로 받아들이고 즐길 줄 아는 최고의 경지다. 실패는 더 이상 상처가 아니라, 다음 레벨로 가기 위한 '경험치'가 된다.

그런데 이 '낙천'이라는 필살기를 사용하지 못하게 만드는 가장 강력한 바이러스가 있다. 바로 다른 NPC들과의 '비교'다.

유튜브나 SNS를 열면, 다른 이들의 화려한 성공과 행복이 파도처럼 밀려온다. 그들의 빛나는 현재를 보며, 당신은 스스로 묻는다. "나는 지금 뭘 하고 있는 거지?", "왜 나만 뒤처지는 것 같지?" 이 비교의 늪에 빠지는 순간, 당신은 더 이상 당신의 게임 판을 즐길 수 없게 된다. 남의 게임만 쳐다보며, 자신의 캐릭터를 원망하는 최악의 플레이어가 되는 것이다.

이 비교 지옥에서 벗어나는 유일한 방법은, '태양과 달의 시간표'를 이해하는 것이다.

태양이 이렇게 말하는 걸 들어본 적이 있는가?

"왜 나는 달처럼 밤에 빛나지 못할까?"라고 자신을 원망하는 걸?

달이 태양을 부러워하며 말하는 걸 들어본 적이 있는가?

"왜 나는 태양처럼 찬란히 빛날 수 없을까?"라고 자책하는 걸?

결코 그렇지 않다. 태양은 오직 자신의 시간인 낮에 가장 뜨겁고 찬란하게 세상을 비춘다. 달은 어둠이 내린 밤에 가장 고요하고 은은하게 세상을 밝혀준다. 그들은 결코 서로를 비교하거나 질투하지 않는다. 각자의 자리에서 자기 본질을 가장 완벽히 살아낼 뿐이다. 인간의 삶도 마찬가지다.

어떤 사람은 태양과 같다. 이른 나이부터 타오르는 열정으로 세상에 빛을 비추고, 남들보다 빠른 속도로 성공을 이루며 세상의 주목을 받는다. 어린 나이에 성공한 창업가나 스타들, 사회에서 일찍 성과를 내고 인정받는 사람들이 이런 태양형의 사람이다. 또 어떤 사람은 달과 같다. 긴 어둠의 시간 속에서 묵묵히 자신의 내면을 채우고, 수많은 좌절과 시행착오를 겪은 후 인생의 중·후반이 되어서야 비로소 자신의 빛을 드러낸다. 뒤늦게 작가로 등단하거나, 중년 이후 사업으로 큰 성공을 거두거나, 나이 들어 마침내 자신의 꿈을 이루는 사람들이 바로 달과 같은 사람이다.

여기에서 어떤 것이 더 우월하고 열등한가? 질문 자체가 어리석다. 태양과 달 모두 없어서는 안 될 존재들이다. 세상은 태양의 뜨거운 빛만으로도, 달의 고요한 위로만으로도 완성될 수 없다. 모두 각자의 역할과 시기에 맞추어 가장 최적의 때를 기다리고 있는 것이다.

우리 주변에서도 이런 사례는 쉽게 찾을 수 있다. KFC의 창업자 커넬 샌더스는 65세가 넘어서야 자신의 프라이드치킨 레시피를 완성하고 큰 성공을 거두었다. 소설가 박완서는 40세가 넘어서야 소설을 쓰기 시작했고, 마침내 한국 문학의 큰 별이 되었다. 반면, 스티브 잡스는 20대의 젊은 나이에 애플을 창립하고 젊어서 이미 전설이 되었다. 이들이 성공한 시점은 전부 다르지만, 그 모두 각자의 때를 기다렸고 자신만의 방식으로 빛을 발했다.

우리는 이런 사람들의 성공 스토리를 수없이 들어왔다. 그런데 왜 정작 우리가 진짜로 감동하고 본받아야 할 이런 인물들의 이야기는 쉽게 외면한 채, 실제로 존재하는지조차 불분명한 스마트폰 속의 인물들에게 그토록 질투와 부러움을 느끼는 것일까?

이 '비교 지옥'이라는 바이러스는 아주 오랜 시간 우리를 감염시켜왔다.

태어나 유치원에 들어가는 순간부터, "누구네 집 아들은 공부를 잘한다.", "누구네 집 딸은 일찍 취업해서 부모님을 해외여행 보내준다.", "너는 왜 쟤보다 못하냐.", "너는 왜 이렇게 늦냐." 등 우리는 끊임없는 비교 속에서 자라왔다. 어쩌면 지금 이 글을 읽고 있는 당신 역시 이미 이 '비교 바이러스'에 감염된 상태일지도 모른다. 너무 오랜 시간 비교 속에 살았기 때문에, 어쩌면 당신은 '비교'를 너무나 당연한 것으로 여기며 살아왔을 수도 있다.

하지만 기억해라. 9장에서 내가 이야기한 "나는 나, 너는 너" 라는 명제를 끊임없이 되새기는 것만이 이 '비교지옥'이라는 바이러스를 치료하는 유일한 방법이라는 사실을 말이다.

그러니 이제 남들과 자신을 비교하는 일을 멈추어라. 그 대신 당신의 자리에서 최선을 다하고, 긍정적인 마인드로 현실을 직시하며 당신만의 때를 기다려라. 지금 당장 주목받지 못한다고 해서 조급해하지 않아도 된다. 당신이 태양인지, 달인지 지금 당장은 아무도 모른다. 중요한 것은 지금 당신이 서 있는 바로 그 자리에서, 묵묵히 당신에게 주어진 퀘스트를 수행하며 자신만의 때를 준비하는 것이다.

그것이 바로 진정한 의미에서 나를 믿고, 나 자신을 아끼고, 나를 무한히 신뢰하며 살아가는 방식이며, '낙천'이라는 필살기를 가진 NFP가 삶이라는 게임을 가장 완벽하게 즐기는 방식이다.

결국 이 장에서 제시한 '긍정의 본질'과 '낙천'이라는 필살기는 완벽한 시너지를 이룬다. '긍정 본질'이 우리가 가져야 할 가장 근본적이고 확고한 마음가짐(Mindset)이라면, '낙천이라는 필살기'는 그 마음가짐을 토대로 현실의 다양한 공격들 실패와 불운이라는 도전들을 받아 쳐낼 수 있게 하는 실전적이고 구체적인 행동 기술(Action Skill)이다.

이 두 가지가 만나면서, 이 장은 단순히 막연한 태도에 관한 이야기를 넘어, 당신이 인생이라는 게임 판 위에서 당장 실전에서 써먹을 수 있는 강력한 무기를 제공하는 장이 되었다. 이제 당신은 준비됐다. 부디 당신만의 때가 꼭 올 거라 믿으며, 진짜 긍정과 낙천이라는 필살기로 당신 앞에 펼쳐진 인생의 게임을 마음껏 즐겨보자.

10-4 두 개의 길, 하나의 계획
(feat. 감사하는 또라이)

앞서 우리는 인생이라는 게임을 진짜로 즐기는 방법에 대해 깊이 이야기했다. 퀘스트를 통해 도전하고 성장하는 재미, 쾌락과 진정한 재미의 차이, 긍정의 본질과 낙천이라는 필살기까지. 이제 이 모든 것을 종합하여, 당신이 선택할 수 있는 삶의 '최종 전략'을 제시하며 10장을 마무리하고자 한다.

첫 번째 길: 현재를 끌어안는 '감사'의 길

만약 당신이 큰 사건사고 없이 무탈하게 살아가고 싶고 지금 당장 행복해지고 싶다면, 그 절대적인 방법은 단 하나다. 바로 '감사'를 배우는 것이다. '감사'는 인생 GAME에서는 필수 패시브 스킬로 탑재해야 한다. 내가 무언가를 가지지 못해 불행하다고 느끼는 것은 행복의 문제가 아니라, 채워지지 않는 '욕심'의 문제다.

지금 당장 주머니에 있는 천 원짜리 한 장을 꺼내 보라. 당신은 그걸로 편의점에서 볼펜 한 자루를 샀다. 이것이 감사할 일이라고? 그렇다. 진심으로 감사할 일이다. 이 행위가 단순한 거래처럼 보이는가? 당신이 편의점이나 구매 거래가 불가능하다라고 전제한다면 그 천 원짜리 종이 쪼가리 하나로 하찮다고 생각되는 볼펜을 만들 수 잇는가? 그렇다 그 볼펜이 만들어지기까지 과정을 상상해 보라. 원유를 시추한 노동자, 플라스틱을 가공한 공장,

잉크를 개발한 연구원, 그것을 조립한 기계, 여기까지 운반한 트럭 기사, 그리고 지금 당신에게 그것을 건네 주는 편의점 아르바이트생까지. 당신의 그 하찮아 보이는 천 원은, 이 거대하고 경이로운 시스템 전체와 교환한 것이다. 아침에 눈을 떠 밤에 눈을 감는 순간까지, 우리가 당연하게 여기는 모든 것들에 감사하는 버릇을 들이기 시작하자. 예수가 "범사에 감사하라."라고 말하지 않았던가. 이처럼 당연한 것들에 대한 감사가 시작될 때, 당신의 삶에는 감사할 일들이 끝없이 생겨날 것이다.

두 번째 길: 세상을 향해 돌진하는 '또라이'의 길

하지만 누군가는 이렇게 반문할지도 모르겠다.

"결국 성공이나 성취를 추구하지 말라는 얘기인가? 그냥 세상에 순응하며 살라는 뜻인가? 나는 현재 삶에 만족하는 정도를 넘어서 사회적으로, 물질적으로 더 크게 성공하고 싶고, 더 높은 목표와 야망을 이루고 싶은데, 그럼 그런 방법은 아예 없다는 건가?" 아니다, 절대로 그렇지 않다.

그 방법은 아주 간단하다. 바로 '또라이'가 되는 것이다.

나는 진심으로 당신이 어떤 꿈을 꾸든, 어떤 목표를 세우든, 설령 세상 모든 사람이 "말도 안 되는 소리."라며 비웃고 부정할지라도 그 꿈을 이루기를 진심으로 응원한다. 하지만 기억해라. 당신의 꿈이 크고 원대하다면 그만큼, 평범한 삶의 기준과 세상의 잣대에서 벗어난 '또라이'처럼 살아야 한다는 사실을 말이다.

이게 무슨 뜻인가 싶을 것이다. 말 그대로다. 주변 사람들이 "저거 미친놈이네."라고 수군댈 정도로 당신의 목표와 꿈을 향해 미친 듯이 돌진하는 것이다. 남들의 시선과 평가 따위는 완벽히 무시하고, 주변과의 비교에서 벗어나 오로지 자기 자신만을 믿고 달리는 것이다. 온 세상에서 모든 정보와 경험을 흡수하여 취할 것은 취하고 버릴 것은 버리고 그 누구의 말을 곧이

곧대로 믿지 않고 나만의 스킬(skill)을 만들고, 부딪치고 깨지고 넘어져도 툭툭 털고 다시 일어나 끊임없이 앞으로 나아가는 것이다. '진짜 또라이'처럼.

물론 여기서 말하는 '또라이'는 정신적으로 문제를 일으켜 사회에 해를 끼치거나, 법을 어기거나, 타인과 사회에 피해를 주는 사람을 의미하는 것이 절대 아니니 오해하지 말길 바란다. 여기서의 또라이는 세상과 타협하지 않고 자신만의 길을 스스로 선택하며, 그 길이 아무리 험하고 어렵더라도 끝까지 자신만의 목표를 고집스럽게 밀어붙이는 사람이다. 주변 사람들이 아무리 비난하고, 조롱하고, 실패를 예언하더라도 흔들림 없이 자기 스스로의 선택을 끝까지 밀고 나갈 때, 비로소 원하는 것을 얻을 수 있다는 것이다.

바로 그것이, 내가 말하는 진정한 의미의 '또라이'다.

결론: '감사하는 또라이'라는 하나의 계획

자, 이 두 가지 길은 서로 다른 것처럼 보이는가? '감사하는 삶'과 '또라이의 삶'. 하나는 안정과 평화를, 다른 하나는 혼돈과 투쟁을 이야기하는 것 같다.

하지만 『본질론』의 진짜 본질은, 이 두 가지 길이 결코 다르지 않다는 것을 깨닫는 데 있다. 각자가 모두 이미 존귀한 존재이고 완전한 주인공이다. 그러니 뭐가 맞다 틀리다 할 수도 없는 것이다. 그리고, 이 두 길을 관통하는 단 하나의 궁극적인 skill이 있다. 그것은 바로 '무계획이 계획이다.'라는 역설적인 진리다. 우리가 살아가면서 아무리 완벽한 계획을 세운다고 하더라도 삶이란 GAME은 늘 수많은 변수가 작용한다. 그것을 우리는 '운'이라고 부른다. 그렇듯 '성공'을 추구하는 야망가든, '현재'에 만족하는 사람이든, 닥쳐오는 행운과 불운 즉, 성공과 실패에 일희일비하며 경직된 계획에 얽매여서는 안 된다. 수많은 경험을 통해 어떤 상황에도 유연하게 대처할 수 있는

'나 자신'을 만드는 것이 최고의 전략이다.

이 모든 것을 아우르는 삶의 태도가 『본질론』이 제시하는 NFP의 최종 진화 형태가 바로 '감사하는 또라이'다. 이제 '감사하는 또라이'가 무엇인지 명확하게 정의해주겠다.

그것은, <u>자신이 서 있는 땅(운, 환경, 가진 것들)에 대해서는 먼저 살아간 이 땅의 모든 성인(聖人)들처럼 깊이 감사하지만, 그 땅 위에서 자신이 가고자 하는 길을 선택할 때는, 세상의 모든 시선을 무시하는 미친놈(또라이)이 되는 것. 그것은, 하늘의 흐름에 순응하며 모든 것을 즐기는 '도사'의 지혜와, 자신의 목표를 향해 모든 것을 내던지는 '전사'의 투지</u>를 한 몸에 지닌 존재다.

자, 그럼 우리 오늘부터 '감사하는 또라이'로 살아가자. 그러면 그때부터 당신의 진짜 게임이 시작될 것이다.

> **불량식품과 같은 불량지식**

네 비극이 모두에겐 축복이 된다.

사람들은 존나 단순하다. 나도 마찬가지고 지금 당장 좋으면 '행운'이고, 지금 당장 X 같으면 '불운'이라고 딱지를 붙여버린다. 과연 우리가 그 짧고도 좁은 시야로 인생이라는 거대한 게임의 본질을 이해할 수 있을 것 같은가?

여기 한 가수가 있다고 치자. 그 가수가 대학시절 미친 듯이 사랑했던 여자한테, 바람나서 처참하게 차였어. 그 순간, 그런 쓰레기 같은 여자를 만난 일은 명백한 '불운'이지. 친구들은 술 사주면서 위로하고, 그 새끼는 세상이 무너진 것처럼 울었을 거야. 근데 10년 뒤, 그 가수가 그 X 같았던 경험과 아픔을 전부 갈아 넣어서, 대한민국 역사에 길이 남을 명곡을 뽑아냈네. 수천만 명이 그 노래를 들으면서 울고 웃고, 자기 인생을 위로 받아.

자, 이제 다시 묻는다. 그 여자랑 헤어진 거, 그거 행운이냐, 불운이냐? 판단이 안 서지? 좋은 것도 아니고, 나쁜 것도 아니니까.

이게 바로 '하늘'이 게임을 설계하는 방식이야. 네 인생의 모든 사건은, 네가 상상하지도 못하는 훨씬 더 큰 그림의 '부품'일 뿐이다. 그에게 비극을 안겨준 그 여자친구는, 어쩌면 그 명곡 하나를 세상에 탄생시키기 위해, 잠시 '그녀의 몸을 빌려' 이 땅에 파견된 하늘의 NPC였을지도 모르는 일이다. 옛날의 위대한 명곡들은 다 그렇게 만들어졌어. 한 인간의 피와 땀과 눈물, 그리고 X 같았던 인연을 통째로 갈아 넣어서.

근데 여기서 이야기가 끝날 것 같나? 천만에. 또 다른 시간, 또 다른 장소.

회사 장기자랑에 억지로 끌려 나간 '달봉이'가, 오래된 노래지만 자신이 있었던 바로 그 가수의 슬픈 노래를 냅다 질러버렸네. 그런데 그 노래를 듣고 있던 한 여직원이, 달봉이가 생긴 것과는 다른 멋진 목소리에 반해서 먼저 프러포즈를 해 버렸어. 그리고 둘은 결혼해서 존나 행복하게 살았대.

억지같아? 찾아보면 이런 레퍼토리는 너무 흔하디 흔한 얘기야.

자, 이제 이 게임 판이 좀 보여?

한 여자의 바람기는 한 가수의 눈물이 되었고, 그 눈물은 한 시대의 명곡이 되었으며, 그 명곡은 또 다른 한 남자의 결혼으로 이어졌다. 이게 얼마나 거대하고도 경외롭고 아름다운 네트워크냐? 그러니 이제부터 인생에 일어나는 일들을 행운이니 불운이니 같은 단순한 논리로 구분지어 자책하고 비관하지 말자.

네 오늘의 비극이, 10년 뒤 너를 구원할 최고의 '경험치'이자, 세상을 감동시킬 '명곡'의 첫 소절이 될지도 모르니까.

그게 '운'의 진짜 본질이고 운이 돌아가는 알고리즘이야.

STAGE 11

나만의 개똥철학 만들기

(feat. 4대 성인)

11-1 내 안의 관제탑을 세워라
(feat. 개똥철학)

우리는 앞서 '감사하는 또라이'로서 삶을 진정으로 즐기는 태도에 대해 이야기했다. 그런데 한 가지 중요한 사실이 있다. 아무리 강력한 무기나 전략을 가지고 있더라도, 흔들리지 않는 내면의 기준이 없다면 외부의 공격 한 방에 쉽게 무너지고 말 것이다. 이 게임 판에서 가장 필요한 것은 바로 자기 내면에 분명한 판단의 기준이 되는 '관제탑'을 세우는 일이다.

현대 사회를 살아가는 우리의 모습을 한번 살펴보자. 당신은 하루에도 수백 번씩 쏟아지는 정보를 맞닥뜨린다. 뉴스, 유튜브, 숏츠, SNS의 댓글과 영상들, 수많은 사람의 의견과 평가들이 매 순간 당신의 머릿속을 뒤흔든다. 이것이 좋은 정보인지 나쁜 정보인지, 나에게 정말 필요한 이야기인지 아닌지를 분별할 틈조차 없이 우리는 끊임없는 혼란 속에 놓인다.

때로는 누군가의 한 마디가 당신의 하루 전체를 망쳐 버리기도 하고, 별생각 없이 본 영상 하나가 당신의 가치관을 뿌리째 흔들어 버리기도 한다.

왜 이런 일이 일어나는가? 당신의 내면에 오직 스스로의 기준으로 정보를 판단하고 걸러낼 수 있는 관제탑이 제대로 세워져 있지 않기 때문이다.

공항의 관제탑을 떠올려 보자. 하늘 위를 날아다니는 수많은 비행기는 관제탑의 지시 없이 제멋대로 움직일 수 없다. 관제탑은 하늘 위의 혼란을 통제하고, 각 비행기가 정확한 위치로 갈 수 있게 명확한 지침을 내려준다. 우리의 삶도 마찬가지다. 우리의 내면은 매 순간 수많은 생각과 감정, 정보가 뒤섞여 난리다. 관제탑이 제대로 서 있지 않다면 모든 외부 정보에 쉽게 흔들리고 휩쓸려 결국 스스로 계획하지 않으면, 남이 짜 놓은 계획과 남의 생각 속에서 살게 된다.

관제탑의 역할은 누군가 당신의 가치관을 흔들 만큼 매혹적인 정보나 지식을 가지고 접근한다면, 당신은 주저 없이 내면의 대공포를 발사해 그것을 격추시켜야 한다. 물론 그렇게 단단히 세운 나만의 관제탑도 외부의 강력한 공격에 부서지고 깨지고 고장이 난다. 하지만 그럴 때마다 매번 고치고, 쪼이고, 수리하며 끊임없이 '레벨업' 해야 한다. 어쩌면 요즘 흔히들 말하는 영적 성장이나 내면의 성장이란 게 바로 이런 과정일지도 모르겠다.

나는 와닿지도 않고, 제대로 그려지지도 않는 표현을 별로 좋아하지 않는다. 그래서 누구나 쉽게 이해할 수 있도록 이 관제탑의 비유를 사용하는 것이다. 당신의 관제탑은 인생의 지도가 되기도 하고 나침반이 되기도 한다. 또한 외부의 공격까지 대응할 수 있는 강력한 대공포까지 장착한, 절대로 무너지지 않는 전천후 아성(牙城) 같은 존재다.

결국 내면에 확고한 기준, 즉 관제탑을 세우는 것은 당신의 삶에서 절대적으로 중요한 과제다. 관제탑이 바로 서면 당신은 외부의 평가나 세상의 압력에 흔들리지 않고 자신이 내리는 결정과 판단을 온전히 신뢰할 수 있다. 그때 비로소 당신의 삶은 오롯이 당신만의 것이 된다.

나는 이렇게 세운 관제탑을 통해 자신만의 기준으로 만들어진 철학을 '개똥철학'이라 부른다. 이 말이 우습게 들릴 수도 있다. 세상의 권위 있는 철학자들, 소위 성인들이 만든 철학이 아니라 왜 하필이면 '개똥철학'이냐고 물을 수도 있다.

하지만 여기서 내가 말하는 개똥철학은 그런 것이 아니다. 내가 말하는 개똥철학이란, 남들이 보기에는 보잘것없고 하찮게 보일지라도 나 자신에게는 확고하고 절대적인 진리가 되는 내면의 철학이다. 세상의 그 어떤 권위 있는 가르침이나 타인의 평가에 휘둘리지 않고, 오직 나 자신의 기준에 따라 살아갈 수 있게 해주는, 진짜로 살아 숨 쉬는 철학 말이다.

당신에게 이런 철학이 있는가? 스스로 확실하게 신뢰할 수 있는, 오직 당신만의 개똥철학을 가지고 있는가? 아니면 아직도 남들이 말하는 '좋은 철학', '좋은 삶의 방식'을 따르고 있는가?

그렇다면 이제부터라도 당신만의 관제탑을 세워라. 그리고 그 관제탑을 통해 세상의 기준과 평가를 무시하고, 당신만의 개똥철학을 만들어라. 그것이 바로 당신이 인생이라는 게임 판 위에서 절대 흔들리지 않고 나아갈 수 있게 하는 유일한 방법이 될 것이다.

이제 다음 장에서, 이 개똥철학을 만들기 위해 어떻게 인류가 쌓아온 가장 위대한 지혜들을 활용할 수 있는지 이야기해 보자. 관제탑이 세워졌다면, 그 다음은 이제 본격적인 개똥철학을 '조립'해 보자.

쉬어 가는 이야기
'아성(牙城)'이라는 단어의 탄생

정말 신기하고 웃긴 이야기 하나 해줄까? 내가 이 글을 쓰면서 전천후 관제탑을 '아성(牙城)'이라 표현하게 된 이유를, 왜 요즘 잘 쓰지도 않는 이 단어를 떠올리게 되었는지 말이다. 나는 앞서 여러 번 이야기했듯이 난 학창시절 일진 놀이나 하고 하라는 공부는 안 하고 술 마시고 담배피고 사고만 치던 학창시절을 보냈다고 이야기했다. 하지만 내가 이 책에서 누누이 강조했듯이, 진짜 해답과 지혜는 각자의 삶 속에 들어 있다.

내가 고등학교 시절, 여름방학에 친구들과 바닷가에 놀러 갔다가 민박집에서 머물렀던 기억이 있다. 당시 우리의 삶은 마치 정글 같았다. 오직 강한 자만이 살아남는 그런 시대. 요즘 인스타나 유튜브에서 가끔 나오는 90년대 고딩의 날것 모습 그대로였다. 당시 우리가 묵었던 민박집 옆방엔 온몸을 문신으로 가득 채운, 말 그대로 진짜 건달 형들이 있었는데, 그때는 지금처럼 문신이나 타투가 흔한 시절이 아니었다. 이레즈미나 전신 문신은 정말 조직 폭력배나 할 법한 것이었기 때문에, 처음엔 당연히 무섭고 두려웠던 기억이 난다.

우리는 당연히 긴장하고 두려워했지만, 놀랍게도 그 형들은 의외로 너무나 친절하고 재밌었다. 심지어 예쁜 누나들까지 데리고 왔던 그 형들은 우리에게 술도 주고 맛있는 음식도 베풀어주며, 함께 물놀이까지 하며 즐거운 추억을 만들어 주었다. 그때, 그 형들 중 한 명이 우리에게 장난처럼 이런 말을 던졌다.

"야, 니들 오늘부터 조직 하나 만들어라. 내가 조직 이름 지어 줄게. '아성파' 해라."

우리가 되물었다. "그게 무슨 뜻인데요?"

그러자 그 형은 무서운 얼굴로 웃으며 대답했다. "아성(牙城)은 절대 무너지지 않는 성이라는 뜻이다. 어때, 멋있지?"

사춘기 소년들에게 이 말은 너무나도 강렬하고 멋지게 다가왔다. 우리는 눈을

빛내며 "오~" 하며 감탄했고, 그 순간만큼은 정말 아성파라도 된 듯 신이 났다. 물론 실제로 우리가 아성파가 되진 않았지만, 그때 들었던 '아성'이라는 단어는 그 후로 오랜 시간 동안 내 기억에 생생하게 남아 있었다. 그리고 지금, 수십 년의 시간이 흘러 이 책을 쓰며 내면의 무너지지 않는 '관제탑'을 설명하기 위해 다시 떠올리게 될 줄은 꿈에도 몰랐다.

이건 그저 쉬어 가는 이야기이자, 삶이 때로는 얼마나 신기하고 재미있는지를 보여주는 작은 에피소드다. 이 책의 진짜 스승은 그 건달 형들일지도 모르겠다. 이것은 "사람 위에 사람 없고, 사람 밑에 사람 없다."라는 9장의 철학을 다시금 상기시키며, 진짜 지혜는 우리가 가장 예상치 못한, 가장 낮은 곳에서 나타날 수 있음을 보여주는 에피소드다. 뭐 당신들은 어찌 느낄지 모르겠지만 나는 지금 이 글을 쓰는 순간에도 '소름'이 돋을 지경이니 말이다.

그리고 다시 생각해 보자. 거의 30여 년 전, 스쳐 지나갔던 아주 사소한 인연 하나가, 우연히 들었던 농담 같은 말 한마디가, 어떻게 한 사람의 인생에 다시 나타나 나의 개똥철학을 완성시키는지. 이것은 내가 1장부터 계속 강조해 온, 우리가 절대로 예측할 수 없는 '운(運)'과 '시절인연(時節因緣)'의 신비로운 작동 방식을 보여주는 너무나도 아름다운 사례다.

삶이란 이렇게 신기하고 놀랍다. 지금 당장은 의미 없어 보이고 별것 아닌 듯한 순간이라도, 언젠가 그것은 우리의 삶을 완벽하게 채워주는 최고의 퍼즐 조각이 되어 나타날 수 있다.

이 책을 읽고 있는 당신의 삶에도 분명히 이런 순간이 있을 것이다. 혹은 앞으로도 그런 순간이 찾아올 것이다. 부디 모든 인연을 소중히 하며 그 순간을 가볍게 여기지 말고, 당신의 삶이 전해주는 그 메시지에 귀 기울이길 바란다.

어쩌면 당신 삶의 진짜 아성(牙城)은, 지금 당신 옆에서 당신을 스쳐 가는 그 사람이나, 우연히 지나쳐 들은 어느 낯선 이의 말 한마디 속에 숨어 있을지도 모르니까 말이다.

개똥철학의 부품
(feat. 4대 성인의 지혜)

이제 우리는 내 안에 자신만의 철학을 세우는 것이 얼마나 중요한지 충분히 이해했다. 우리는 이것을 '관제탑'이라 불렀고, 이 관제탑을 통해 세워진 자신만의 철학을 '개똥철학'이라 정의했다. 개똥철학이란 다른 사람들이 보기엔 보잘것없고 하찮아 보일지라도, 나에게 만큼은 가장 강력하고 확고한 진리가 되는 철학이다. 그렇다면 다음으로 던질 질문은 이것이다.

"어떻게 하면 나만의 개똥철학을 제대로 만들 수 있을까?"

우리가 처음부터 독창적이고 강력한 철학을 만드는 것은 결코 쉬운 일이 아니다. 완벽한 철학을 처음부터 혼자 창조하려는 시도는 길을 잃게 만든다. 그래서 여기서 우리는 '부품'을 활용할 것이다. 마치 레고 블록을 하나하나 조립해 나가듯, 이미 인류 역사상 가장 위대한 철학자이자 성인으로 알려진 인물들이 남긴 지혜를 적극적으로 활용하는 것이다. 물론 수많은 철학자와 사상가들이 존재한다. 그 중에서 성인이라는 칭호를 얻은 대표적인 인물 4명만을 가지고 뼈대를 세우는 작업을 할 것이다.

이제 우리는 그들의 위대한 철학을 한 명씩 살펴보고, 이것을 우리 '개똥철학'을 만드는 강력한 부품으로 활용해 볼 것이다. 그들의 철학이 당신에게는 어떻게 적용될 수 있고, 당신 삶에 어떤 도움을 줄 수 있는지 하나씩 분명하게 알아보자.

1 부처(석가모니)
마음이 모든 것을 만든다. (일체유심조 一切唯心造) 본성(E)

부처는 말했다. "모든 것은 오직 마음이 지어낸 것이다." (一切唯心造)

이 말의 의미는 아주 단순하면서도 강력하다. 세상의 모든 고통과 행복, 성공과 실패의 기준이 전부 마음 안에 있다는 것이다. 부처는 우리가 경험하는 현실의 본질이 결국 외부 환경이 아니라 자신의 마음에서 비롯된다고 말했다.

세상에는 늘 변하지 않는 진리가 있다. 우리는 종종 세상이 주는 고통, 현실이 주는 어려움이 우리를 힘들게 한다고 생각한다. 하지만 부처의 가르침에 따르면, 당신을 힘들게 하는 것은 그 현실 그 자체가 아니라, 현실에 대한 당신 마음의 해석이다. 환경이나 타인이 당신을 괴롭히는 게 아니라, 그 환경과 타인을 당신이 어떻게 해석하고 받아들이느냐가 중요하다는 말이다.

부처가 강조하는 핵심은 바로 자기 내면의 '본성(E)'을 직시하고 이해하는 것이다. 만약 당신이 어떤 문제에 부딪혔다고 하자. 그 문제를 고통스럽게 느끼는 이유는, 상황 자체 때문이 아니라, 그 상황에 대한 당신 마음의 반응 때문이다. 당신이 마음을 바꾸면 상황은 달라지지 않더라도, 그 상황이 주는 고통이나 의미는 완전히 달라질 수 있다.

이 부처의 가르침은 개똥철학을 구성하는 첫 번째 부품이자, 가장 중요한 기초 재료이다. 개똥철학을 만들 때, 가장 먼저 기억해야 하는 것은 세상이나 타인, 외부 상황을 바꾸기 전에 먼저 자신의 마음과 내면부터 제대로 살펴야 한다는 사실이다. 당신의 마음이 진정한 현실을 만들어내고, 그 마음이 모든 것의 출발점이라는 것이다.

2 예수
진정한 힘은 사랑, 이해, 용서에서 온다. (MBTI의 F)

예수가 세상에 남긴 가장 위대한 가르침은 무엇인가? 그를 믿는 신도들에게 "예수의 가르침 중 가장 핵심은 무엇입니까?"라고 물으면, 열 명 중 열 명은 한 가지로 답할 것이다.

"서로 사랑하라.", "범사에 감사해라."

이 단순한 문장은 너무나 평범해서 쉽게 흘려 보내곤 한다. 하지만 사실 이 말처럼 강력한 메시지는 없다. 예수는 삶의 모든 문제, 모든 갈등, 모든 고통의 진정한 해결책이 결국 '사랑, 이해, 그리고 용서'에서 비롯된다고 강조했다. 그가 남긴 가르침은 매우 단순하지만 동시에 실천하기 가장 어려운 삶의 철학이다. 예수는 말했다. "네 이웃을 네 몸처럼 사랑하라."

그는 원수를 사랑하고, 너를 핍박하는 자를 위해 기도하라고 했다. 이 말은 얼핏 듣기엔 너무 이상적이고 현실과 동떨어진 말 같아 보인다. 하지만 예수가 강조한 본질은 바로 서로 간의 깊은 이해와 진정한 용서가 인생의 고통을 극복하는 가장 강력한 힘이라는 것이다. 예수의 가르침에 따르면, 우리가 그런 감정에서 자유로워질 수 있는 유일한 길은 바로 사랑으로 이해하고, 용서하는 것이다 예수가 보여준 이 사랑과 용서의 철학은 당신이 인간관계를 맺고 살아가는 데 있어, 가장 근본적이고 강력한 힘이 되어줄 수 있다.

이 가르침을 개똥철학의 부품으로 삼을 때, 당신은 MBTI 성향으로 말하는 'F형(Feeling, 감성형)'의 지혜를 얻을 수 있다. 논리와 이성, 합리성을 넘어서 때로는 감성과 공감, 이해와 용서의 힘이 더욱 중요하다는 사실을 깨닫는 것이다. 사람들은 종종 감정이나 사랑, 이해 같은 것들이 힘이 없고 약한 것이라고 생각하지만, 그것은 큰 착각이다. 인류 역사상 가장 강력하고 오래 지속된 영향력을 가진 것은 바로 이 '사랑과 용서의 힘'이다. 당신이 삶의 갈등과 상처를 마주할 때 언제나 흔들리지 않는 가장 든든한 내면의 기준이 되어줄 것이다.

3 소크라테스
끊임없는 질문과 논리적 탐구. (MBTI의 T)

소크라테스는 인류 역사상 가장 위대한 철학자로 알려져 있지만, 정작 그는 자신의 철학을 직접 글로 남긴 적이 없다. 그는 평생 동안 끊임없는 질문과 토론을 통해서만 자신의 철학을 전했다. 그가 살아 있는 동안에는 물론이고 죽는 순간까지도 말이다.

소크라테스 철학의 가장 큰 특징이자 핵심은 바로 '끊임없는 질문과 논리적 탐구(산파술)'이다. 그는 사람들이 가진 신념, 가치관, 지식에 대해 끊임없이 질문하며 도전했다. "그것이 정말 사실인가?", "그 생각의 근거는 무엇인가?", "정말로 그것을 확신할 수 있는가?"라며 상대방을 끊임없이 흔들고 의심했다. 소크라테스는 그 누구보다 철저한 '팩트 체커(Fact Checker)'이자 진정한 이성적 탐구자였다. 그의 질문은 단지 남을 곤란하게 만들거나 부정하기 위한 것이 아니었다. 그는 진리를 진정으로 찾기 위해서는 반드시 자신과 타인이 갖고 있는 모든 믿음과 지식을 근본적으로 의심하고 점검해야 한다고 생각했다. 그가 남긴 유명한 말이 있다.

"너 자신을 알라(gnōthi seauton)."

이 말은 흔히 감성적인 자아성찰의 말로 오해되곤 한다. 하지만 소크라테스가 진짜로 강조한 것은 자기 자신에 대한 끊임없는 논리적이고 냉정한 탐구다. 자신이 진리라고 믿는 것이 정말 진리인지 철저히 팩트체크하고 질문하라는 의미다. 왜냐하면 진정한 지혜는 자신이 알고 있다고 생각했던 모든 것을 철저히 의심하고, 자신이 얼마나 모르는지를 깨닫는 데서 시작되기 때문이다.

이 철학을 MBTI 성향으로 표현하면 'T형(Thinking, 사고형)'이라고 할 수 있다. 감성이나 감정, 직관을 우선하는 것이 아니라, 오직 논리와 이성, 냉정한 판단과 합리적인 팩트 체크를 통해 자신의 신념과 지식을 세워나가는 방식이다. 소크라테스는 사람들이 자신이 믿고 있는 모든 것을 끊임없이 의심하고 점검할 때 비로소 참된 지혜를 얻을 수 있다고 믿었다.

이제부터 당신 삶의 모든 순간, 결정과 판단 앞에서 끊임없이 스스로 질문하고 팩트를 점검하라. 그렇게 한다면 당신의 철학과 삶은 결코 흔들리지 않을 것이며, 외부의 유혹과 잘못된 정보 앞에서도 견고하게 중심을 잡을 수 있을 것이다.

4 공자
밸런스(Balance), 알잘딱깔센의 지혜

공자는 동양을 대표하는 가장 위대한 철학자로, 우리가 흔히 말하는 동양적 사고의 근본을 만든 인물이다. 그가 수많은 가르침을 통해 강조한 것 중 가장 중심적이고 본질적인 것이 바로 '중용(中庸)'이다.

중용이라는 말을 들으면 대부분 사람들은 어려운 고전적 개념이라고 생각한다. 하지만 요즘 친구들이 쓰는 아주 직관적이고 명료한 표현이 있다. 바로 '알잘딱깔센'이다. '알아서 잘 딱 깔끔하고 센스 있게'라는 뜻을 가진 이 말은, 공자가 말했던 중용이라는 개념을 현대인의 감성으로 너무나도 명확하고 간결하게 요약해 준다.

공자는 세상을 살아가는 데 있어 어느 한쪽으로 치우치는 극단을 경계했다. 지나침이나 부족함, 극단적인 선택이나 행동은 결국 문제를 만들고 균형을 깨뜨린다고 가르쳤다. 무엇이든 지나치지 않게, 그리고 부족하지도 않게, 정확히 적당하고 알맞은 상태를 유지하는 것이 그의 철학적 핵심이었다.

이는 단지 행동과 삶의 태도뿐 아니라, 내면의 판단과 가치관까지도 포함한다. 공자는 "군자(君子)는 화이부동(和而不同)한다. 조화를 이루되 남과 같아지지는 않는다."라고 했다. 쉽게 말하면, 남들과 무조건 똑같아지려 애쓰지 않되, 자신의 독창성을 잃지 않으면서 타인과 세상과 조화를 이루라는 것이다. 바로 이것이 '알잘딱깔센'이자 NFP로 존재할 수 있는 핵심이기도 하다.

공자의 이 지혜를 성향으로 표현한다면 '밸런스형(Balance, B)'이라고 부를 수 있을 것이다. 어느 한쪽으로 치우치지 않고 정확히 중간의 균형을 유지하는 태도를 통해 우리는 복잡하고 혼란스러운 세상에서 더 현명하고 편안하게 살아갈 수 있다.

삶은 항상 변화하고, 상황과 환경은 계속 바뀌기 때문이다. 따라서 당신의 철학과 삶에는 항상 '알잘딱깔센'이라는 센스 있는 균형감이 필요하다. 어느 한쪽으로 지나치게 기울지 않고, 자신만의 기준과 독창성을 지키면서도 세상과 주변 사람들과 유연하고 현명하게 공존하는 것, 그것이 바로 공자의 중용, 곧 밸런스(B)의 철학이다.

여기까지 네 명의 위대한 성인이 남긴 철학적 지혜를 구체적으로 살펴보았다. 위에 쓴 내용 이외에도 수없이 많은 말을 남겼지만 그런 것들은 오히려 개똥철학을 만드는 데 방해만 된다. 그러니 대표적인 것들만 취하고 버릴 건 버리자. 하지만 여기서 우리는, 그들의 지혜를 활용하기 전에, 반드시 한 가지 놀랍고도 중요한 사실을 먼저 알아야 한다.

인류 역사상 가장 강력한 가르침을 남긴 이 위대한 인물들, 그들 중 그 누구도 자신의 철학을 글이나 책으로 직접 저술한 적이 없다는 사실이다.

이것은 팩트다. 우리가 신성하게 여기는 그 모든 경전들은, 사실 그들의 제자나 후대의 사람들이 스승의 가르침을 잊지 않기 위해 기록한 '구전 회의록'이자 '강의 노트'에 가깝다.

- 소크라테스는 "너 자신을 알라."라고 외쳤지만, 정작 자신에 대한 글은 한 줄도 남기지 않았다. 우리가 아는 그의 모든 것은 제자인 플라톤이 기록한 것이다.
- 예수는 비유와 설교로 사랑을 가르쳤지만, 그의 행적과 말은 수십 년 뒤에 그의 제자들에 의해 복음서라는 이름으로 기록되었다.
- 부처가 남긴 깨달음은 수백 년간 제자들의 입에서 입으로만 전해지다가 훨씬 후대에 와서야 불경으로 편찬되었다. 그래서 불경은 항상 "나는 이와 같이 들었다(如是我聞)."라며 시작하는 것이다.
- 공자는, 네 명 중 유일하게 글과 깊은 관련이 있는 '학자'이자 '편집자'였다. 그는 시경, 서경과 같은 이전 시대의 문헌들을 집대성하고, 직접 『춘추』라는 역사서를 집필(혹은 편찬)했다고도 전해진다. 하지만, 정작 그의 핵심 사상이 담긴 『논어(論語)』는, 그가 직접 쓴 것이 아니라 그의 제자들이 스승과의 대화를 엮어낸 어록집이다.

그렇다면 왜일까? 왜 그들은 자신의 위대한 사상을 직접 기록으로 남기지 않았을까?

그들의 철학은 단순히 '지식'으로 전해지는 것이 아니라, 오직 살아있는 '삶'과 직접적인 '실천'을 통해서만 제대로 전달될 수 있다고 믿었기 때문이지 않을까? 생각해 본다. 진정한 지혜란, 고정된 문자나 기록이 아니라, 삶 속에서 살아 숨 쉬며 직접 경험할 때만 진정으로 우리 것이 될 수 있음을 알았던 것이다.

그들은 글로 남기는 것보다, 직접 살아가는 모습을 보여주는 것을 더 중요하게 여겼다. 글과 기록은 누군가에 의해 왜곡되거나, 독자가 그 핵심을 제대로 이해하지 못한 채 문자에만 갇혀버릴 수 있기 때문이다. 이 성인들은 지식이 아니라 삶의 방식으로 자신의 철학을 전했고, 그래서 그들의 가르침은 수천 년이 지난 오늘날에도 생생히 살아 숨 쉬고 있다.

바로 이 지점에서 우리는, 우리 자신만의 개똥철학을 만드는 가장 중요한 힌트를 얻을 수 있다.

그들의 지혜를 '절대적인 진리'로 숭배하지 마라. 대신, 그들의 삶과 가르침에서 가장 본질적인 '부품'만을 추출하여, 당신의 삶에 맞게 '조립'하는 것이다.

- **예수의 사랑:** 타인과 관계 맺는 마음의 방식. (F: 감성)
- **소크라테스의 이성:** 세상의 본질을 꿰뚫는 사고의 방식. (T: 이성)
- **석가모니의 마음:** 내 안의 가장 깊은 근원을 들여다보는 성찰의 방식. (E: 본성)
- **공자의 중용:** 이 모든 것을 균형 있게 운용하는 삶의 기술. (B: 밸런스, 혹은 알잘딱깔센)

이제 당신은 '개똥철학'의 가장 중요한 부품들을 손에 넣었다. 관제탑을 세우고, 이 4개의 강력한 부품을 통해 스스로에게 최적화된 당신만의 철학을 만들어 갈 준비가 된 것이다.

11-3
실전! 나만의 '개똥철학' 조립하기
(feat. 빙의 훈련)

이제 우리는 개똥철학을 만들기 위한 4대 성인의 강력한 부품을 모두 손에 쥐었다.

부처의 마음(E), 예수의 감성(F), 소크라테스의 이성(T), 공자의 밸런스(B). 이 네 가지 부품을 활용해 세상에 단 하나뿐인 나만의 개똥철학을 실전에서 조립하는 방법을 이야기해 보자.

어쩌면 당신은 생각할 것이다. "개똥철학이라는 게, 결국 남의 가르침을 또 다시 빌려오는 것 아닌가?" 절대 아니다. 개똥철학은 타인의 가르침을 복사하거나 흉내 내는 것이 아니다. 중요한 것은 철학을 구성하는 '부품'을 외부에서 가져오되, 그것을 어떻게 '내 삶에 맞게 배열하고 배합하느냐'이다. 부처, 예수, 소크라테스, 공자와 같은 성인들의 철학은 우리의 철학을 위해 검증된 가장 완벽한 재료이자 부품이다. 그러나 그 부품을 조립하는 것은 결국 우리 자신이며, 그 조립이 완성될 때 철학은 비로소 진정한 '나만의 개똥철학'으로 거듭난다.

이제부터는 이 부품들을 가지고, 세상에 단 하나뿐인 당신만의 '개똥철학'을 조립하는, 가장 구체적이고 실전적인 방법을 알려주겠다. 이것은 고상한 명상이 아니다. 필요하다면 당신의 머릿속에서 피 튀기는 전쟁을 벌여야 하는, 처절한 '빙의(憑依) 훈련'이다.

그렇다면 개똥철학을 어떻게 조립할 수 있을까?

먼저 기억해야 할 것은, 책의 초반에 이야기한 당신의 세팅값을 토대로 모든 것을 재구성해야 한다는 사실이다. 타인의 기준이나 사회의 눈치를 보며 철학을 만들려 한다면 그것은 또 다시 남의 인생을 사는 것이다.

먼저, 당신이 어떤 인간인지부터 솔직하게 인정하자. 이 과정도 결코 쉽지 않다.

만약 당신이, 타인의 말 한마디에 하루 종일 기분이 오락가락하고, 서운한 감정에 쉽게 휘둘리는 'F(감성)'가 강한 사람이라면.

그 감정의 폭풍이 몰아치는 순간, 억지로 당신의 머릿속에 '소크라테스'를 호출해야 한다. 머릿속에서 차갑고 냉정한 소크라테스의 목소리로 스스로 이렇게 질문하는 것이다.

"내가 지금 느끼는 이 감정이 합당한가? 정말 객관적 근거가 있는가? 그 사람이 했던 말의 사실 여부는 확인했는가? 내 감정이 아닌 사실(fact)에 기초한 판단은 없는가?"

이 소크라테스식 질문을 통해 당신은 감정의 폭풍을 가라앉히고, 냉철한 논리와 이성의 관점으로 다시 그 상황을 볼 수 있게 될 것이다. 이것이 바로 '빙의 훈련'이다. 자신의 세팅값과 반대되는 성향의 부품을 강제로 빙의하여, 당신의 부족한 부분을 보완하고 균형을 잡아가는 것이다.

반대로 당신이 과하게 논리적이고 이성(T)적인 사람일 수도 있다. 이것이 나의 경우가 이렇다. 모든 상황을 철저하게 논리와 계산으로 따지고 접근한다. 그래서 인간관계나 감정적인 상황에서는 늘 벽에 부딪힌다. 사람들은 당신을 차갑고 공감이 부족한 사람으로 평가한다. 이때 당신은 스스로에게 '예수'를 소환해야 한다.

예수의 가르침인 '사랑과 이해, 용서'를 떠올리면서 자신에게 이렇게 묻는 것이다.

"지금 이 상황에서 논리와 이성만을 적용하면 상대는 어떻게 느낄까? 내가 상대의 입장이라면 어떤 위로를 듣고 싶을까? 지금 필요한 것은 냉정한 지적이 아니라 따뜻한 공감과 이해가 아닐까?" 그것도 저것도 힘들다면 그냥 속으로 말하는 것이다 'Inner Peace, Inner Peace 착한마음 착한마음.' 이렇게 말이다. 근거도 논리도 필요 없다.

이러한 빙의 훈련은 당신의 철학에 부족한 감성적 부품(F)을 추가해 준다. 처음엔 어색하고 불편하겠지만, 꾸준히 훈련하다 보면 당신은 점점 더 자연스럽게 사람의 마음을 이해하고 공감하는 능력을 키워 나갈 수 있게 된다.

한편, 당신은 내면이 늘 불안과 혼란으로 흔들리는 사람일 수도 있다. 사소한 문제나 미래에 대한 두려움이 당신을 압도하고 혼란스럽게 만든다면, 그 순간 당신의 마음속에 '부처'를 소환해야 한다. "모든 것은 오직 마음이 지어낸 것이다(一切唯心造)."라는 부처의 목소리를 떠올리며, 문제의 근본 원인을 외부가 아닌 당신 내면에서부터 찾아야 한다. 세상의 모든 소음을 배제하고 명상이나 산책 같은 최대한 평온한 환경을 아니 정확하게는 의도된 정적을 마주해보는 것이다. 그렇게 당신의 마음이 고요해질 때, 혼란스럽던 상황은 놀라울 정도로 명료해질 것이다.

그리고 이 모든 것을 유기적이고도 어느 한 방향으로 치우치지 않게 밸런스(B)를 맞추는 게 공자의 중용이다. 중용은 다른 부품들과는 다르게 개똥철학을 만드는 기본 뼈대라고 생각해야 한다. Skill로 치자면 패시브 스킬이다.

중용은 요즘 말로 '알잘딱깔센'이다. 상황에 맞게 알아서 잘 깔끔하고도 센스 있게 하는 것. 결코 쉽지가 않다 그렇지만 인간이 살아가면서 가장 필요한 지혜라고 생각한다. 중용을 쉽게 설명해 주자면 사람이 살아가면서 보통 텐션이란 것을 느끼고 산다. 그 텐션은 놀 때는 텐션이 높고 우울하고, 가라 앉을 때는 텐션이 낮다라고 이야기한다. 하지만 그게 전부가 아니다. 사람이 살아가는 기본 자세의 텐션을 이야기하는 것이다.

내가 중용을 쉽게 누구나 이해할 수 있게끔 설명해 주겠다. 이것은 내가 수십 년간 내 몸을 직접 실험 대상으로 삼아, 수없이 부러지고 박살난 끝에 찾아낸, 오직 나만의 '에너지 운용술'이다. 이것이 당신에게 똑같이 적용될지는 나도 모른다. 하지만 참고는 될 것이다.

내가 스스로 정의한 중용의 개념이니 이것은 뭐 맞을 수도 있고 틀릴 수도 있다.

우리의 에너지의 최대 출력이 100이라고 가정해 보자. 그럼 사람이 매일 100의 텐션으로 살게 되면 어찌 되겠는가 당연히 끊어진다. 그러면 번아웃이나 공황장애 같은 상황 등을 마주하게 된다는 것이다. 특히, 이런 것은 유명 연예인들이 많이 겪는다. 오랜 시간 탑스타의 자리에서 내려오지 못하고 공무원처럼 수십 년간 매주 TV에 나오는 유명 MC 같은 경우가 그렇다. 그들이 열심히 끊임없이 일하는 이유가 뭐라 생각하는가? 팬들에 대한 사랑? 그에 대한 보답? 아니 천만에, 그냥 돈과 인기 다 연예인이라는 직업 특성상 본인이 잠깐 몇 년이고 쉬는 사이 빠르게 잊혀질까 하는 두려움이 내제되어 있어 쉽게 쉬지를 못한다. 그것은 일반인들의 꾸준함과는 다른 이야기다. 그들이 1년이고 2년이고 쉰다고 굶어 죽겠나? 먹고 살려고만 일하겠나? 그런 건 절대 아닐 것이다. 하지만 쉬었다가 다시 복귀해서 지금처럼 다시 잘 살지 못하면 어쩔까 하는 불안으로 항상 고도의 텐션으로 살아가는 것이다.

최근 이효리 씨가 10여 년 간의 제주도의 생활을 청산하고 서울로 와서 활발하게 활동하는 걸 보면서 '참 저 사람은 본능에 충실하게 사는구나.'라고 생각했다. 자기 스스로 변덕이 너무 심해서 걱정이라지만 그 걱정조차도 인정하고 본능대로 자신의 리듬으로 행동하고 사는 삶이 참 멋있어 보였다. 그것이 진정한 삶의 주인공으로서 삶을 사는 사람이다.

말이 잠깐 딴 데로 흘렀다. 자 그럼 우리는 중용(B)을 어떻게 받아들이고 살아야 하나? 이것은 실전형 '에너지 운용술' 혹은 나의 '에너지 관리법'이다.

인간이 가진 에너지를 100이라는 최대 출력으로 가정하고 평소에는 정확하게 69의 텐션을 유지하면서 산다. 그리고 내가 뭔가 집중을 발휘해야 할 때는 100까지는 쓰고 다시 69로 돌아온다. 그런데 긴급한 돌발 상황이나. 당장 내일 혹은 이번 달 안에 원고를 마감한다던가 아니면 회사의 프로젝트를 마무리해야 할 경우는 최대출력에서 부스터를 한번씩 쓰는 것이다. 그럴 때는 텐션은 130까지 사용하여 그 상황에 최대한 몰입을 하는 것이다. 그 부스터는 짧고 굵게 써야하는 것이지 오랜 시간 길어지면 안 된다. 길어지게 되면 꼭 끊어지기 마련이다. 번아웃 같은 것들이 그런 현상이다. 그리고 부스터를 사용하여 텐션을 최대 출력 이상으로 사용했을 때 꼭 필요한 것은 휴식을 통한 이완을 해야 한다. 그럴 때는 텐션을 최대 38 까지만 떨어트린다. 그 이하로 떨어지면 다시 평소의 텐션까지 올리기가 매우 힘들고 우울이나 조울 등 정신적 혹은 육체적으로도 정체기가 오래 지속될 수가 있다. 지금 이 중용의 개념은 사실 쉽지 않을 수 있으나, 어느 정도 어렴풋이 알아들었을 거라고 생각한다. 귀찮음, 그냥 '알잘딱깔센' 이것만 기억하면 된다. 이것은 일 할 때, 생활할 때, 놀 때 등 모든 곳에 적용된다.

결국, 이렇게 개똥철학을 조립하는 이 빙의 훈련은 한 번으로 끝나지 않는다. 당신이 맞이하는 삶의 상황과 환경은 계속 바뀌며, 당신의 세팅값 또한 계속 변화할 수밖에 없다. 그때마다 당신은 네 개의 부품 부처(E)의 마음, 예수(F)의 사랑, 소크라테스(T)의 논리, 공자(B)의 균형을 다시 점검하고 조율하며, 계속해서 레벨업 해 나가야 한다.

이러한 과정이야말로 당신의 삶에서 가장 치열하고 현실적인 철학적 조립 과정이다. 당신은 지금 이 순간 이 과정을 통해 스스로 최적화된 당신만의 관제탑, 당신만의 개똥철학을 완성해 나가는 중이다.

준비가 되었는가? 이제 진짜로 실전이다.

11-4 너는 너의 유일한 신이다
(feat. 자신교自身敎)

자, 여기까지 온 것을 축하한다. 당신은 마침내 당신의 내면에 그 어떤 외부의 공격에도 흔들리지 않을 '관제탑'을 세웠다. 그리고 인류의 가장 위대한 지혜, 부처의 마음(E), 예수의 사랑(F), 소크라테스의 이성(T), 공자의 균형(B)이라는 가장 강력한 '부품'들을 손에 넣었다. 심지어 그것들을 당신의 삶에 맞게 조립하는 실전 기술까지 연마했다. 비로소 『본질론』의 세계관이 완성된다. 내가 이 책 전체에서 사용했던 'GAME'이라는 비유를 통해, 세상과 당신의 역할을 명확히 분류해 주겠다.

'하늘'은, 당신이 플레이하는 이 '인생'이라는 거대한 게임의 '시스템'이자 '서버'이다. 여기에는 우리가 결코 바꿀 수 없는, 게임의 근본적인 '규칙'들이 포함된다. 1장에서 말한 '운(運)'의 무작위성, 2장에서 말한 당신의 '세팅값'(본능, 재능, 환경)' 같은 것들 말이다. 지구를 구성하는 기본적인 물리법칙 등을 말한다. 우리는 이 '하늘'이라는 게임 서버를 존중하고, 그 거대한 흐름을 이해하려 노력할 뿐이다. '하늘과의 PLAY'란, 바로 이 게임의 규칙을 거스르지 않고, 그 흐름에 올라타겠다는 현명한 선언이다.

그리고 '나'는, 그 게임을 플레이하는 유일한 '주인공(NFP)'이다. '하늘'이라는 게임의 규칙은 바꿀 수 없지만, 그 규칙 안에서 어떤 선택을 하고, 어떤 전략(개똥철학)을 짜고, 어떤 기술(낙천)을 사용할지는 100% 당신 자신의 자유의지, 즉 태도에 달려있다. 그렇다면 이 게임의 목적은 무엇이고, 우리가 도달해야 할 최종 목표, 즉 '만렙(Max Level)'은 어디일까?

무협의 만화에서, 고수가 도달할 수 있는 최고의 경지를 '신검합일(神劍合一)'이라 한다. 자신의 검과 혼연일체가 되어 모든 것을 베어버리는 경지. 어쩌면 많은 이가 인생에서도 이와 비슷한 상태를 꿈꾸는지 모른다. 자신의 능력과 철학(검)을 극한까지 단련하여, 삶의 모든 문제를 해결하려는 것이다.

하지만 하늘 게임의 세계관에서 우리가 도달해야 할 진짜 '만렙'은, 내가 나를 넘어선 경지다.

그것은 바로 '신천합일(身天合一)'이다. 옛 도인들이 말하던 '물아일체(物我一體)', 즉 자연과 내가 하나가 되는 경지와 비슷하게 들릴지도 모른다.

하지만 이것은 단순히 자연과 하나 되는 서정적인 상태가 아니다. 이것은 '나(身)'라는 플레이어가 이 게임의 거대한 '시스템(天)'과 완전히 동기화되어, 더 이상 세상의 흐름에 저항하는 것이 아니라 <u>그 흐름 자체가 되어버리는</u>, 가장 실전적이고 궁극적인 경지. 신천합일에 이르면, 당신은 더 이상 성공이나 실패에 흔들리지 않는다. 삶의 모든 이벤트를 게임의 자연스러운 과정으로 받아들이며, 모든 순간을 온전히 즐기게 된다.

그것이 당신이라는 주인공(NFP)이 얻을 수 있는 가장 완전한 자유다.

이제 당신 앞에는 세상에 단 하나뿐인, 당신만의 <u>'개똥철학'</u>이라는 이름의 경이로운 무기가 놓여있다. 모든 것이 완벽해 보인다. 하지만 가장 중요한 것이 빠졌다. 이 위대한 무기를 갈고 닦으며 움직일, 단 하나의 '동력원'은 무엇인가? 당신은 이제 그 마지막 질문 앞에 서게 된다. <u>"나는 이제, 무엇을 믿어야 하는가?"</u>

당신은 아마 당신이 조립한 그 '부품'들을 믿어야 한다고 생각할지도 모른다. 예수의 사랑, 붓다의 마음, 소크라테스의 이성을 믿어야 한다고. 하지만 기억하는가? 내가 앞에서 했던 가장 중요한 말을. <u>"성인(聖人)들은, 단 한 줄</u>

의 경전도 직접 쓰지 않았다."

<u>모든 성인들의 가르침은 처음부터 이야기했듯이 '부품'에 불과하지 믿음의 대상이 아니다.</u>

가장 중요한 사실은 그들의 위대한 가르침조차, 결국 다른 인간의 기억과 해석이라는 필터를 거친 '중고품'에 불과하다. 더 나아가, <u>인간은 지독히도 이기적인 동물이다.</u> 이 책을 포함한 세상의 모든 텍스트에는 그것을 쓴 자의 욕망과 의도가 숨어있다. 그러니 감히 단언컨대, 그 어떤 책도, 그 어떤 말도, 그 어떤 위대한 가르침도 살아가면서 필요한 참고서가 될 수는 있으나, 그 어느 것도 당신이라는 플레이어를 움직이는 근원적인 '동력원'이 될 수는 없다.

모든 믿음을 버리고, 모든 가르침이 사라지고 세상의 모든 지식들이 재가 된 그 텅 빈 자리. 모든 외부의 소음과 신과 스승이라는 플러그를 뽑아버린 그 순간. 당신의 '개똥철학'은 완벽하게 조립된다. 바로 그 완전한 공허 속에서, 당신은 비로소 깨닫게 될 것이다.

이 기계를 움직일 수 있는 유일한 동력원은 처음부터 외부에 존재하지 않았다. 스스로 기준(관제탑)을 세우고, 지혜(부품)를 모으며, 자신만의 철학(개똥철학)을 창조하는 그 모든 과정 자체가 바로 유일한 동력원이었다. 그것은 바로 당신 자신이었다.

그러니 이제부터 오직 너 자신만을 믿어라. 네가 직접 세운 그 관제탑의 판단을 믿고, 네가 직접 조립한 그 개똥철학의 방향을 믿어라. 네 안에서 울리는 내면의 목소리를 믿고, 네가 지금까지 살아온 모든 경험의 총체를 믿어라. 부딪히고 깨져도 좋다. 실패하면 다시 고쳐서 나아가면 그만이다.

이것이 바로 내가 말하는, 당신이 평생을 믿고 따라야 할 유일하고도 가장 위대한 종교, '자신교(自信敎)'이다. '자신교'는 외부의 신을 섬기지 않는다. 그 유일한 신전은 당신의 내면 가장 깊숙한 곳에 존재하는 '관제탑'이며, 그 유일한 경전은 당신이 매일 써 내려가는 '삶' 그 자체이고, 그 유일한 기도는 당신의 '빙의 훈련'과 실천이며, 그 유일무이한 신은 바로 '너 자신'이다.

바로 이 순간부터, 당신은 당신 자신을 유일한 신으로 모시는 새로운 종교를 창시하는 것이다.

두 개의 자신교(自信敎 - 自身敎), 하나의 자신교.

나는 당신이 평생을 믿고 따라야 할 유일한 종교를 '자신교'라 부른다. 그러나 이 '자신교'에는 두 가지의, 전혀 다른 차원의 깊이가 존재한다.

> **1단계: 자신교(自信敎) - 스스로 믿는 종교**

➡️ 自(자): 스스로 자 信(신): 믿을 신 敎(교): 가르침 교

첫 번째 의미의 자신교(自信敎)는 말 그대로 '스스로를 믿는(Confidence) 가르침'이다. 이것은 외부의 모든 권위와 신, 그리고 타인의 평가를 거부하고, 오직 자신의 판단(관제탑)과 자신의 경험을 믿기로 결심하는 위대한 첫걸음이다. 이것은 세상에 맞서기 위한 '자신감'과 '자존감'을 회복하는 단계이며, NFP로서의 주체성을 선언하는 첫 번째 의식이다. 내가 나를 믿는 믿음에는 근거 따위는 필요없다. 하지만 이것만으로는 부족하다. '믿는다'는 행위 안에는 여전히 '믿는 나'와 '믿어지는 대상'이라는 분리가 존재하기 때문이다. 진정한 본질은 그 다음 단계에 있다.

> **2단계: 자신교(自身敎) - 존재 자체가 종교가 되다**

➡️ 自(자): 스스로 자 身(신): 몸 신 敎(교): 가르침 교

두 번째 의미의 자신교(自身敎)에서, 믿음을 뜻했던 '信'은 당신의 존재 그 자체를 의미하는 '身(몸 신)'으로 대체된다. 이것은 차원이 다른 선언이다.

더 이상 당신은 무언가를 '믿을' 필요가 없다. 당신의 몸, 당신의 삶, 당신

이 겪은 모든 실패와 환희, 그 모든 경험의 총체인 '당신 자신(Yourself)' 그 자체가 바로 유일한 경전이자, 유일한 신이 되기 때문이다. 이것은 '자신감'을 넘어선 '자신'의 완성이다. 내 안의 신을 '믿는' 것이 아니라, 내 자체가 '신'임을 깨닫는 것. 내 삶의 모든 순간이 신성한 종교적 행위가 되는 경지다.

'자신교'의 교리는 복잡하지 않다.

- **유일한 경전**: 당신이 피와 땀으로 살아온, 당신의 '삶' 그 자체.
- **유일한 계명**: 당신 내면의 '관제탑'이 내리는 판단과, 당신의 '본능과 본성'이 속삭이는 목소리를 따르는 것.
- **유일한 죄악**: 타인의 기준과 평가에 흔들려, '나' 자신을 배신하고 남의 인생을 사는 것.
- **유일한 구원**: 그 어떤 결과든, 나의 선택을 온전히 '책임'지는 NFP의 태도.

여기서 누군가는 질문할 수 있다. "그렇다면 기존의 종교를 믿지 말고 모두 버리라는 이야기인가?" 아니다. 정확히 말하면, 우선적으로 나 자신을 절대적으로 믿어라. 그리고 그 다음이 기존 종교가 되어야 한다. 종교는 당신이라는 플레이어가 살면서 지독히 외롭고 고독할 때, 세상에 홀로 남겨진 듯한 느낌을 받을 때, 어디에도 의지할 곳이 없다고 느껴질 때, 혹은 스스로 교만해졌다고 느껴 겸손이 필요할 때 찾으면 된다. 언제든 그런 순간이 찾아오면, 편안하게 기대어라. 그리고 '의지'해도 된다. 근데 '의존'은 하지 말아라. 그러면 또 다시 당신의 노예의 삶을 살게 된다.

이제 당신은 이미 진짜 신을 찾았다. 그 신은 다른 어디에도 없으며, 오직 당신 자신이다.

"너 자신에게 만큼은, 절대 거짓말하지 마라."

이걸 또 사회생활 못하는 찐따처럼, 누가 "나 예뻐요?"라고 물었을 때 "아니요, 못생겼어요."라고 지껄이는 무례함으로 착각하지 마라. 그건 솔직함이 아니라 그냥 멍청한 짓이다.

여기서 말하는 솔직함이란, 네 안의 욕망과 본능, 죽어도 하기 싫은 것과 미치도록 하고 싶은 것까지, 하기 싫어도 꼭 해야 하는 것 하지 말아야 하는 것까지 전부 있는 그대로 인정하는 것이다.

그 혼돈 앞에서 "이게 바로 나다. 어쩔래?"라고 스스로 인정하는 것.

그것이 자신교의 시작이자 전부다. 네가 입으로 외치는 말과 속마음이 다르기 때문이다.

세상은 네 말이 아니라, 네 존재가 내뿜는 진짜 '주파수'에만 반응한다.

너 자신에게 완벽히 솔직해지는 순간, 너라는 존재의 주파수는 강력하고 명확해진다.

스스로를 믿고 진짜로 그대로 긍정하는 그 힘, 그것만이 진짜 끌어당김이다.

그러니 우주에 뭔가를 주문하기 전에, 먼저 너 자신에게 솔직해져라. 그게 가장 빠르고 확실한 길이다. 그리고 늘 스스로 묻는 것이다.

"나는 지금, 나라는 존재의 이 유일한 신을 진심으로 믿고 있는가?"

'자신교'의 유일한 이단(異端)에 대하여

이 책을 덮는 순간, 당신은 '오직 너 자신만을 믿어라'는 이 마지막 계명 앞에서 아주 큰 유혹에 빠질 것이다.

"내가 다 맞고, 나만이 정답이며, 타인은 모두 틀렸다."

이 말은 세상에서 가장 달콤하고, 가장 치명적인 독(毒)에 중독될 유혹적인 말이다. 하지만 나는 분명히 경고한다. 그것은 '나'를 믿는 것이 아니다. 그것은 '나'라는 존재를 가장 완벽하게 파괴하는 길이자, '자신교'의 유일한 이단(異端) 사상이다.

첫째, 그것은 당신이 세운 '관제탑'을 스스로 무너뜨리는 짓이다. 관제탑은 외부의 정보를 막아버리는 방공호가 아니라, 쉴 새 없이 들어오는 정보를 분석하고, 이해하며, 올바른 선택을 내리도록 돕는 장치다. '나만 옳다'고 외치는 순간, 당신은 스스로 모든 레이더를 끄고, 세상과 소통을 멈추고 고립된다.

둘째, 그것은 NFP와 NPC 철학의 근본적 가르침을 부정하는 행위다. 당신은 당신 삶의 유일한 주인공(NFP)이지만, 동시에 다른 사람의 삶에서는 수많은 NPC 중 하나다. '나만 옳다'는 주장은 세상의 모든 사람을, 즉 수많은 NFP를 부정하는 오만이며, 결국 타인뿐 아니라 자기 존재마저 부정하는 자기모순이다.

셋째, 그것은 '신천합일(身天合一)'의 정신과 정반대인 아집(我執)에 불과하다. 자신을 믿는다는 것은, 나라는 존재가 하늘의 거대한 흐름과 하나임을 신뢰하는 것이다. 하지만 '나만 옳다'고 생각하는 순간, 당신은 작은 댐을 세워 거대한 강의 흐름을 막으려 하는 것과 같다. 결국 그 댐은 무너지고, 당신 또한 함께 산산조각 나고 말 것이다.

이것이 바로 '자신교'의 유일한 이단(異端)이자 자기 파괴의 본질이다. 그러니 명심하라.

진정으로 '나를 믿는다'는 것은 언제나 자신이 옳다는 착각을 믿는 것이 아니다. 나에겐 맞을 수 있지만 상대에겐 틀릴 수 있는 것이고 그 반대도 마찬가지다.

자신이 틀릴 수 있음을 겸허히 인정하면서도, 그 선택의 결과를 온전히 책임지고 다시 일어설 수 있는 '회복력'을 믿는 것이다. 세상의 모든 답을 끊임없이 의심하며, 나만의 '개똥철학'을 만들어갈 수 있는 '주체성'을 믿는 것이다.

자신교의 가장 위대한 신도는 자신의 정답을 맹신하는 광신도가 아니라, 틀릴 가능성 앞에서도 담담히 자신의 선택을 책임지는 용기 있는 사람이다.

부디, 가장 강력한 힘에는 가장 큰 책임이 따른다는 이 마지막 경고를 잊지 말길 바란다. 오만한 신이 되어 스스로 파괴하지 말고, 책임감 있는 창조주가 되어 당신의 세상을 현명하게 이끌어가라.

> 불량식품과 같은 불량지식

NFP 캐릭터 생성 가이드

♥ NFP 캐릭터 시트

1. 기본 정보(Basic Info)

- 캐릭터 이름: _____ (네 본명 혹은 니가 선언한 너의 캐릭터명)
- 닉네임: _____ (네 친구들이 뒤에서 부르는 별명)
- 현재 레벨(Lv.): _____ (숫자가 높다고 좋은 게 아니다. 현실적 상태로 적어라.)
- 클래스(Class): _____

(예: 날라리 땡중, 존버 전문 탱커, 공감만렙 울보, 감사하는 또라이 등. 네 현재 캐릭터에 가장 어울리는 걸 적어라. 클래스는 항상 바뀌어야한다.)

2. 핵심 스탯(Core Stats)

- (주어진 100 포인트를 현재 너의 상태에 맞게 솔직히 분배해라.)
  - 이성(T) 판단력 및 작전 수행 능력: ___/100 (냉철한 분석, 팩트체크, 현실적 판단력)
  - 감성(F) 공감 능력 및 친화력: ___/100 (타인에 대한 공감, 소통 및 설득 능력)
  - 마음(E) 자기확신 및 멘탈 방어력: ___/100 (자기 존재감, 내적 평화, 자존감 유지 능력)
  - 균형(B) 위기관리 및 균형 감각: ___/100 (한쪽으로 치우치지 않고 상황 판단 운영 능력)

(참고: 각 능력 최소 5점 이상 필수 배정)

3. 특수 능력 및 필살기(Special Skills & Ultimate)

- 패시브 스킬(네가 특별히 노력하지 않아도 자연스럽게 발동되는 능력)

  1. _____ (예: 존재 자체가 민폐, 꺼지지 않는 근자감, 엄마 친구 아들 소환)

- 액티브 스킬(필요할 때 의도적으로 사용하는 너만의 기술)

  2. _____ (예: 칼 같은 손절, 일단 저지르고 수습, 초 단위 거짓말 생성 능력)

● 궁극기(Ultimate Skill, 너의 가장 강력하고 결정적인 한 방)

   3. _____ (예: 무조건 존버하기, 불가능을 가능으로 우기기, 시베리아에서도 살아남을 생존력, 판을 크게 벌리는 능력)

4. 현재 장착 아이템(Equipped Items)

● 물리적 아이템(최소 2가지 이상 구체적으로 적어라)

   1. _____ (예: 튀어나온 뱃살, 3년 남은 마이너스 통장, 생존형 중고차)

● 정신적 아이템(너의 심리적 상태를 솔직하게 적어라)

   2. _____ (예: 잘근잘근 씹은 개똥철학, 깨져도 다시 붙는 자존감, 꼰대 기질 10스택)

5. 버프 및 디버프 상태(Buff & Debuff Conditions)

● 현재 활성화된 버프(너의 강점이나 최근 긍정적 변화 요소)

   ● _____ (예: 최근 연애 시작함, 직장 상사 장기 출장, 새롭게 찾은 취미 생활)

● 현재 활성화된 디버프(너의 현재 약점이나 어려운 상황을 적어라)

   ● _____ (예: 연체된 카드값, 미칠 것 같은 외로움, 탈모 3단계)

6. 메인 퀘스트(Main Quest)

● 최종 목표(너의 인생에서 진짜 이루고 싶은 큰 그림을 적어라)

   ● _____ (예: 1억 현금 모으기, 이 회사 탈출하기, 자아 찾기, 행복한 결혼 생활, 자녀가 성인 될 때까지 버티기)

● 현재 진행 중인 서브 퀘스트(지금 당장 해결해야 할 문제)

   ● _____ (예: 다이어트 10kg 감량, 퇴사각 잡기, 밀린 월세 해결)

7. NPC 관계도(주변인물 현황)

● 내 인생의 퀘스트 도우미(나를 돕는 사람): _____ (예: 엄마, 인내심 강한 절친)

● 내 인생의 퀘스트 방해꾼(나를 방해하는 인물): _____ (예: 꼰대 부장, 진상 고객)

STAGE 12

나를 부수고,
너의 길을 가라

12-1
'나답게'라는 마지막 감옥
(Feat. I am everything)

이제 이 책의, 그리고 당신 인생의 마지막 진실을 이야기하려 한다.

내가 수많은 관계의 파멸과, 지옥 같은 고통의 밑바닥에서 마침내 발견한 가장 단단하고도 따뜻한 본질은 결국은 사람이다.

나는 앞서 6장에서 '사람'을 한 글자로 줄이면 '삶'이라고 이야기했다.

아무리 많은 돈과 물질, 명예를 손에 쥐어도, 이 우주에 오로지 나 혼자만 존재한다면 그것이 어떻게 '삶'이 될 수 있겠는가? 나의 삶은, '나'라는 존재는, 결국 '너'라는 타인과의 관계 속에서 비로소 존재하고 완성된다. 이것을 깨닫는 순간, 당신은 세상의 모든 관계를 새로운 눈으로 보게 될 것이다. 당신 인생의 주인공은, 오로지 당신 한 사람뿐이다.

당신의 부모도, 당신의 자식도, 당신의 친구와 연인도, 당신을 나락으로 떨어뜨린 원수도, 그 모든 사람들은 오직 당신의 드라마를 위해 존재하는 '등장인물(NPC)'일 뿐이다. 그들은 당신의 성장을 돕기 위해, 혹은 당신에게 깨달음을 주기 위해, 당신의 무대 위에 나타난 역할들일 뿐이다. 심지어, 지금 이 글을 쓰고 있는 나 또한 마찬가지다. 나는 무슨 대단한 철학자도 아니고 어마어마하게 성공을 이룬 사업가도 아니다. 나는 그저 당신이 인생이라는 게임의 마지막 스테이지에 도달하기 전에, 당신의 길 위에서 우연히 잠시 마주친, 수많은 NPC 중 하나일 뿐이다.

다만, 나는 당신에게 인생 게임의 몇 가지 힌트와 비밀스러운 지도를 건네 주는, 이벤트 NPC의 역할을 수행하고 있을 뿐이다.

그렇다면 당신은 왜 이 게임의 주인공인가? <u>당신은, 하늘을 닮은 인간이기 때문이다.</u>

그러니 제발, 무한한 하늘과 같은 마음으로 스스로 인생을 창조해 나가는 '창조자'의 삶을 살아가라. 여기서 창조자란, 꼭 무언가를 새로 만들어내고 개발해야만 하는 것이 아니다.

<u>내 인생이라는 이 삶의 운전대를, 다른 누구도 아닌 바로 나 자신이 꽉 잡고 나아가는 것. 그것이 바로 창조자의 인생이다.</u>

그리고 마침내 당신이 당신의 운전대를 온전히 통제하게 되었을 때, 당신은 마지막 깨달음에 도달할 것이다. "나는 이런 사람이야."라고 스스로를 정의할 필요가 없다는 것을. 상황에 맞춰, 때에 맞춰, 환경에 맞춰 얼마든지 변할 수 있다는 것을.

<u>'~답게'라는 말을 아는가?</u>

우리는 흔히 '~답게'라는 말을 자주 사용한다. 남자답게, 여자답게, 학생답게, 어른답게, 부모답게, 자식답게, 직장인답게, 그 모든 역할들에 충실하게 살아가야 한다고 배운다. 물론, 그 말이 완전히 틀린 것은 아니다. 우리가 살아가는 사회는 각자에게 요구하는 역할과 책임이 존재하기 때문이다. 하지만 본질적으로 보면, 이 '~답게'라는 말에는 큰 함정이 숨어있다. '~답게' 살기 위해 우리는 때로 자기 자신을 억압하고, 때로는 자신을 부정하며, 자신의 진정한 모습을 외면하기도 한다. 그렇게 타인의 기준과 사회의 기대에 맞춰 살다가 결국 나를 잃어버리고 만다. '나답게' 살아가야 한다면서, 정작 우리는 진짜 '나다움'이 무엇인지 모르고 있다.

하지만 이제 당신은 이미 깨달았을 것이다. 당신이라는 존재는 결코 하나의 고정된 정체성이 아니다. 우리는 끊임없이 변화하는 존재다. 그 변화 속에서 다양한 역할과 정체성을 가진다. 누군가의 자녀로, 누군가의 친구로, 누군가의 연인으로 돌이켜 보자. 우리는 태어나면서부터 누군가의 자녀로, 아들답게 딸답게 살아왔다. 유치원생답게, 학생답게, 청소년답게 성장했다. 군대에 가면 군인답게 행동했고, 학교를 졸업하면 사회 구성원답게 살아가야 했다. 운동선수는 운동선수답게, 버스기사는 버스기사답게, 판사는 판사답게, 각자 맡은 직업과 역할에 최선을 다하며 살고 있다.

나 역시 마찬가지였다. 때로는 지게차 기사답게 일했고, 때로는 제약회사 직원답게 살았다. 가족 안에서는 아들답게, 친구와의 관계에서는 친구답게, 연인 관계에서는 연인답게, 대표의 위치에서는 대표답게 그때그때 나에게 주어진 역할과 상황에 맞춰 끊임없이 변신하며 살고 있다.

이처럼 인간은 변화무쌍한 하늘처럼 끊임없이 모습을 바꾸며 살아간다. 중요한 것은, 이렇게 끊임없이 변하는 '나'를 받아들이고 인정하는 것이다. 또한 상대방을 바라볼 때에도, 그 사람이 가진 지금의 직업이나 역할만을 보지 말고, 그 역시 끊임없이 변화하는 존재라는 것을 기억해야 한다.

사람을 진정으로 존중한다는 것은, 지금 당장의 모습만 보는 것이 아니라, 그의 끊임없는 변화를 인정하고 받아들이는 것이다. 상대방을 현재의 직업이나 관계라는 틀 속에 가두지 말고, 변화하는 유기적인 존재로서 바라볼 때 비로소 우리는 서로를 진정으로 존중하고 이해할 수 있게 된다.

이것이야말로 진짜 '나답게' 살아가는 것의 본질이다. '나'라는 존재가 단 하나의 고정된 정의가 아니라, 끊임없이 변화하고 발전하는 존재임을 인정하는 것. 그리고 타인의 고유성과 변화를 똑같이 존중하는 것이다. 이 단순하고 명확한 진리를 깨닫는 순간, 우리는 비로소 진정한 의미의 자유와 평화를 누리게 될 것이다.

지금까지 당신과 함께 길고 긴 여정을 걸어왔다. 때로는 아프고, 때로는 불편한 이야기들로 가득했다. 그러나 이제 우리는 모든 이야기의 끝자락에도착했다. 결국 모든 이야기의 끝에는 이 단 하나의 진리가 남는다. 세상에 단 하나뿐인 당신이라는 존재는, 그 누구로도 대체될 수 없다. 동시에 당신은 모든 것이 될 수 있는 무한한 존재다. 당신이 선택하고 행동하는 모든 것이 당신 자신을 만든다. 그러니 당신 자신을 온전히 믿고, 나로서 존재할 때 가장 빛나는 삶을 살 수 있음을 기억하라. 이제 당신이 스스로 구원할, 마지막 주문을 알려주겠다.

"나는 나다. 그리고 I am everything, 나는 모든 것이다."

이 선언을 할 수 있는 당신이야말로 진정한 당신 세상의 주인이자, 세상이 기다려온 진짜 NFP다. 이것이 바로 '하늘의 바람'이자, 당신에게 주는 마지막 선물이다.

하지만 이 책에서 내가 한 모든 말들, 내가 정의한 모든 본질. 이 책 또한 지금은 그럴싸해 보일지 몰라도 시간이 지나면 틀릴 수도 있다. 세상의 모든 위대한 철학과 사상 역시 그래왔다. 영원한 진리는 없다.

그러니 부디 제발, 이 책조차 의심하라. 그리고 오직 당신 자신만을 믿어라.

이 책도 버려라, 혹은 냄비 받침으로 써라

마침내 『본질론』이라는 세계관, 그 마지막 관문에 도달했다.

하지만 이제, 나는 당신에게 마지막으로 이야기해야만 한다.

명심해라 당신은 세상의 모든 말과 언어, 즉 텍스트 그 자체의 한계를 알아야 한다. 세상의 모든 위대한 가르침조차 결국 다른 누군가의 욕망과 편견이 섞인, 그저 그런 이야기일 수 있다는 것을. 내가 당신에게 들려준 이 책의 모든 처절한 경험담 또한 당신을 설득하기 위해 내가 지어낸 거짓말 혹은 한 편의 판타지 소설일지도 모른다.

과거 수천 년 전 문맹율이 90%에 달하던 시절 10% 기득권이 만든 책에 뭐가 있겠는가? 나머지 90%를 그냥 두려 했겠는가? 이건 나의 뇌피셜이 아닌 오피셜이다.

그러니 특히 수백, 수천 년 된 구전과 경전, 낡은 책들을 가져와 '이것이 진리'라며 해석하고 설파하는 자들의 혀를 가장 경계하고 의심해라. 그리고 휴대폰 속에서 이러니 저러니 이게 정답이다 저게 정답이다 하는 것들도 마찬가지야. 그들의 해석 속에는 그들의 욕망이, 그들의 목소리에는 그들의 이익이 숨어있다. 당연하다 느끼는 것에 항상 물음을 가져라 그냥 그런 것은 없으니…

결국 이 책 또한 한 인간이 쓴 언어와 텍스트의 감옥, 그 이상도 이하도 아니다. 이것은 당신의 삶이 아니라, 그저 검은 글자일 뿐이다. 그러니 이제,

이 책을 버려라. 의심하고, 부정하고, 박살내라. 그런데 만약 이 책이 당신에게 아주 작은 울림을 주었다면, 책 커버의 뒷면을 보라. 거기에는 짚으로 엮은, 둥근 '똬리'가 하나 있다. 이 책을 냄비 받침으로 써라. 똬리는 옛날 우리네 어머니와 할머니들의 머리에 얹혔던, 세상에서 가장 단단하고도 푹신했던 왕관의 기록이다.

거친 볏짚을 한 올 한 올 꼬아 만든 저 동그라미 위로, 우리네 어머니들은 자식들을 먹여 살리겠다는 일념 하나로 무거운 광주리를 머리에 이고 나섰다. 그 안에는 시장에 나가 팔아야 할 나물 몇 줌과 맞바꿔야 할 쌀 한 되의 무게뿐만 아니라, 아이들의 밥그릇과 낡은 옷가지, 그리고 다음 계절의 등록금에 대한 걱정까지 모두 담겨 있었다. 그것은 단순한 짐이 아니라, 한 가족의 생계이자 내일이었기에, 똬리 위에서 결코 흔들려서는 안 될 무거운 왕관이었다.

똬리는 그렇게 받침의 역할을 한다. 그게 물질의 기본이다.

이제 당신의 옥탑방이나 반지하 원룸, 지독한 고독이 스며드는 자취방에서 혼자 라면을 끓여 먹을 때, 혹은 사랑하는 이들과 함께 있을 때 그 뜨거운 냄비를 망설임 없이 이 책(똬리) 위에 올려놓아라. 그 순간 양은냄비에 담긴 라면 한 그릇은, 당신을 위해 평생의 무게를 짊어져 온 이, 세상을 먼저 살아간 그리고 살아 내고 계신 모든 어머니들의 위대한 사랑 위에 놓이게 될 것이다. 이 책이 당신에게 해줄 수 있는 가장 실용적이고도 숭고한 마지막 역할이다. 책장에서 먼지 쌓여 잊혀지는 것보다 이 똬리가 당신의 삶의 무게를 잠시나마 묵묵히 받쳐주는 도구로 쓰여질 수 있다면 그게 더 값진 것 아닌가?

혹시, 이 책이 정말 아무런 쓸모 없고 그냥 그런 흔해 빠진 책이라고 느껴진다면, 길을 가다가 보이는 폐지 줍는 어르신의 리어카 위에 슬쩍 얹어 놓고 가라. 그럼 단돈 몇 십 원, 몇 백 원이라도 그분께 도움이 되지 않겠는가? 그것만으로도 충분히 가치 있는 쓰임이다.

『본질론』에서 나는 당신들이 당연하다고 여기는 것들에 대한 믿음을 박살내는 것으로 이야기를 시작했다. 이제 마지막 장에서, 나는 내가 쓴 이 책 자체를 박살내며 끝낸다. 나는 그저 당신들보다 조금 더 일찍, 조금 더 빠르게 이 게임을 플레이 하고 있는 약간 또라이 같은 동네 삼촌 혹은 동네 오빠이자 동네 형 같은 수많은 NPC 중 하나일 뿐이다. 이제는 당신 차례다.

이제 당신의 게임을 시작해라. 오직 당신 자신만을 믿고, 당신의 인생이라는 게임의 운전대를 단단히 쥐고 나아가라. 나는 이제, 이 책과 함께 당신을 자유롭게 놓아준다.

당신은 유일무이하고 대체불가능한 인간임을 깨닫고 NFP의 삶을 살아가라.

에필로그(Epilogue)

해결사(The Solver)

시대가 거대한 절망에 빠질 때마다, 우리는 습관처럼 영웅을 기다린다. 모든 것을 해결해 줄 단 한 사람, '해결사'의 등장을 말이다.

1998년, 국가 전체가 무력감에 무릎 꿇었던 IMF 외환위기 시절, 혜성같이 등장한 '신화'라는 그룹은 시대의 절망을 노래했다. 보장받던 삶은 무너졌고, 가난은 온기를 빼앗았으며, 모든 것이 혼돈의 수렁에 빠졌다고. **"절대적인 힘을 가진 해결사를 원해."**라고.

그로부터 20년이 훌쩍 넘는 세월 동안, 나는 이 노래를 구원자를 애타게 바라는 나약한 인간의 외침으로 이해해왔다. 하지만 어쩌면 우리는 이 노래를 완전히 잘못 읽어온 것일지도 모른다.

이것은 기도문이 아니라, 스스로 구원자가 되는 법을 담은 냉철한 '사용 설명서'다.

노래의 마지막을 다시 들어보자.

"이제는 앞만 보지 말고 다시 한번 옆을 돌아봐."
"자신을 믿고 타인을 믿고 소중한 인간성을 잃어가지 말고."
"우린 다시 일어서야 해."

이것은 외부의 영웅을 기다리는 자의 목소리가 아니다.

이것은 스스로의 힘으로 일어서는 방법, 그리고 우리 곁의 인연들과 함께 일어서는 방법에 대한 가장 구체적인 지침이다.

결국, 이 시대가 기다리는 해결사는 하늘에서 내려오는 영웅이나 비범한 개인이 아니다.

각자가 자기 삶의 운전대를 잡고, 서로의 존재를 믿으며, 스스로의 존엄을 지켜내는 바로 우리 자신이다. 이제 깨달아야 한다. 인간은 인간만이 스스로를 구원할 수 있다.

　『본질론』은 그 방법에 대한 이야기다.

　이 책의 초고는 2025년 6월 5일부터 7월 5일까지 정확히 한 달 만에 작성됐다. 딱 한 달 만에. 놀 거 다 놀고, 일할 거 다 하면서 대충 막 써 내려간 원고라는 뜻이다. 창작의 고통 따위는 없다. 그냥 내 머릿속에 있는 것들을 정리하는 개념으로 쓴 거다.

　이 책을 쓴 이유가 뭐냐고? 음… 아무리 생각해 봐도 없다. 그냥 쓴 거다. 쓰다 보니 재밌어서 완성까지 하게 된 거고, 대단한 의미 같은 건 애초에 없었다.

　나는 스스로 도 닦는 사업가 '도사'라고 하지만, 뭐 도인으로 치면 맨날 술 퍼 마시고 노래 부르는 날라리 땡중에 가깝고, 사업가라고 해도 B급 강남 사짜에 가까울 수도 있다.

　그러니 너무 진지 빨면서 읽지 말고 그냥 동네 바보 형이 하는 개소리구나 생각해라. 대충 보고, 대충 느낌적인 느낌으로 이해하길 바란다.

　뭐, 나도 아직 잘 모르지만, 인생이라는 게 생각보다 대충 살아도 결국엔 대충 괜찮아지더라.

　그러니 우리 너무 심각해지지 말자. 그냥 대충 재미있게 살자. 지금도 충분히 멋진 인생이다.

내가 지금까지 개소리만 늘어놓은 것 같지? 맞다. 근데 이 개소리 속에서 딱 하나, 진심으로 해주고 싶은 이야기가 있다. 이 책을 다 읽고도 여전히 마음이 무겁고 복잡하다면, 이 마지막 메시지만큼은 꼭 가져가길 바란다.

모든 기준은 남들이 아니라, 바로 당신 자신이어야 한다. 대충의 기준도 마찬가지다. 남에겐 대충일 수도 있는 게 나에게는 영혼을 갉아먹을 정도로 에너지를 소모하는 일이 될 수도 있다. 그러니 항상 자기 안의 관제탑을 들여다보고 잘 보살피길 바란다.

밤새 끙끙 앓고 고민한다고 해결되지 않을 문제는 그냥 일단 한번 해보는 거다. 사실 인생 대부분의 답은, 머리 싸매고 고민하는 것보다 그냥 해보는 데 있다.

이미 알고 있지 않은가. 아무리 고민하고 두려워해도, 결과는 직접 부딪쳐봐야 안다는 것을.

우리는 너무 자주, 최고의 결과만을 바라며 아무것도 하지 못한 채 시간을 놓친다. 그리고 결국, 그때 움직이지 않은 것을 후회하게 된다.

어차피 후회할 바엔, 뭐라도 하고 후회하는 게 훨씬 낫지 않은가.

그러니 삶은 그냥 사는 거다. 재미있게 말이다. 쾌락 말고 진짜 재미를 찾아 적당히, 대충대충, 하지만 오직 당신의 기준으로.

나는 당신 스스로 당신 인생이라는 '**신화(神話)**'의 '**해결사**'가 되기를 진심으로 응원한다.

히든 챕터: 하늘의 바람, 그 진짜 뜻 ✖

부제: 본질론
(feat. 천운天運)

이 제목 처음 봤을 때, 하늘의 바람은 뭐임? 했을 거다. 근데 미안하지만, 그건 당신들을 낚기 위한 껍데기였다. 진짜 본질은, 이 멱살 잡히는 여정을 끝까지 버텨낸 당신들에게만 알려 줄게.

내가 앞서 말했지? 운은 바람 같다고. 눈에 보이지도 않고 잡을 수도 없지만, 분명히 존재하고 흘러서 네 인생에 직접적인 영향을 미치는 힘. 그게 바로 '운'의 본질이라고.

이제 제목을 다시 봐라. 본질론 Feat. 하늘의 바람

하늘은 천 = 天 (하늘 천), 바람은 운 = 運 (운 운)

그래, 이제 보이지?『하늘의 바람』은 내가 앞에서 말한 그 '운' 중에서도 가장 강력한 힘, 바로『천운(天運)』을 뜻한다.

솔직히 나조차도 내가 왜 이 부제를 썼는지, 글을 거의 다 끝낼 때까지 몰랐다. 그냥 본능적으로 끌렸을 뿐이야. 근데 마지막에 모든 조각이 맞춰지더라. 어쩌면 이것 또한 '하늘의 뜻'이겠지.

이 불량식품 같은 책을, 당신이 열심히 세상과 싸워가며 번 돈과 시간을 써가며, 온갖 쌍욕을 참아내며 끝까지 읽어준 당신에게 진심으로 감사해. (_ _)꾸벅

그래서, 이 모든 시스템의 본질을 깨달은 당신의 삶에,

'하늘의 바람이 당신의 삶에도 온전히 깃들기를' 바라고

'당신이 삶에 반드시 천운(天運)이 함께하기를' 내가 하늘에 진심으로 기도할게!

그리고 이것은 단순한 나의 바람이 아냐

내가 하늘님과 맺은 특별한 약속이고, 진심을 담아 전하는 나의 마지막 선물이야!

p.s. 알자나? 나, 하늘님의 주인이잖아? ㅋ (※ 진짜잉 상표등록권자)

본질론
Feat. 하늘의 바람

1판 1쇄 발행 2025년 9월 15일

저자·기획 도사강현　**사진** 김범석

교정 남상묵　**편집** 문서아　**마케팅·지원** 이창민

펴낸곳 (주)하움출판사　**펴낸이** 문현광

이메일 haum1000@naver.com　**홈페이지** haum.kr
블로그 blog.naver.com/haum1000　**인스타그램** @haum1007

ISBN 979-11-7374-173-9 (03190)

좋은 책을 만들겠습니다.
하움출판사는 독자 여러분의 의견에 항상 귀 기울이고 있습니다.
파본은 구입처에서 교환해 드립니다.

이 책은 저작권법에 따라 보호받는 저작물이므로 무단전재와 무단복제를 금지하며,
이 책 내용의 전부 또는 일부를 이용하려면 반드시 저작권자의 서면동의를 받아야 합니다.